50
cosas que hay que saber sobre
Arte

50 cosas que hay que saber sobre Arte

Susie Hodge

Ariel

Título original: *50 Art Ideas You Really Need to Know*

Primera edición: abril de 2012
Primera edición en esta presentación: enero de 2025
Segunda impresión: mayo de 2025

Avda. Diagonal, 662-664, 08034 Barcelona
Editorial Ariel es un sello editorial de Planeta, S. A.
www.ariel.es
www.planetadelibros.com

ISBN: 978-84-344-3832-3
Depósito legal: B. 1.050-2025

Impreso en España

Contenidos

Introducción

A lo largo de la historia, el arte ha desempeñado funciones diversas, pero siempre ha sido reflejo de su tiempo. En su faceta más simple, se trata de una forma de comunicación o decoración, si bien se ha creado arte con incontables finalidades adicionales, como son la representación religiosa, la propaganda, la conmemoración, la crítica social, la interpretación de la realidad, la plasmación de la belleza, la narración de historias o la descripción de las emociones. El arte suele ser enigmático, asombroso, desconcertante incluso, y plantea al espectador la dificultad de entenderlo o definirlo.

Este libro explora múltiples ideas que han subyacido al arte desde la prehistoria hasta nuestros días. Analiza el arte surgido en fechas y lugares concretos, y estudia cómo una amalgama de elementos, incluidos entre ellos las tradiciones, las técnicas, los materiales, la tecnología, el medio ambiente, los acontecimientos sociopolíticos, la coyuntura del momento y las personalidades individuales, ha originado innovaciones imprevisibles, novedosas y desconcertantes. Asimismo, se concentra en los vínculos entre el arte y las actividades y aspiraciones de la sociedad, y en cómo los resultados pueden ser en ocasiones espectacularmente inspiradores, fascinantes, bellos o antiestéticos sin paliativos.

Con una cronología aproximada, el libro parte del arte más primitivo conocido y recorre las ideas que comportaron grandes avances, como las asombrosas creaciones del Renacimiento, la escultura y las provocadoras pinturas del siglo XVI o la representaciones japonesas «del mundo flotante», por citar algunos ejemplos. Muestra cómo artistas de varias épocas, culturas y países han concebido una multiplicidad de procesos, estilos e imágenes, y cómo ha evolucionado el papel de los artistas a lo largo del tiempo y en los distintos continentes. Las últimas secciones del libro debaten el estallido de ideas registrado durante los siglos XIX y XX, desde la obra revolucionaria de los impresionistas y la aparición del arte abstracto hasta las variopintas reacciones y reinterpretaciones acaecidas en torno a las dos guerras mundiales. El apartado final presenta algunas de las tendencias más recientes, que auguran posibilidades emocionantes, sorprendentes e imprevistas para el futuro del arte.

01 Arte prehistórico (*c.* 30000-2000 a. C.)

Muchas sociedades primigenias compartían la creencia en que el arte era mágico, tenía poderes ocultos o servía para invocar espíritus. Pese a ser escasos los ejemplos de arte prehistórico que han sobrevivido, los hallados revelan la existencia de sistemas sociales e ideas religiosas que seguramente tuvieron un significado hace miles de años y sobre los cuales ahora sólo es posible especular.

Los inicios del arte anteceden a los de los informes escritos. De ahí que se desconozca si la obra de arte más antigua descubierta es típica de su era o período, o si es arte siquiera. Las primeras obras que pueden clasificarse sin equívocos como arte proceden de finales de la Edad de Piedra, en especial del período comprendido entre 15000 a. C. y 10000 a. C., cuando los humanos pintaron, grabaron o tallaron imágenes de animales, caza, manos y dibujos geométricos en paredes de cuevas y refugios de roca.

La Edad de Piedra suele dividirse en cuatro grandes períodos: Paleolítico Inferior y Medio (*c.* 750000-40000 a. C.), Paleolítico Superior (*c.* 40000-10000 a. C.), Mesolítico (*c.* 10000-8000 a. C.) y Neolítico (*c.* 8000-2000 a. C.). Los pueblos paleolíticos eran cazadores-recolectores. En el Mesolítico y el Neolítico surgieron la agricultura y la ganadería, cosa que confirió a los humanos un mayor control sobre sus destinos. Pese a que los estilos y las temáticas del arte cambiaron a lo largo de estos períodos, la idea nuclear era que la creación artística tenía la capacidad de hechizar o vaticinar el porvenir.

Las pinturas rupestres creadas entre hace 10.000 y 30.000 años en Francia, España, Portugal, Rusia y Mongolia figuran entre las obras de arte prehistóricas más conocidas. Las más asombrosas son las de Lascaux, en el suroeste de Francia, donde unas 300 pinturas y 1.500 grabados decoran dos grandes cuevas. Pese a trabajar en las profun-

Cronología

c. 750000-40000 a. C.

Paleolítico Inferior y Medio Caracterizado por varias edades de hielo y glaciaciones. Se fabrican herramientas de piedra que influyen en la aparición del arte.

c. 40000-10000 a. C.

Paleolítico Superior Primeras pinturas rupestres y huellas palmares en Europa, así como pequeñas estatuillas de la fertilidad. Primer arte oceánico en rocas de toda Australia

Sala de los toros

Las enormes pinturas a tamaño natural de animales como bisontes, caballos y ciervos parecen correr en estampida por las paredes y techos de las cuevas. Se pintaron con pigmentos en polvo, como ocre amarillo y rojo, ocre oscuro, carboncillo y tiza, que se machacaban sobre paletas de piedra y se mezclaban con grasa animal antes de aplicarse a las paredes y los techos de las grutas con ayuda de los dedos, huesos, ramitas, musgo o pinceles elaborados con pelo animal. Es probable que muchos de ellos se copiaran de modelos muertos. El dibujo naturalista, la frecuente representación de animales alcanzados por flechas o lanzas, la superposición informal de imágenes y su ubicación en los recovecos más inaccesibles de las cuevas sugieren que la creación de estas pinturas era un ritual mágico para garantizar una caza fructífera.

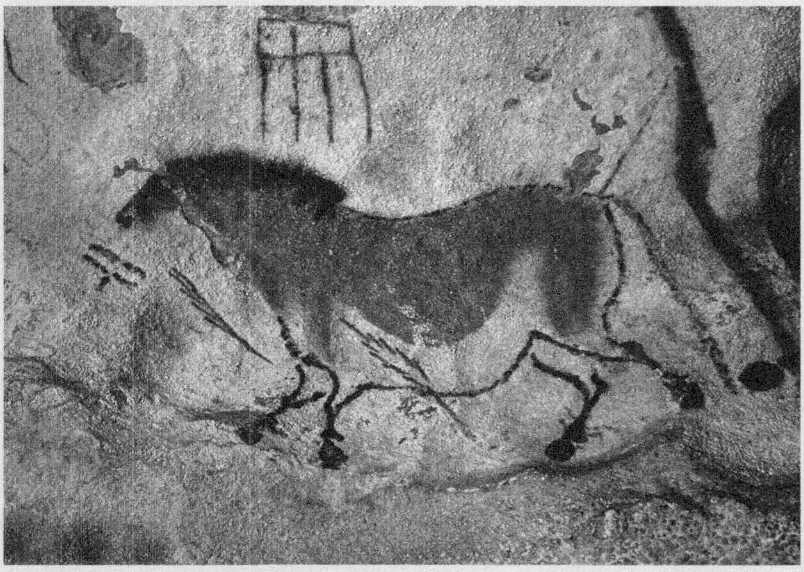

Pintura rupestre, Lascaux, *c.* 15000 a. C.

***c.* 10000-8000 a. C.**

Mesolítico Concluye la Edad de Hielo y surge la ganadería. Pinturas rupestres en India, Argelia y el Sahara, cerámica en China, Francia, Alemania, Eslovaquia, la República Checa y Persia.

***c.* 8000-2000 a. C.**

Neolítico Producción de cerámica e inicio de la de seda en Asia. Primeras estructuras megalíticas. Los egipcios y sumerios inventan la escritura. En México se realizan tallas olmecas, incluidos bustos colosales.

«El dibujo apenas ha cambiado desde tiempos prehistóricos. Sigue sirviendo para conectar al hombre con el mundo. Vive a través de la magia.»

Keith Haring

didades tenebrosas de estas grutas, todas las pinturas presentan unos colores asombrosamente vivos y un destacable dominio de la perspectiva, la forma y el movimiento. Se cree que gran parte de este arte prehistórico se produjo con fines rituales y tenía por objetivo invocar la buena fortuna, o bien influir en el futuro beneficio de la sociedad o de determinados individuos.

Fertilidad y alimentos Se atribuían poderes sobrenaturales a la escultura. Las primeras tallas se realizaron en marfil, piedra y arcilla. En Austria se hallaron unas figurillas femeninas de contornos redondos, en piedra caliza, de unos 11 cm de altura y datadas hacia 25000 a. C., que hoy se conocen como estatuillas de Venus. Se cree que éstas y otras estatuillas similares descubiertas en otras regiones de Europa eran iconos de la fertilidad.

Poder, superstición y religión Las interpretaciones del arte prehistórico difieren. Consideradas casi con total certeza protecciones frente a las fuerzas de la naturaleza y los espíritus malignos, en la parte delantera de muchas pinturas rupestres se han hallado múltiples huellas que sugieren la celebración de congregaciones religiosas. El hecho de que las representaciones pictóricas de seres humanos en el Paleolítico sean escasas y carezcan de realismo permite inferir que probablemente los artistas creyeran poder apresar las almas a través de su arte. La necesidad de influir en la incierta provisión de alimentos de los cuales dependía su supervivencia los impulsó a intentar establecer buenas relaciones con supuestos poderes ocultos. Concebían sus imágenes como un medio de controlar su destino. No está claro si creían en dioses o en un ser supremo, pero la idea de evocar a poderes sobrenaturales a través del arte fue lo bastante sólida como para perpetuarse miles de años.

Hacia el Mesolítico, los artistas empezaron a pintar en superficies rocosas más expuestas, en lugar de en cuevas oscuras, y la pintura se volvió más estilizada e incluyó representaciones humanas con mayor frecuencia. Se trataba de ilustraciones abstractas en las que los hombres solían aparecer como guerreros. La idea del Mesolítico según la cual las personas controlaban su entorno, en lugar de ser víctimas de éste, conllevó que se inmortalizaran en una acción confiada, en lugar de concentrarse por entero en su presa.

Función y forma Durante el Neolítico, la vida se volvió más estable y el ser humano empezó a cultivar plantas y a criar animales, sustituyendo así la caza por el arado de la tierra. En esta época se construyeron magníficos megalitos, como Stonehenge en el sur de Inglaterra y Beltany en Irlanda, famosos por sus alineaciones astronómicas. Sigue siendo un enigma cómo se manipularon aquellas piedras colosales, y también se desconoce cuál era la función de los megalitos, sobre todo porque fueron reutilizados por generaciones subsiguientes para fines distintos, pero entre las teorías que se barajan se contempla que fueran centros de sanación, sepulturas, templos de adoración al Sol y la Luna, monumentos dedicados a los ancestros o incluso calendarios gigantescos. Los hallazgos arqueológicos revelan que Stonehenge, por ejemplo, sirvió como camposanto durante sus primeros 500 años de existencia. Los vínculos con el Sol y la Luna se consideran como el modo que los humanos tenían de conectar con los poderes sobrenaturales.

Mujeres artistas

Suele darse por supuesto que los artistas prehistóricos eran hombres. Lo que no se imaginaba es que entre estos expertos pudieron figurar también mujeres. Los resultados arrojados por un estudio reciente indican que muchos de estos artistas eran, en realidad, mujeres, lo cual sugiere que el papel femenino en la sociedad prehistórica pudo ser mayor de lo que se creía hasta ahora.

Una creencia duradera Las primeras ideas subyacentes a la creación artística se transmitieron de siglo en siglo. A lo largo de la historia del ser humano muchos movimientos artísticos han acariciado la suposición de que las obras de arte poseen poderes mágicos relacionados con supersticiones, entidades superiores o el más allá, además de defender la capacidad de los humanos para influir en el mundo que los rodea mediante la simbolización o recreación de sus experiencias en imágenes estáticas.

Al no existir confirmación escrita de ello, las grandes ideas del arte prehistórico están sujetas a la mera especulación, pero las pruebas de dónde se ha hallado arte, de lo que representa y de cómo se plasma parecen refrendar la teoría de que tenía fines espirituales.

La idea en síntesis: el arte tenía poderes mágicos

02 Arte del antiguo Egipto

(*c.* 3000-30 a. C.)

La civilización del antiguo Egipto se perpetuó durante tres mil años, en el transcurso de los cuales su arte apenas experimentó cambios. Los primeros artistas egipcios concibieron un sistema para describirlo todo, y aquel conjunto de ideas fue transmitiéndose de generación en generación hasta fraguar como las normas de la representación por excelencia, de las que ningún artista podía apartarse, pues toda individualidad artística estaba prohibida.

Los egipcios, como todas las civilizaciones ancestrales, vivían bajo la influencia de la magia y creían en la existencia de dioses a quienes debían honrar para gozar de bienestar. De ahí que su arte surgiera teniendo en mente a estas deidades. El núcleo de la religión egipcia era la creencia en la vida después de la muerte.

Arte para los difuntos Gran parte del arte egipcio se creó para tumbas y no para ser contemplado en vida. De manera que, pese a que resulte atractivo a nuestros ojos, no era tal su intención, sino una muy distinta. Encontramos una pista en el término egipcio para nombrar al escultor: «el que mantiene con vida». Tal era el papel de todos los artistas egipcios de la Antigüedad: no adornar ni embellecer, ni traer suerte a los vivos, sino ayudar a los muertos (ricos) a alcanzar la otra vida, ser aceptados por los dioses y, una vez allí, disfrutar de su tiempo tal como habían hecho sobre la tierra. De ahí que las tumbas se decoraran con objetos cotidianos y escenas que retrataban las actividades terrenales del difunto. También se incluían estatuas y estatuillas de la persona mostrando cómo vivía, así como imágenes de quienes lo rodearon en vida,

Cronología

2575-2467 a. C.	*c.* 1991 a. C.	1500 a. C.	1540 a. C.
Se escriben los primeros textos religiosos en las paredes de las tumbas reales.	Se establece un sistema reticular para la pintura y la escultura.	Período de la dinastía XVIII, durante la cual se produjo más arte que nunca.	Los dioses egipcios comienzan a agruparse en pinturas, realzando con ello la unidad familiar.

Pinturas funerarias egipcias

La tumba de la reina Nefertari es paradigmática de los sepulcros de la época. Decorada con textos religiosos y relieves pintados de momentos de la vida de la reina, tenía el cometido de facilitar su transición al otro mundo. Pintada alrededor de 1255 a. C., esta imagen la retrata jugando a un juego de mesa y acata las convenciones del retrato. Por ejemplo, el torso y los ojos responden a una perspectiva frontal, mientras que la cabeza, los brazos y las piernas se ven lateralmente. Las fichas del juego también se retratan desde el lado, su representación más clara. Los jeroglíficos dentro de la imagen encierran un hechizo destinado a transformar a Nefertari en pájaro y ayudarla a abandonar su cuerpo terrenal y alcanzar la inmortalidad en la otra vida.

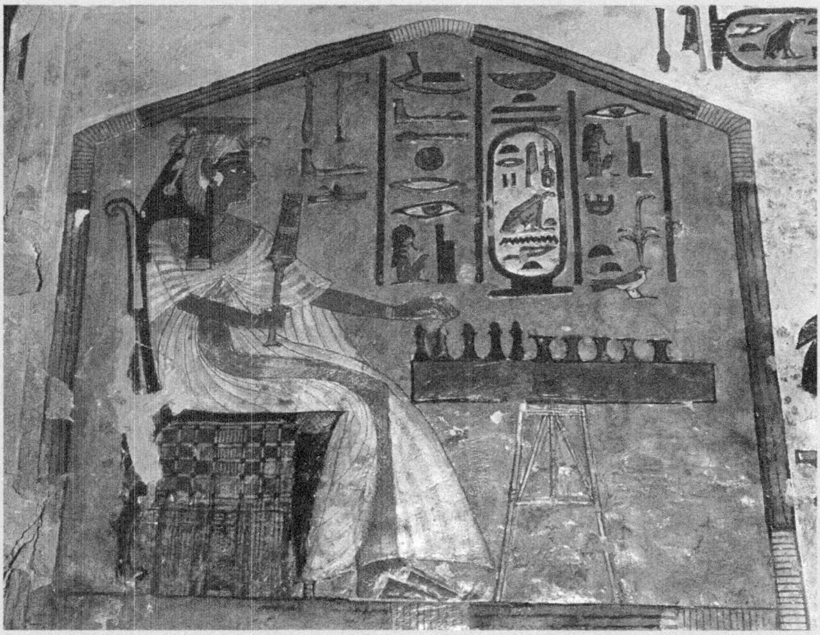

Nefertari jugando al ajedrez, Tumba de Nefertari, Tebas, *c.* 1255 a. C.

1352-1336 a. C.
Reinado de Akenatón, quien traslada la capital y cambia la religión y el arte.

***c.* 1336-1327 a. C.**
Reinado de Tutankamón y reinstauración de Tebas como capital de Egipto.

***c.* 1326 a. C.**
El arte y la religión retoman los dioses, las creencias, las reglas y el estilo originales.

«(Egipto) es un magnífico lugar de contrastes: cosas espléndidas deslumbran entre el polvo.»

Gustave Flaubert

como familiares y criados. Los antiguos egipcios creían que una pintura, un relieve o una escultura tenían el potencial de convertirse en el tema real del arte una vez sellada la sepultura. De manera que un retrato de un criado, a título de ejemplo, se convertiría en el criado cuando así se precisara en el más allá.

Un sistema preciso La misión de los artistas era mostrarlo todo con la máxima claridad posible, sin ambigüedades. El arte era, por ende, diagramático en esencia. Las interpretaciones personales, los dibujos creados a partir de la observación de la vida y los adornos imaginativos u otras desviaciones estaban terminantemente prohibidos. En su lugar, durante sus largos aprendizajes, los artistas debían memorizar estrictos códigos de representación y aplicarlos en cada pintura, relieve o escultura. Tras la aparente simplicidad de las formas del arte egipcio subyacen un equilibrio harto complejo y una armonía en la regularidad geométrica y la disposición de cada elemento. El objetivo era evitar la estilización y la ambigüedad, pero, incluso a través de las formas inamovibles de representación, lograron crear un estilo único y característico de dibujo, admirado e imitado en exceso en los siglos venideros.

El método Los artistas abordaban sus obras desde un planteamiento metódico y sistemático. En el caso de las pinturas murales, empezaban por marcar retículas mediante un cordel empapado en pintura roja. A continuación esbozaban el dibujo, copiado de bocetos sobre papiro, y por último pintaban la obra en colores vivos y planos. No se buscaba representar la profundidad, la perspectiva ni la textura, y todo se mostraba desde su ángulo más característico. Los relieves se abordaban de igual manera y la escultura también se tallaba a partir de retículas y seguía estrictas normas de representación. La estatua de un rey difunto proporcionaba un santuario para su alma. Si la estatua se esculpía en piedra dura, dicho refugio perduraría toda la eternidad.

Reglas de la representación Además de representar las extremidades y los rasgos faciales desde sus ángulos más identificables, la importancia de las personas se reflejaba mediante su tamaño, de tal manera que, por ejemplo, los hombres eran más grandes que sus esposas, y ambos a su vez eran más grandes que sus criados. Las mujeres solían retratarse en actitud pasiva, mientras que los hombres asumían papeles más activos. Las figuras masculinas se coloreaban con tonos marrones rojizos oscuros, mientras que las femeninas se retrataban en amarillos claros. Los objetos como, por ejemplo, árboles, casas o barcos se dibujaban desde una perspectiva lateral, y los ríos y los peces desde una cenital. Existían reglas rigurosas relativas al aspecto de cada deidad (había más de 2.000) y en las pinturas se incorporaban símbolos, que supuestamente los dioses entendían, como el escarabajo, emblema de la creación, y la rana y el pato, símbolos de la fertilidad. Las estatuas sentadas siempre se esculpían con las manos sobre las rodillas y las erguidas con un pie delante de otro. Al igual que la pintura y los relieves, la escultura se guiaba por reglas predefinidas y no por hechos ópticos, de manera que las estatuas reales apenas presentan rasgos personales. La permanencia era más importante que el naturalismo. Así, los egipcios creían que podían dejar al difunto (normalmente un faraón) sellado en su sepulcro. Los dioses entenderían todas las imágenes, los rezos, los hechizos y las ofrendas, y conducirían al muerto a la otra vida convertido en inmortal.

El rey Akenatón

En 3.000 años sólo un faraón intentó cambiar la religión y el arte egipcios. Su creencia monoteísta en Atón, fuente de la vida y la luz, llevó al rey Akenatón a alentar a los artistas a concentrarse más en la vida que en la muerte y crear imágenes naturalistas más relajadas. Sin embargo, este período fue efímero. Los sacerdotes y los ancianos tildaron tales cambios de herejía y, tras la muerte de Akenatón, durante el reinado de su yerno Tutankamón, se reinstauraron las reglas egipcias del arte. Con todo, en estos escasos años el arte fue más individual que el producido durante el resto de la historia del antiguo Egipto.

Tres aspectos El arte de los egipcios se inició tal como continuó: no hubo un período inicial de concepción y sólo se produjo un cambio de estilo en toda su existencia. El arte de las primeras etapas era tan competente como el de los últimos tiempos y perfectamente comparable. Surgía de las tres preocupaciones capitales de la cultura: la religión, la muerte y la importancia de adaptarse a las prácticas establecidas.

La idea en síntesis: el arte ayudaba a los difuntos

03 Arte de la Grecia clásica (*c.* 500-320 a. C.)

Los antiguos griegos sentían fascinación por las personas, la razón y la naturaleza, inquietudes que reflejaban en su arte. Su admiración por el ser humano y la naturaleza en general se materializó en observaciones en detalle de la realidad, si bien también eran grandes amantes de la belleza, cosa que los llevó a idealizar sus representaciones. El arte griego clásico, por ende, fue una mezcla de naturalismo e idealismo.

Durante los treinta años que siguieron a la victoria de los griegos sobre los persas en 480 a. C., se vivió una nueva unidad entre las ciudades-estado repartidas por todo el país. La paz, el poder y la confianza que sintieron redundaron en un nuevo florecimiento del arte. Habían sido una raza creativa desde hacía generaciones, pero en esta época fueron incluso más prolíficos.

Dominio técnico En contraste con los egipcios, los artistas griegos se centraron en la vida en lugar de en la muerte. Fascinados por el desarrollo de la mente, los Juegos Olímpicos (cuyo primer registro data de 776 a. C.) reflejaban un interés similar en la potencia física. En general, los griegos aspiraban a mejorar mental y físicamente en reflejo de estas aspiraciones populares, los artistas representaban figuras perfectas y entornos sin tacha. Su creencia en que sus dioses recordaban a humanos ideales explica su reverencia por la belleza y la perfección.

Atenas vivió un auge de la creatividad al producirse arte para adornar espacios públicos y religiosos. Los edificios se embellecían con relieves, pinturas murales y estatuas. Entre los temas figuraban leyendas mitológicas, héroes, dioses y diosas. Las figuras represen-

Cronología

480 a. C.
Los persas invaden Grecia pero son derrotados; inicio de la Antigüedad clásica.

474 a. C.
Se inicia la construcción del Partenón en Atenas.

450 a. C.
Mirón esculpe el *Discóbolo*.

El lanzador de disco

La mezcla de elementos realistas e idealizados encajaba con la admiración que los griegos sentían por la belleza física y los logros intelectuales de sus artistas. Jamás antes se había esculpido del natural a tal escala. El *Lanzador de disco* (*Discóbolo*) de Mirón, creado en torno a 450 a. C., es una representación convincente de un cuerpo en movimiento. Si bien la obra original se ha perdido, aún perviven algunas copias de la Roma antigua, como ésta, en la que vemos a un joven atleta en el momento en que está a punto de lanzar un pesado disco, con el cuerpo retorcido por la acción. El aspecto físico de los lanzadores de disco era muy admirado a la sazón, porque ninguno de sus músculos estaba sobredesarrollado, cosa que les confería unas proporciones armoniosas. La figura es expresiva, realista y perfecta, pese a que los músculos no estén en tensión, y poco importa si retrata la mejor manera de lanzar un disco...

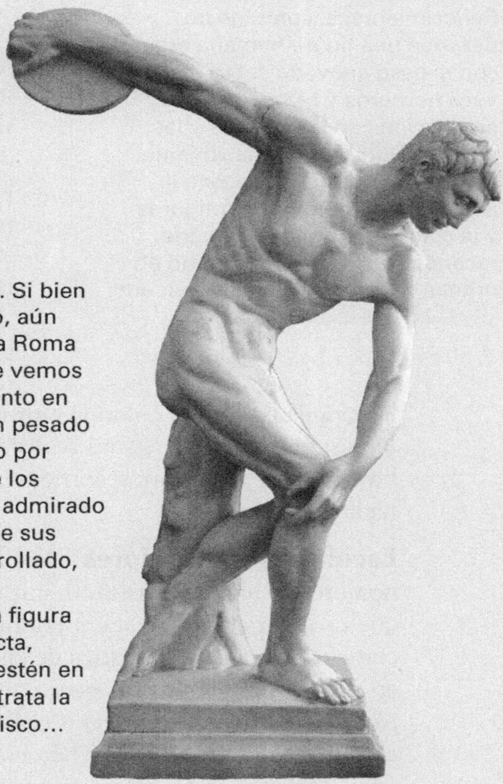

Réplica del *Discóbolo* de Mirón

tadas eran siempre jóvenes y enérgicas, con torsos bien proporcionados y extremidades delgadas y musculosas. Las ideas subyacentes al arte eran revolucionarias. Hasta entonces todas las culturas habían estilizado o simplificado su arte en cierto sentido. Por primera vez los artistas habían estudiados sus temas con detenimiento e intentaban plasmarlos con realismo. Se investigaron elementos

438 a. C. Fidias produce la colosal estatua de la Atenea de la Acrópolis, la imagen religiosa más celebrada de Atenas.

435 a. C. Fidias completa su estatua de Zeus, declarada una de las Siete Maravillas del Mundo.

***c.* 350 a. C.** El escultor Praxíteles crea *Afrodita*, el primer desnudo femenino a tamaño real de la escultura clásica, afamado por su belleza.

Contraposto

Nombre dado en retrospectiva por los artistas italianos del Renacimiento, el contraposto describe una figura humana erguida con el peso apoyado sobre un pie y los hombros y brazos girados en relación con las caderas y las piernas. Durante el Renacimiento, los artistas consideraron ésta la postura ideal para retratar figuras y la copiaron a su libre albedrío, reconociendo a Policleto como el primer artista que la aplicó a su arte.

realistas como el escorzo y la textura por primera vez, los artistas incluyeron detalles precisos en sus intentos por representar lo que veían. Pese a los graves desperfectos que presenta, el arte de este período exhibe el gran dominio técnico y la atenta observación de sus creadores. A partir de dicha observación se mejoraba para emular la perfección. El paso del tiempo y el hecho de que se ejecutaran sobre madera han redundado en la escasa supervivencia de la mayoría de pinturas griegas antiguas, si bien sí existen copias de éstas ejecutadas en la antigua Roma. La colorida pintura se ha desconchado de las estatuas, pero estas imágenes realistas debieron de antojarse asombrosas a los ciudadanos corrientes, quienes jamás habían visto nada parecido.

Escultores innovadores Por primera vez en la historia, los nombres de algunos artistas destacaron entre la masa de artesanos que creaban arte de manera anónima. El inicio del estilo griego clásico y la tradición artística de las escuelas, que continuaron largo tiempo después de su deceso, se atribuyen a tres escultores en particular. Mirón de Eleuteras trabajó de 480 a 440 a. C. Creó esculturas realistas de dioses y héroes, si bien alcanzó la fama por sus representaciones de atletas en posturas potentes y dinámicas. Fidias (500-432 a. C.) suele considerarse el principal entre los escultores de la Grecia clásica que decoraron Atenas tras la victoria sobre Persia. Como supervisor de las obras públicas, se le encargó construir importantes estatuas para la ciudad. Entre otras cosas, dirigió y supervisó la construcción del Partenón y diseñó su decoración escultórica. Su estatua de Zeus en Olimpia es una de las Siete Maravillas del mundo ancestral. También esculpió dos estatus de la diosa Atenas para la Acrópolis, una de ella tan inmensa que sólo podía contemplarse íntegra desde mar adentro. Su obra se caracteriza por la suma atención al detalle realista y la magnífica realización de los drapeados. Otro escultor contemporáneo fue Policleto, en activo entre los siglos V y principios del IV a. C. Creó figuras ideales en posturas relajadas y naturales, estilo que poste-

«Nuestra pasión por la belleza no conduce a la extravagancia; nuestra pasión por el funcionamiento de la mente no nos debilita.»

Pericles (*c.* 495-429 a. C.)

riormente emularon los artistas renacentistas. Fue el inventor del contraposto.

Proporciones perfectas La sección áurea, establecida por los griegos, consistía en un equilibrio de las proporciones medido en rectángulos que resulta universalmente agradable al ojo. Fueron los egipcios quienes usaron por vez primera la sección áurea, denominada siglos después «fi» por Leonardo da Vinci, en honor a Fidias, quien aplicó estas proporciones equilibradas a toda su obra. Las dimensiones exteriores del Partenón acatan la sección áurea, y todas las esculturas pueden dividirse en estas mediciones de proporciones específicas. Por ejemplo, en la estatua de Atenea, la proporción desde la coronilla a la cabeza, relacionada con la distancia entre la frente y la barbilla y los orificios nasales y los lóbulos de las orejas, podría dividirse en estas proporciones específicas.

Vasijas griegas Si bien la cerámica jamás se había clasificado como arte elevado, los griegos antiguos la incluyeron en su búsqueda de la perfección. La cerámica que produjeron era lisa y estaba perfectamente trabajada y elaboradamente decorada. Pintada sobre pequeñas superficies curvas, la cerámica griega clásica presenta grupos detallados de figuras dispuestas de manera armoniosa. Los pintores de cerámica también ofrecen pistas acerca de las composiciones de las pinturas producidas en la fecha, pues los ceramistas estaban al día de los progresos de los grandes maestros del arte cuyas obras se han perdido.

La idea en síntesis: realismo de una perfección realzada

04 Arte budista (c. 600 a. C.-700 d. C.)

La historia del budismo y sus artes se remonta a hace más de dos mil quinientos años. Alrededor de 600-500 a. C., los artistas indios empezaron a crear iconografía y simbolismo para difundir las enseñanzas de Buda. En menos de seiscientos años, los artistas budistas usaban ya ideas que habían asimilado de artistas romanos, quienes a su vez acusaban un enorme influjo de los griegos.

El arte budista giraba en torno a ilustrar la historia de Buda y explicar las experiencias de Siddhārtha Gautama, el maestro espiritual fundador del budismo. La religión se difundió desde el norte de la India hacia el centro, el este y el sur del Sureste Asiático. En el primer arte budista, Buda no se representaba con forma humana. En su lugar, su presencia se indicaba mediante un símbolo, como una flor de loto, unas huellas, un asiento vacío o un espacio bajo un parasol. En un principio, los artistas crearon relieves y pinturas estilizadas y de aspecto plano. El estudio de estas imágenes debía acercar a los fieles a un mayor entendimiento del budismo e incluso a alcanzar la iluminación.

El retrato de la serenidad La primera imagen de Buda con forma humana se talló en las postrimerías del primer siglo de nuestra era, en una región de la India llamada Gandhara. El arte surgido allí se inspiraba claramente en el arte griego y romano, como demuestra el hecho de que Buda se retratara de manera realista y normalmente con el pelo rizado, al modo de las imágenes romanas de Apolo. Asimismo vestía togas y lucía joyas romanas. Cada vez más, los artistas adoptaron el estilo narrativo vivo y realista del arte romano, que no obstante mezclaron con el simbolismo de su arte anterior para destilar un enfoque más individual. En otras zonas de la India, los artistas empezaron a perfilar sus propios estilos e interpretaciones personales de Buda. El arte de Gandhara influyó en la escultura de Mathura,

Cronología

c. 563 a. C.	*c.* 534 a. C.	*c.* 400 a. C.	*c.* 150 a. C.
Nace Siddhārtha Gautama en Lumbini (hoy parte del Nepal), en el seno de una familia real gobernante.	El príncipe Siddhārtha se convierte en maestro religioso.	Los artistas budistas utilizan símbolos para narrar episodios de la vida de Buda.	Los artistas de Gandhara adoptan ideas del arte griego y romano, y crean sus propias imágenes de Buda.

una ciudad en el norte de la India, y sus ideas se extendieron a regiones de China, Corea y Japón. Los artistas de Mathura reinterpretaron a Buda. Su cuerpo aparecía hinchado por el aliento de la vida (*prana*) y siempre vestía una túnica drapeada sobre el hombro izquierdo. En el sur de la India, Buda solía representarse con una túnica drapeada sobre el hombro derecho y semblante serio. Este estilo se extendió a Sri Lanka. Con el tiempo, las imágenes de Buda se convirtieron en las representaciones más populares del budismo, si bien los símbolos originales continuaban apareciendo y siendo parte importante del arte, pero ya no se consideraban esenciales.

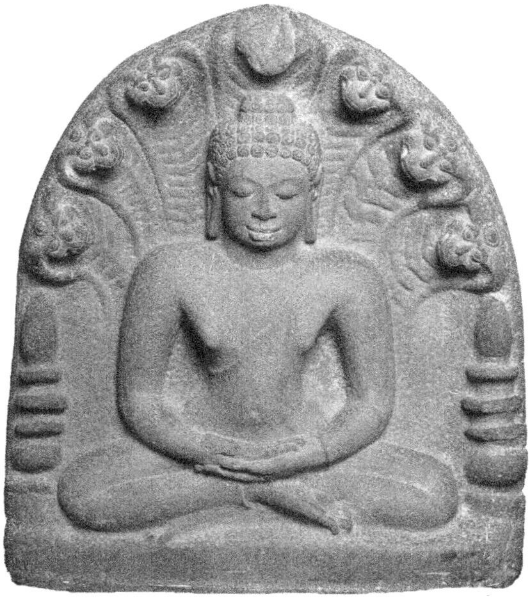

Buda meditando, siglos IV-VI

El imperio Gupta

El período Gupta, que se extendió entre los siglos IV y VI en el norte de la India, recibe también el nombre de «edad de oro». Fue una época de inventos y descubrimientos científicos, ingeniería, literatura, matemática, astronomía, filosofía y arte. Su base era la civilización clásica y reinaban la paz y la prosperidad. Los artistas crearon incontables obras de arte e inventaron su propia «imagen ideal» de Buda, que combinaba elementos del arte de Gandhara y Mathura. Los Budas Gupta tienen el cabello separado en diminutos rizos y los párpados caídos, y se convirtieron en el arquetipo para generaciones futuras de artistas budistas de toda Asia.

120 a. C.
El emperador chino Wu de Han recibe dos estatuas doradas de Buda a modo de presente.

68 d. C.
Se establece oficialmente el budismo en China.

***c.* 320-500 d. C.**
El período Gupta marca la edad de oro de la India, cuando el arte budista alcanza su cúspide.

***c.* 650 d. C.**
El cénit del arte budista en la India llega a su fin.

Al margen de cómo se representara, Buda siempre aparecía con expresión serena y las manos colocadas en gestos simbólicos. Llevaba el cabello recogido en la nuca y su túnica, pese a continuar guardando semejanzas con una toga, viró cada vez más hacia un estilo indio tradicional.

Instrucción religiosa Como ocurre con la mayoría del arte religioso, el arte budista se concibió como herramienta de enseñanza espiritual, un medio de captar la atención de los fieles y difundir el trasfondo de su religión. El arte budista también tenía como objetivo ayudar a la meditación. Se instaba a los fieles a concentrarse en el arte y admirar el complejo simbolismo. Al hacerlo, debían buscar experimentar un despertar espiritual.

Con el paso de los siglos surgió una nueva forma de budismo integrada por más dioses y rituales más intricados. Junto a Buda y los símbolos comenzaron a aparecer nuevas deidades. Al principio no existían convenciones para representarlas, pero, con el transcurso del tiempo, algunos elementos reconocibles fueron reiterándose y acabaron por devenir esenciales. Era importante repetirlos y que los espectadores identificaran que la idea principal subyacente al arte budista era transmitir historias con claridad y permitirles entender qué estaban contemplando, a la par que se los estimulaba y se reforzaban sus creencias.

Seres iluminados Los bodhisattvas son individuos iluminados o «seres sabios» que persiguen convertirse en Budas y ayudar a otras personas. «Bodhisattva» es un término sánscrito que se traduce como *Bodhi* («iluminación») y *sattva* («ser»). Un Buda es capaz de una compasión y una sabiduría ilimitadas y el bodhisattva soportará cualquier padecimiento por ayudar a otro ser vivo. Desde los primeros tiempos, incluso cuando todo lo demás estaba de-

Proporciones perfectas

Independientemente de su estilo, las imágenes de Buda siempre expresan armonía y serenidad. Ello se conseguía mediante un sistema obligatorio de proporciones físicas ideales que todos los artistas budistas debían acatar. Grandes o pequeñas, las imágenes de Buda se adherían invariablemente a estas dimensiones y proporciones preestablecidas. Se trataba de una idea esencial del arte budista, puesto que estas proporciones perfectas representan uno de los diez atributos o poderes de Buda.

«Una idea que se lleva a la práctica es más importante que una idea que existe sólo en tanto que idea.»

Buda

terminado, los artistas incorporaron sus interpretaciones individuales de los bodhisattvas en su arte. Generalmente los retrataban como criaturas jóvenes y bellas con aspecto de dioses, vestidos con joyas y sedas exóticas, normalmente felices o serenos y en posturas tranquilas.

A medida que el budismo fue difundiéndose por Asia, se compartieron símbolos con otras culturas, así como distintos estilos artísticos e interpretaciones de Buda. Algunos de ellos poseían peculiaridades distintivas, mientras que otros eran equivalentes. Los colores y los gestos de las manos fueron dos factores simbólicos que quedaron incorporados en el arte de varios países. Por ejemplo, los ojos simbolizan la sabiduría, la flor de loto significa el progreso del alma, la cruz gamada implica la buena fortuna y el bienestar, un parasol encarna la protección y la rueda del darma (o rueda de ley) representa las enseñanzas de Buda sobre el camino hacia la iluminación. Los colores también poseen significados universales en el arte budista: se creía que los cinco colores (blanco, amarillo, rojo, azul y verde) contribuían a las transformaciones espirituales si los espectadores meditaban sobre ellos, motivo por el cual aparecen con frecuencia en el arte budista de varios países. Se atribuía a cada color un poder especial; así por ejemplo, el azul simboliza la calma y la sabiduría reflexiva, el blanco indica el conocimiento y el aprendizaje, y el verde encarna el vigor y la acción.

La idea en síntesis: el arte propicia la meditación y la transformación espiritual

05 Arte bizantino (*c.* 300-1204)

A medida que el cristianismo se extendía por Europa, el realismo del arte griego y romano fue abandonándose. Las estatuas pasaron a considerarse una forma de idolatría y los retratos de gente corriente se miraban con recelo, como si, para los cristianos, no cupiera glorificar a los humanos por encima de Dios. Los cristianos creían que la habilidad artística era un don divino, de manera que el arte sólo podía usarse para difundir el mensaje de Dios.

El arte cristiano surgió mucho después de que el emperador romano Constantino se convirtiera al cristianismo y lo proclamara religión legal en el año 313 d. C. El primer arte cristiano conocido se pintó en las paredes y techos de las catacumbas bajo la ciudad, donde los creyentes se reunían en secreto para practicar su religión prohibida. Se trataba de pinturas harto toscas, si bien ello apenas importaba, puesto que su cometido era ilustrar conceptos cristianos y no ser admiradas por su creatividad y calidad pictórica. Se ilustraban temas bíblicos y Cristo solía parecerse a Apolo, mientras que Dios adoptó los rasgos de Zeus o Júpiter, lo cual dejaba claro a los espectadores, acostumbrados al arte griego y romano, que se trataba de figuras divinas. Sin embargo, ésas fueron las únicas referencias al arte grecorromano, ya que los cristianos rechazaron muchas de las ideas de los artistas de antaño en un esfuerzo por concentrarse en las enseñanzas de la Iglesia. Así pues, por ejemplo, no hubo desnudos. Las imágenes tampoco eran demasiado narrativas, ya que el arte no tenía por fin narrar episodios detallados de la Biblia, sino simplemente recordar la gloria de Dios y la santidad de las Escrituras.

Inspiración para los analfabetos En 323 d. C., el emperador Constantino trasladó la capital del imperio romano a Bizancio y la rebautizó como Constantinopla. Al poco, el cristianismo se de-

Cronología

313	323	476	730
El emperador Constantino se convierte al cristianismo.	El emperador Constantino rebautiza Bizancio como Constantinopla y crea un nuevo centro artístico para el imperio romano.	Cae el imperio romano de Occidente.	El emperador León III prohíbe el uso de imágenes religiosas e instaura la iconoclasia.

claró religión principal del imperio y a lo largo y ancho de Bizancio se construyeron basílicas cristianas decoradas con relieves, murales y, sobre todo, mosaicos. El nuevo arte devoto se difundió junto con las creencias cristianas a otros lugares, como Rávena, Venecia, Sicilia, Grecia y Rusia. Se produjeron mosaicos, iconos públicos y privados, manuscritos miniados, pinturas al fresco y relieves para transmitir a todo el mundo las maravillas de las Sagradas Escrituras. La única preocupación terrenal que se representaba tenía por objeto instruir a las personas sobre cómo comportarse para subir al cielo. Dado que, en su mayoría, los fieles eran analfabetos, el arte condensaba el espíritu de la Biblia, en lugar de abordar temas más complejos o detallados. Su objetivo era servir de foco a los feligreses durante la oración y alentar la conversión de nuevas almas. Con sus mosaicos resplandecientes, fondos dorados y apabullantes dimensiones, se usó el arte para popularizar el cristianismo.

Bizancio

Cuando la parte occidental del imperio romano se desmoronó (cosa que ocurrió gradualmente a lo largo de 300 años hasta su colapso total en torno al 476 d. C.), la parte oriental, Bizancio, se mantuvo indemne. El término «bizantino» no sólo describía la zona geográfica del imperio romano oriental, sino unas características estilísticas particulares del arte cristiano producido en dicha región a partir de esa época.

La gloria de Dios Los artistas bizantinos solían pertenecer a organizaciones religiosas; en su mayoría eran monjes. La idea de que las representaciones realistas contradecían el segundo mandamiento («No te hagas ningún ídolo») explica la depreciación del realismo y la escasa popularidad de la escultura. En las pinturas y mosaicos, las figuras eran bidimensionales, sin sombras ni perspectiva. Siempre estaban encaradas frontalmente, miraban hacia delante y su expresión era casi invariable. Vestían ropas drapeadas que apenas insinuaban el cuerpo. Mientras que los artistas clásicos habían intentado imitar la vida con precisión, los bizantinos abogaron por un enfoque más simbólico, pues no se pretendía que los espectadores se maravillaran ante la habilidad del artista o que confundieran el arte con la vida. Los fondos eran

843	1067-1070	1204	1261	1453
Las imágenes se autorizan de nuevo y el arte bizantino vuelve a florecer.	En Bretaña se crea el *Tapiz de Bayeux*.	Constantinopla es saqueada por los caballeros de la cuarta cruzada.	Los bizantinos recuperan Constantinopla.	Constantinopla cae en manos de los turcos otomanos.

Iconos

Uno de los elementos más importantes del arte bizantino era el icono, una imagen de una persona sagrada, como Cristo, la Virgen o un santo. En iglesias y hogares por igual se instalaban iconos de diversos tamaños, pues se consideraba que inducían a la contemplación. No eran imágenes realistas, pero eran veneradas pues se les atribuía la capacidad de mostrar el aura sagrada de la figura retratada.

La Virgen orante es un retrato cristiano habitual que muestra a la Virgen María en rezo. Creado en el siglo XI en la catedral de Santa Sofía de Kiev, el mosaico presenta influencias del arte bizantino y muestra a la Virgen con los brazos abiertos en oración. El pañuelo del cinturón sirve para enjugar las lágrimas de quienes acuden a ella acuciados por los problemas.

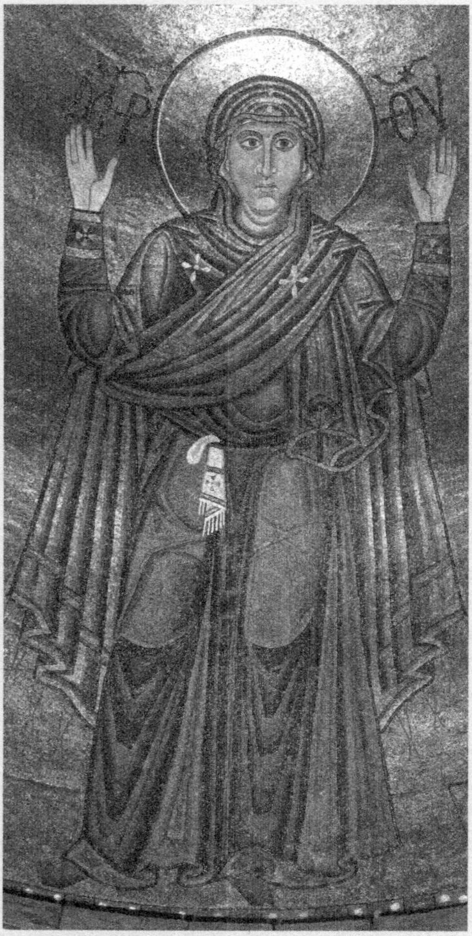

La Virgen orante, 1037-1061, mosaico, catedral de Santa Sofía, Kiev

invariablemente de color dorado, ya que el arte debía transmitir el prodigio y la magnificencia de Dios y la Sagrada Familia. La opulencia y la espiritualidad, como se demostró en las iglesias que brotaron por doquier, figuraron entre los métodos principales para inspirar asombro en los fieles y demostrar la omnipresencia de Dios. Los símbolos sagrados pasaron a ser forma integral de gran parte de este arte y acabaron por identificarse como aspectos importantes del cristianismo. Entre ellos destacaban: las llaves, que representaban el poder de la Iglesia; un cáliz, emblema de la

Sagrada Comunión y de la redención de los pecados, y la cruz en la que murió Jesús, el símbolo principal del cristianismo.

Iconoclasia El principal objetivo del arte bizantino fue la glorificación de Dios y de la Sagrada Familia. A resultas de ello se produjeron incontables retratos de Dios, Jesús, la Virgen María y los santos y mártires, y los artistas bizantinos concibieron nuevas técnicas decorativas para hacerlos parecer extraordinarios. La primera gran época del arte bizantino acaeció bajo el reinado de Justiniano I (483-565), quien organizó las leyes romanas para que obedecieran las creencias cristianas, cosa que a su vez influyó en el arte. Sin embargo, hacia el año 730, la idea islámica de que la representación de la forma humana era blasfema indujo al emperador León III a prohibir el uso de imágenes de la Sagrada Familia y los santos. Esta época se denominó el período iconoclasta y se prolongó hasta el año 843. Durante esta etapa se erradicó todo desarrollo artístico.

«La pintura es para los analfabetos lo que la escritura es para quienes saben leer.»

Papa Gregorio Magno, siglo VI

Manuscritos miniados A medida que el cristianismo iba extendiéndose, los amanuenses redactaban manuscritos elaborados, muchos de rezos y parábolas bíblicas. Pese a adherirse estrictamente a las ideas cristianas de otras obras de arte bizantinas, estaban destinados a otro público. Estos manuscritos de ejecución impecable eran para personas cultas, normalmente miembros del clero o de la nobleza.

La idea en síntesis: representación simbólica del cristianismo

06 Arte gótico (*c.* 1140-1500)

Como el arte bizantino y románico que lo precedieron, el arte gótico rezumaba simbolismo espiritual y tenía por fin inspirar a los espectadores la grandeza de Dios. Pese a tratarse de tres estilos cristianos, sus ideas diferían. El arte gótico surgió de la arquitectura gótica, cuyas iglesias ascendían hasta el cielo y estaban bañadas de luz en el interior gracias a sus inmensas vidrieras.

El arte gótico se originó en Francia en el siglo XII y se expandió rápidamente por toda Europa, donde mantuvo el predominio durante más de 200 años. Se inició en 1144, cuando el abad Suger (*c.* 1081-1151) llevó a cabo la reconstrucción de la basílica de Saint-Denis en París. Completada la vertiginosa estructura, a través de cuyos inmensos ventanales se filtraba una luz que el abad Suger describió como «la luz líquida del paraíso», había nacido un nuevo estilo. Saint-Denis inspiró muchas otras iglesias con capiteles que ascendían hacia el cielo y otros rasgos innovadores. Los artistas decidieron equiparar los logros de los arquitectos.

Estilo bárbaro El término «gótico» para describir el arte fue intencionadamente peyorativo. Se lo etiquetó así durante el Renacimiento, en alusión a las tribus godas bárbaras que saquearon el imperio romano y destruyeron gran parte del arte clásico. Los artistas renacentistas desdeñaban este estilo, pero, a medida que fue produciéndose arte gótico, empezó a considerarse majestuoso y noble (y los artistas que lo secundaron no tuvieron nada que ver con el expolio de Roma). Largo tiempo después, el arte gótico empezó a respetarse por sus ideas originales, que transmitían las enseñanzas cristianas de un modo nuevo y vívido. La mayoría del arte gótico formaba parte integral de la iglesia y representaba una sociedad de una civilización y prosperidad crecientes. Se contrató a artistas y arquitectos góticos para que adornaran grandes cate-

Cronología

1140
El abad Suger encarga la reconstrucción de la basílica de Saint-Denis en París, e inicia un nuevo estilo artístico.

1194-1220
Se construye la catedral de Chartres, repleta de arte religioso.

1210
Francisco de Asís funda la orden de los Franciscanos.

1215
Se funda la orden de los Dominicos, fiel al aprendizaje y la virtud.

Los dominicos y los franciscanos

En el siglo XIII se fundaron dos órdenes poderosas: los dominicos y los franciscanos. Desde sus albores, los monjes dominicos dieron prioridad a la oración, el estudio y la prédica, mientras que los franciscanos se concentraron en la pobreza, el sufrimiento y la vida consagrada a Dios. Los dominicanos subvencionaron un arte informativo y educativo, mientras que los franciscanos sentían inclinación por imágenes de padecimiento, como crucifixiones y martirios.

drales e iglesias. El abad Suger creía que, rodeadas de objetos bellos, las almas de los feligreses se elevarían y se aproximarían más a Dios. Los artistas crearon gigantescos vitrales que ocupaban grandes extensiones de las paredes de las iglesias, donde previamente habría habido murales. Como mosaicos translúcidos, las vidrieras góticas solían ser complejas e ilustraban episodios de la Biblia y vidas de santos. Vistas desde el interior, parecían joyas deslumbrantes cuando la luz se filtraba a través de ellas, y enviaban rayos de los colores del arco iris sobre la congregación. Muchos parroquianos pobres que probablemente no entendieran todos los mensajes de las imágenes que los rodeaban debieron de disfrutar así la sensación de estar experimentando algo divino y sagrado.

Ideas ilustrativas Más que intentar crear imágenes naturalistas o realistas, los artistas góticos se concentraron en ilustrar ideas. El arte estaba al servicio de la religión y debía expresar la omnipotencia de Dios, no ser admirado por ser arte. Durante el primer período del gótico, las habilidades técnicas se valoraban más que la creatividad, de manera que los artistas eran considerados menos importantes que los artesanos. Los artistas que trabajaban en distintos medios intentaron ganarse el respeto concibiendo nuevos enfoques. Así, los escultores se interesaron más que otros artistas medievales por retratar las emociones. Hacia finales del siglo XII buscaron inspiración en la escultura grecorromana que había sobrevivido y comenzaron a emular algunas de sus ideas. Ahora bien,

c. 1220
Nace Nicola Pisano, considerado por algunos el fundador de la escultura moderna.

c. 1240
Nace el artista Giovanni Cimabue, el supuesto maestro de Giotto di Bondone.

c. 1250
Nace Giovanni Pisano, escultor, pintor y arquitecto, e hijo del famoso escultor Nicola Pisano.

Figuras convincentes

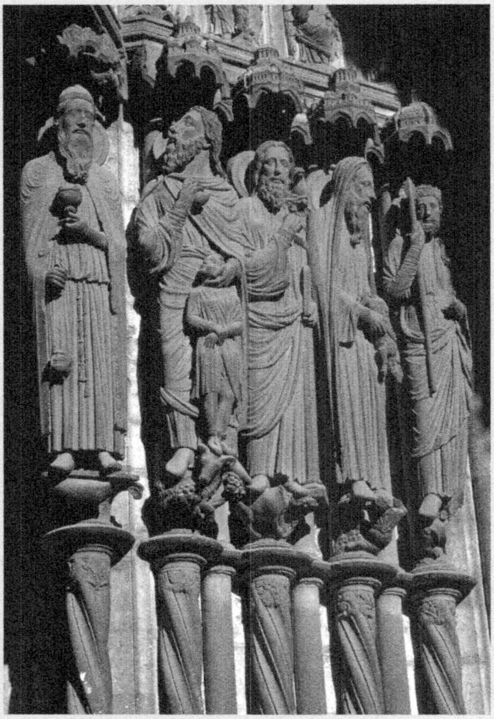
Catedral de Chartres, pórtico norte, Francia

Los escultores perseguían para sus obras la misma espectacularidad alcanzada por la arquitectura y los vitrales góticos. Las estatuas que previamente habían formado parte de las paredes se tornaron entonces autónomas, aspecto que había quedado abandonado desde el imperio romano. Siguiendo la tradición bizantina y románica, las figuras continuaron siendo alargadas, si bien los escultores se concentraron ahora en crear vestimentas drapeadas, rasgos faciales y gestos varios de corte realista. El escultor de estas estatuas del pórtico norte de la catedral de Chartres intentó insuflar vida a sus figuras. Están extraídas del Antiguo Testamento: Abraham vuelve la vista para escuchar a Dios mientras agarra a su hijo Isaac, a quien va a sacrificar; Moisés sostiene las tablas con los Diez Mandamientos; Samuel sacrifica un cordero, y David, coronado, porta una lanza.

mientras que los artistas griegos esculpían imágenes de figuras bellas, los góticos prefirieron contar historias del modo más convincente posible. Artistas, arquitectos y artesanos intentaron expresar las palabras de Dios de la manera más inteligible posible.

Paulatinamente, el papel de los artistas ganó peso y valía. Muchos empezaron a firmar sus obras para ser reconocidos por su maestría. Además de vitrales y esculturas, produjeron retablos pictóricos, frescos, manuscritos iluminados y tapices, entre otros. Los pintores empezaron a insuflar vida a su obra representando a las personas

«La obra noble es luminosa, pero la nobleza de su luminosidad debería iluminar las mentes y guiarlas a través de las luces hacia la luz verdadera, cuyo umbral es Cristo.»

Abad Suger

en posturas naturales con ropajes drapeados. Y aunque la anatomía no era objeto de estudio y no perseguían el realismo convincente del arte clásico, sí imprimieron a su obra algo más de realismo que el arte cristiano anterior. En general, los artistas góticos enfatizaron la salvación por encima de la condena y, en lugar de escenas apocalípticas, los fieles contemplaron en las iglesias y catedrales imágenes de la vida de Jesús, la Virgen María y los santos, figuras todas que se retrataban con rostros compasivos. En lugar de oro liso, los artistas empezaron a experimentar con fondos arquitectónicos y paisajísticos.

Gótico internacional El siglo XIII vivió una gran prosperidad económica, alcanzando su cúspide en las postrimerías. En Europa se desarrolló la industria textil. Hacia finales del siglo siguiente, con rutas comerciales establecidas en gran parte de Europa, el incremento del comercio desembocó en la expansión de las ciudades, la fundación de universidades, el auge de una nueva clase burguesa y la difusión de la alfabetización. La nueva facilidad para viajar permitió a los artistas intercambiar técnicas e ideas. No tardaron en fraguar imágenes más complicadas y sofisticadas, con figuras más elegantes y gráciles, en Francia, Italia, Inglaterra, Alemania, Austria y Bohemia. Pese a ser más encorsetadas y presentar un aspecto menos natural que el arte grecorromano, se desarrolló un gusto por el realismo y el detalle. Tiempo después aquel estilo se conocería como gótico internacional.

La idea en síntesis: difundir el mensaje de Dios

07 Renacimiento temprano (*c.* 1300-1500)

El término «Renacimiento» se acuñó en el siglo XIX para describir un período que comprende, *grosso modo*, los siglos XIV a XVI y en el cual resurgió el interés por la filosofía, la literatura, la ética, la arquitectura y el arte de la Grecia y la Roma antiguas. Nació en Florencia y Siena, en Italia, cuando los artistas, científicos y filósofos redescubrieron su pasado a la par que hallaron su individualidad.

Puesto que el período denominado Renacimiento fue tan dilatado y vivió tal estallido de ideas, normalmente se divide en Renacimiento temprano y Renacimiento pleno. Pese a que las ideas renacentistas se difundieron por toda Italia y Flandes (actuales Bélgica y Países Bajos) y sucesivamente por toda Europa, no influyeron en todos los países del mismo modo. Se trató, en suma, de una combinación compleja y emocionante de ideas que tuvo repercusiones en 200 años de la historia europea.

Hacia el siglo XIV, debido a varios factores, como la expansión del comercio, la aparición de la imprenta en Europa y el consiguiente interés renovado en el aprendizaje, muchos europeos empezaron a sentir más interés por el mundo circundante que por las ideas medievales que habían establecido el arte y la arquitectura góticos. Algunas regiones de Italia experimentaron una especial prosperidad que atrajo a ricos y eruditos. Las raíces de Italia se retrotraían hasta la Antigüedad, cosa que suscitó un interés renovado en la Grecia y la Roma antiguas. Algunos colectivos de eruditos acometieron la traducción de las obras escritas por los antiguos filósofos y arquitectos griegos. Y los debates en torno a sus ideas y teorías se revivieron y reinterpretaron.

Cronología

1304	*c.* 1308-1311	1334	*c.* 1390	1401
Lamentación sobre Cristo muerto, Giotto.	*Maestà rodeada de veinte ángeles y diecinueve santos*, Duccio.	Giotto es designado responsable de las obras públicas de Florencia.	Cennini escribe *Il libro dell'arte*, sobre el arte renacentista.	Ghiberti recibe el encargo de esculpir las puertas para el baptisterio de la catedral de Florencia.

Humanismo La filosofía del humanismo de la antigua Grecia fue una de las ideas que emergieron. Los humanistas postulaban que los humanos poseen la habilidad del pensamiento lógico y que la moralidad, el aprendizaje y la mejora del mundo eran mucho más importantes que consagrar la vida a prepararse para el más allá. Y gracias a la invención de la imprenta en esta época, las ideas humanistas se difundieron fácilmente. Se oponían a las enseñanzas tradicionales del cristianismo y alentaban a los artistas a imprimir un nuevo énfasis a las nociones terrenales. La Iglesia continuó con su mecenazgo de las artes, si bien fue en las ciudades donde las ideas evolucionaron verdaderamente. Allí, la aristocracia y la creciente clase comercial encargaron arte para sus propias colecciones, así como para la Iglesia. Seguían ilustrándose temáticas religiosas y los ideales del cristianismo no se abandonaron, pero los artistas aprovecharon el interés en temas seculares y en la nueva fe en la importancia de los seres humanos en el universo. El arte ya no se creaba con meros fines religiosos, sino que se valoraba por sí mismo. Bajo el influjo combinado de una mayor conciencia de la naturaleza, un renacimiento de las enseñanzas clásicas y esta visión más individualista de la raza humana, se efectuaron esfuerzos por crear un arte que reflejase el mundo con el máximo realismo posible.

Posición social

Una de las ideas que diferenciaron el Renacimiento de todo el arte anterior fue el cambio de consideración del artista. Hasta entonces los artistas habían sido artesanos autónomos que difundían la palabra de Dios, mientras que ahora perseguían el reconocimiento personal, en parte para atraer nuevos encargos y en parte para mejorar la posición social de sus mecenas. Muchos artistas renacentistas alcanzaron la fama en vida.

Observación y perspectiva Varios artistas del Renacimiento temprano revolucionaron el arte. Giotto di Bondone (1266/7-1337) modernizó la pintura florentina en las fechas en que Duccio di Buoninsegna (1255/60-1315/18) hacía lo propio en Siena. Giotto rompió con la estilización tradicional del arte bizantino y gótico e introdujo figuras humanas de aspecto natural con expre-

1408	1454	1469	1470-1480
Donatello crea *David*, la primera estatua desnuda de tamaño real desde tiempos clásicos.	Se publica el primer libro impreso, la Biblia de Gutenberg.	Lorenzo «el Magnífico» de Medici asume el poder en Florencia.	La pintura al óleo llega a Italia.

Pintar con profundidad

En comparación con los mosaicos formales del arte bizantino y las obras góticas de aspecto forzado y glorificado, el lienzo de Giotto *La adoración de los Reyes Magos* (*c.* 1266) presenta un aspecto de volumen y solidez convincentes, si bien retiene cierta dignidad, cosa que realzaba tanto su interés humano como su función religiosa. Al disponer sus figuras interrelacionadas y recortarlas sobre fondos arquitectónicos, Giotto generaba sensación de profundidad. Esta técnica fue revolucionaria en su época y creó una ilusión de realidad que ayudó a los espectadores a entender y asimilar las parábolas bíblicas que ilustraba, al tiempo que reflejaba el interés renovado en la humanidad y en la evolución a partir de los logros de los artistas grecorromanos antiguos.

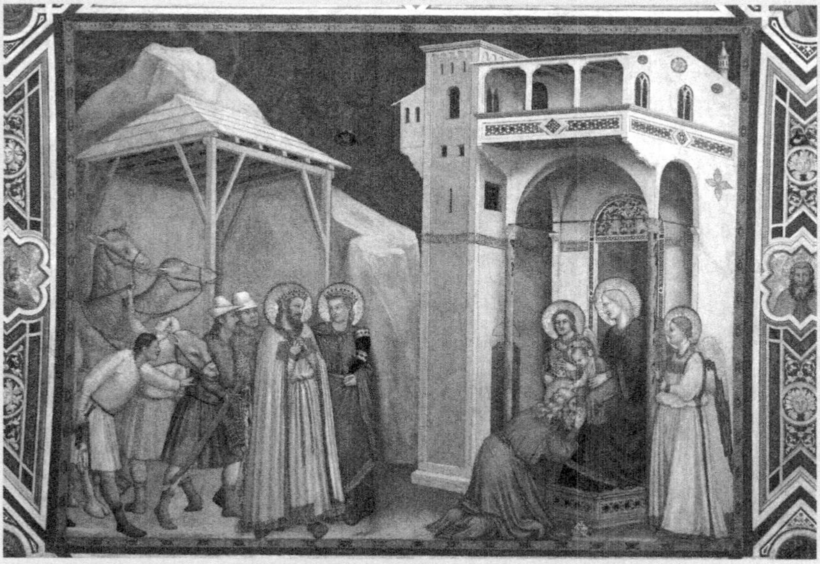

La adoración de los Reyes Magos, Giotto di Bondone, *c.* 1266, fresco

siones personales y poses realistas, mientras que Duccio creó obras de vivos colores que parecían casi tridimensionales y las vistió con colgaduras convincentes. Masaccio (1401-*c.* 1428) influyó sobremanera en la dirección de la pintura del siglo XV mediante su aplicación de la perspectiva lineal para crear la ilusión de superficies bidimensionales y tridimensionales. Paolo Uccello (1397-1475) fue otro entusiasta del método matemático de la perspectiva lineal y Piero della Francesca (*c.* 1415-1492) aplicó todas estas ideas,

«Ciertamente, muchos pintores que no usan la perspectiva han sido objeto de alabanzas; ahora bien, los loan por su falta de juicio hombres sin conocimiento alguno acerca del valor de este arte.»

Piero della Francesca

además de crear la ilusión de la luz y la tonalidad. Adoptando las posturas y expresiones realistas de las figuras de Giotto, incluyó además la perspectiva lineal y dotó sus imágenes de tonos claros y oscuros que transmitían una sensación convincente de profundidad y realismo.

Renacimiento nórdico Entre tanto, Flandes, una ciudad repleta de comerciantes acaudalados, registraba un renacer de las artes y, a partir del finales del siglo XV, muchas de las ideas del arte italiano empezaron a permear. Los artistas de la región produjeron elaborados manuscritos miniados con imágenes de un realismo creíble. No tardaron en recibir encargos para reproducir obras de mayores dimensiones y, en torno a 1410, empezaron a pintar en paneles de madera usando un pigmento mezclado con óleo distinto al pigmento tradicional mezclado con huevo, o témpera, aún en uso en Italia. El óleo facilitaba la pintura y permitía conseguir colores más vivos y brillantes. Jan van Eyck (c. 1390-1441) descubrió cómo aplicar varias capas de pintura en vidrieras que le permitían crear colores más vivos y una luz más intensa. Rogier van der Weyden (1399-1464) y Robert Campin (c. 1375-1444), apodado el Maestro de Flémalle, produjeron pinturas extremadamente realistas con sensación de profundidad y espacio. Se hizo hincapié en los detalles domésticos, que a menudo se incorporaban en las pinturas por razones simbólicas.

La idea en síntesis: una nueva era de mayor realismo

08 Renacimiento pleno (*c*. 1498-1527)

Conforme las nuevas ideas renacentistas se difundían por Europa, tomando el testigo a los artistas italianos y flamencos, la obra de los artistas jóvenes devino más habilidosa, diversa y confiada. Jamás antes el arte floreció con tal profusión y profundidad, desplegando tantas ideas, tan creativas y brillantes, y con una fe comparable por parte de los artistas en la importancia de su papel.

Hacia finales del siglo XV, la revolución artística del Renacimiento temprano maduró en lo que se ha dado en conocer como Renacimiento pleno o Alto Renacimiento. La pintura y la escultura alcanzaron un punto álgido en competencia técnica, con especial atención a las interpretaciones realistas, el equilibrio compositivo, la armonía espacial y la espectacularidad con vistas a equiparar o superar las obras de la Antigüedad clásica. Los historiadores apuntan que el paso del Renacimiento temprano al Renacimiento pleno sucedió con la finalización de la pintura de Leonardo da Vinci (1452-1519) de *La Última Cena* (1495-1498) en Milán, coincidiendo con el traspaso del centro cultural de Florencia a Roma, donde el papa Julio II encargó una inmensa cantidad de arte importante.

Por entonces, numerosos artistas sumamente habilidosos se forjaban una reputación por sus logros, entre ellos los venecianos Giorgione (c. 1477-1510) y Tiziano (1488-1576), quienes usaron tonos vivos para sus composiciones etéreas, coloristas y dinámicas, maestros nórdicos como Durero (1471-1528) y Holbein (1497-1543), quienes produjeron obras sofisticadas y de un realismo pasmoso, o los más grandes de todos, Leonardo, Miguel Ángel (1475-1564) y Rafael (1483-1520), que exhibían una técnica sublime y una mag-

Cronología

1498	1500	1503	1504	1505	1506-161
La Última Cena, Leonardo da Vinci.	*Pietà,* Miguel Ángel.	Nombramiento de Julio II como papa e inicio de la llamada edad de oro romana.	Miguel Ángel concluye el *David* en Florencia; El Bosco pinta *El jardín de las delicias.*	*Mona Lisa,* Leonardo; Durero viaja a Italia.	Varios artistas trabajan en la basílica de San Pedro de Roma

El hombre de Vitrubio

Leonardo da Vinci dibujó *El hombre de Vitrubio* en torno a 1487. Rodeado por notas basadas en un libro del arquitecto de la Roma antigua Vitrubio, el dibujo de la figura masculina dentro de un círculo y un cuadrado muestra las proporciones humanas ideales. Vitrubio había explicado en su libro que las proporciones de los órdenes arquitectónicos clásicos se basan en la figura humana, y el dibujo de Leonardo demuestra su fascinación por las proporciones y la anatomía, además de en la nueva idea de que el arte y la ciencia estaban conectados. Leonardo también creía que el funcionamiento del cuerpo humano estaba correlacionado con el funcionamiento del Universo.

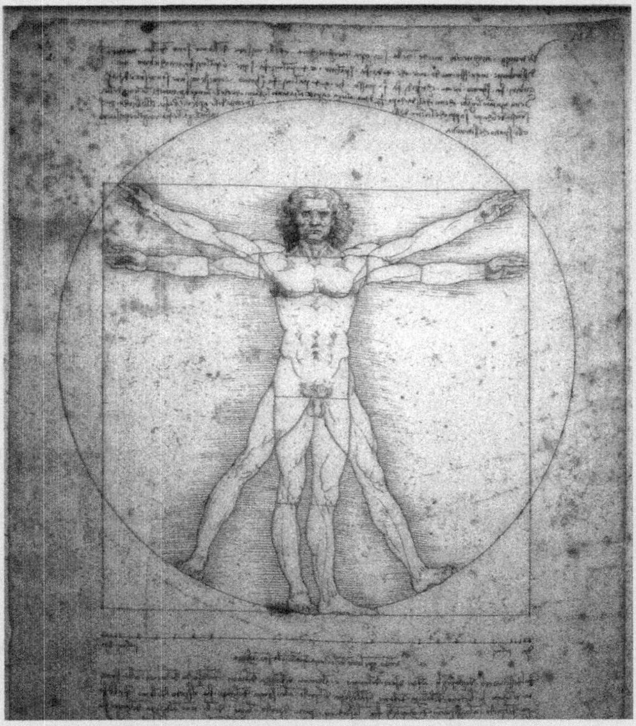

El hombre de Vitrubio, Leonardo da Vinci, *c.* 1485-1490, lápiz y tinta

1508-1512 Miguel Ángel pinta el techo de la Capilla Sixtina.

1509-1511 *La escuela de Atenas*, Rafael.

1527 El Saqueo de Roma simboliza el final de la Italia renacentista.

1533 *Los embajadores*, Holbein.

1562-1563 *Las bodas de Caná* o *Fiesta en casa de Leví*, El Veronés.

1564 Muerte de Miguel Ángel y nacimiento de Shakespeare.

nífica creatividad y fueron celebrados en su tiempo. Fueron los logros de Leonardo los que primero inspiraron la idea de clasificar a los artistas como genios.

La genialidad Leonardo fue pintor, escultor, arquitecto, ingeniero, filósofo, matemático, inventor y científico. Sus pinturas y dibujos fueron sumamente influyentes por sus composiciones innovadoras y su peculiar modo de captar la luz (una de sus invenciones fue la técnica del esfumado, consistente en difuminar la pintura para crear tonos suaves, graduales y casi vaporosos). Sus muchos cuadernos, repletos de estudios y dibujos del natural y del mundo científico, dan fe de una mente inquieta y una gran ingenuidad, si bien dejó muchos proyectos inacabados pues saltaba sin cesar de una idea a la siguiente. Miguel Ángel fue un hombre polifacético, con habilidades consumadas como escultor, pintor, arquitecto y poeta. Desde los albores de su dilatada carrera, fue anunciado como el mayor artista del siglo, merced a su capacidad para retratar figuras rebosantes de energía y expresión y gracias también a sus ideas revolucionarias en los ámbitos de la pintura, el mármol y el hormigón. Rafael fue el tercer artista italiano etiquetado como genio durante su carrera. Sobresalió como pintor y arquitecto, y sus retratos y obras religiosas fueron loados por su armonía de color y composición y por la tenue claridad de su aplicación de la pintura.

«La verdadera obra de arte no es más que una sombra de la divina perfección.»

Miguel Ángel

Anatomía La ciencia de investigar el cuerpo humano y sus partes no fue original del Renacimiento. Basada en los escritos de un antiguo médico griego, también se exploró en algunas regiones de la Europa medieval. No obstante, en los territorios cristianos, la idea de diseccionar cadáveres se consideraba un sacrilegio. Aun así, movidos por el vehemente interés y la creciente demanda de crear arte realista durante el Renacimiento pleno, algunos artistas asumieron el riesgo de estudiar anatomía mediante la disección, en aras de poder realizar representaciones más precisas del cuerpo humano. Leonardo trabajó (de manera ilegal) a partir de cadáveres, abriendo cuerpos de criminales muertos para conocer su estructura y funcionamiento. Miguel Ángel también legó dibujos que revelan un estudio de proximidad de restos humanos. Gracias a ello establecieron nuevos estándares en sus representaciones de la figura humana.

Dignidad y esplendor Las ideas tempranas del Renacimiento (ser realistas y crear imágenes desde un punto de vista más humano) se vieron intensificadas en los esfuerzos de estos artistas ulteriores por perfeccionar sus representaciones de la naturaleza. Los detalles explícitos y la claridad lineal del Renacimiento temprano fueron reemplazados por formas más plenas y simples que exhibían belleza, dignidad, esplendor, dinamismo, profundidad y significado. Se crearon así composiciones más fluidas y armónicas y se expresaron ambientaciones destinadas a suscitar respuestas emocionales en los espectadores. Las consideraciones puramente cristianas no fueron los únicos temas en los que se concentraron los artistas del Renacimiento pleno, puesto que sus mecenas procedían de trasfondos variados e incluían desde cardenales, gobernantes, banqueros y mercaderes hasta familias adineradas, la Iglesia y el Estado. El arte se había convertido en una parte esencial de la vida y a menudo se invitaba a los artistas a unirse a las cortes de la nobleza, dotándolos de títulos y salarios a cambio de arte.

Disegno y colore

La práctica del dibujo al natural (*disegno*) se consideraba el aspecto fundamental del arte que los aprendices florentinos practicaban en su senda hacia el éxito. Entre tanto, en Venecia, la disposición juiciosa de los colores (*colore*) en la composición se consideraba la parte esencial de la educación de un artista. Artistas y humanistas debatieron enardecidamente sobre cuál de estas dos técnicas era mejor a lo largo del Renacimiento.

El Renacimiento pleno, quizá incluso más que muchos de los movimientos de este libro, englobó numerosas ideas, en lugar de una nuclear. Aun así, en general, el arte del Renacimiento pleno representa un concepto central: que la cultura en la que se generó cultivó abiertamente los logros humanos. Por vez primera se estimularon, nutrieron, desarrollaron y recompensaron las habilidades y el talento; el esfuerzo humano se llevó a sus límites y se reconoció, aplaudió y premió la genialidad.

La idea en síntesis: cénit de los logros técnicos y creativos

09 Manierismo (c. 1520-1600)

El manierismo brotó en Florencia y Roma tras 1520, cuando la sociedad se vio afectada por diversos acontecimientos, incluidos entre ellos la Reforma protestante, que dividió la Europa central, la peste que se cobraba vidas por miles, y el saqueo de Roma en 1527. Reaccionando a tal inestabilidad, varios artistas abandonaron los armoniosos ideales renacentistas y empezaron a producir imágenes con un mayor contenido emocional.

La fase manierista aconteció aproximadamente entre la muerte de Rafael en 1520 y los albores del Barroco en 1600. Además de una reacción a la agitación social y política que registraba Europa, el manierismo fue el resultado directo de la recién elevada posición de los artistas en la sociedad. Ya no se los contemplaba como meros artesanos que creaban arte anónimo para refrendar las convicciones religiosas de la sociedad, sino que se codeaban con eruditos, poetas y humanistas en un entorno donde se apreciaban la elegancia, la sofisticación y el estilo. El arte ya no se producía por el bien de la religión, sino que era reconocido por sus propios méritos.

Emulación de estilos de artistas El término «manierismo» se derivó en el siglo XVII de la palabra italiana maniera («estilo»). Tenía una connotación peyorativa. Durante el Renacimiento, los artistas observaron e intentaron imitar la naturaleza con el máximo realismo posible. Los manieristas, testigos de las perfecciones del Renacimiento pleno, rechazaron esta idea y, en lugar de copiar de la vida, apostaron por copiar de otro arte. Emularon los estilos de sus artistas predilectos y los exageraron. La idea subyacente emergió a la luz sobre todo en la obra tardía de Miguel Ángel, especialmente dramática y emotiva. Varios artistas tomaron el testigo a sus formas magníficas y sinuosas y embellecieron su estilo, creando así imágenes aún más patéticas. Otro artista que los inspiró fue Andrea del Sarto (1486/87-1530/31), también famoso en el Renacimiento

Cronología

1520	1527	1528	c. 1531	1534
Baco y Ariadna, Tiziano.	El saqueo de Roma difunde el manierismo por Italia y Francia.	*La Visitación*, Pontormo.	*Júpiter e Ío*, Correggio.	Miguel Ángel empieza a trabajar en *El Juicio Final* en la Capilla Sixtina, obra que influye en el surgimiento del manierismo.

Descendimiento de la cruz

Lienzo manierista clásico. Pese a que el manierismo surgió en vida de Miguel Ángel, esta obra muestra la diferencia entre las figuras escultóricas de aspecto pesado del maestro y las interpretaciones manieristas. Las figuras de este cuadro son menos sustanciales, más livianas, y parecen sostenerse sobre piernas largas y esbeltas, y sus cabezas se antojan pequeñas en comparación con sus vaporosas vestimentas. Las figuras parecen atrapadas en el encuadre, moverse dentro de un espacio irreal y limitado, y lucen vestimentas en tonos pastel, cosa que las distancia de la vívida paleta renacentista. El ambiente generado es de espiritualidad; estas personas no habitan el mundo terrenal, sino que se antojan seres de otro lugar. El aspecto fantástico del manierismo sedujo la imaginación de sus coetáneos.

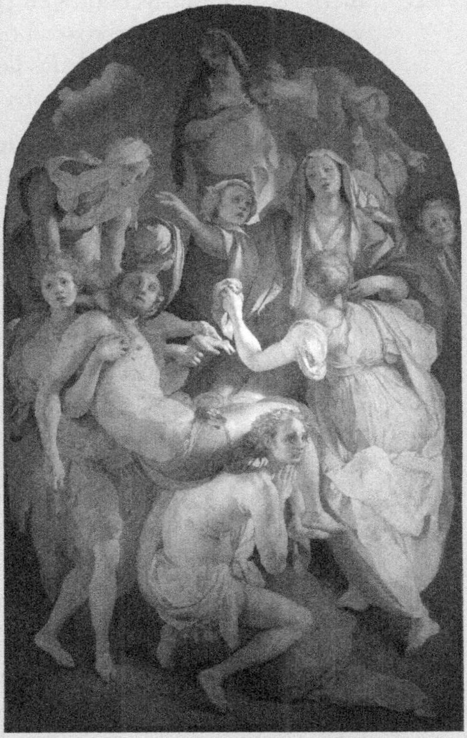

Descendimiento de la cruz, Pontormo, *c.* 1526-1528, óleo sobre madera

pleno, quien usó colores expresivos y posturas variadas y complejas en sus pinturas. En tercer lugar, Correggio (*c.* 1489-1534) tuvo un gran ascendiente sobre los manieristas. Fue otro artista del Renacimiento pleno italiano que dotó sus obras religiosas de efectos espectaculares y llamativos, introduciendo en ellas un esplendor his-

1535

La Virgen del cuello largo, Parmigianino.

1540-1545

Venus, Cupido, la Locura y el Tiempo, Bronzino.

1550

Giorgio Vasari (1511-1574) publica *Vidas de los mejores pintores, arquitectos y escultores italianos*, biografías de los principales artistas renacentistas. Miguel Ángel es el único artista vivo incluido.

triónico combinado con la amabilidad y la plasmación de las emociones. Llevando la perspectiva hasta su límite imaginable, Correggio creó ilusiones de amplios espacios en sus pinturas. Sus habilidades para retratar las figuras desde abajo inspiraron a los manieristas a pintar sus figuras en posturas o desde ángulos inusitados y crear imágenes asombrosas. Los pintores incorporaron un uso extensivo del color y pinceladas largas y fluidas, mientras que los escultores esculpían poses llamativas y gestos teatrales.

Alargamiento y exageración Las primeras transgresiones de las convenciones del manierismo emergieron en Florencia y Roma en las mismas fechas. Uno de los temas favoritos de los manieristas era el desnudo. Copiaban desnudos y otras figuras que admiraban de las obras de artistas del Renacimiento pleno, exagerando y dramatizando varios aspectos de ellas. Entre los elementos más comúnmente alargados y distorsionados figuraban los hombros estrechos, las caderas anchas y las manos y pies afilados y largos. Las figuras solían retratarse además en poses intricadas o complejas, no en el típico contraposto relajado del Renacimiento temprano. Los pintores tampoco usaban colores realistas, sino pasteles o tonos intensos y poco naturales. Pintores y escultores por igual desplegaban una gran imaginación y se concentraban en el estilo tanto como en el contenido. Mientras que los artistas del Renacimiento pleno habían preconizado el equilibrio y la armonía, los manieristas componían con una inestabilidad y tensión deliberadas. Los temas populares solían combinar rasgos del clasicismo, el cristianismo y la mitología.

El manierismo fue en parte una moda intencionada que permitió a los artistas no tener que intentar superar las habilidades del Renacimiento pleno. Al apostar por una mayor inventiva que sus predecesores inmediatos, crearon obras que contenían distintos elementos para interesar a los espectadores. La idea predominante subyacente era crear un arte más llamativo, exuberante, interesante y provocador que demostrara que los artistas eran capaces de manipular las proporciones clásicas y los estilos con aplomo. Ya no estaban obligados a retratar la vida con realismo, sino que podían dotar a sus representaciones de la elegancia, la sofisticación y el estilo que deseasen.

Retratos manieristas

Además de sus interpretaciones estilísticas, cuando los manieristas producían retratos no se limitaban a pintar o esculpir una imagen de la persona que tenían delante. Por primera vez, intentaban plasmar la personalidad del retratado, esforzándose por reflejar algo más que los elementos visuales y expresar algún rasgo de su carácter.

«La inspiración exige la cooperación activa del intelecto y el entusiasmo; sólo bajo tales condiciones pueden engendrarse concepciones maravillosas, excelentes y divinas.»

Giorgio Vasari

Los principales manieristas Los alumnos de Andrea del Sarto, Jacopo da Pontormo (1494-1557) y Rosso da Fiorentino (1494-1540), se convirtieron en destacados manieristas. Hacia 1540, el discípulo de Pontormo, Agnolo Bronzino (1503-1572), había sido nombrado pintor de la corte de Cosme I de Medici, el gran duque de la Toscana, y era considerado el artista más prominente de Florencia, lo cual difundió la popularidad del manierismo. Bartolomeo Ammanati (1511-1592) y el flamenco Giambologna (1529-1608) fueron destacados escultores manieristas que viajaron por toda Europa y crearon obras fluidas y estremecedoras con figuras alargadas en posturas entrelazadas, mientras que Parmigianino (1503-1540) fue un escultor admirado e influyente por sus figuras juveniles e idealizadas en poses y situaciones artificiosas. Bartholomeus Spranger (1546-1611) y Hans von Aachen (1552-1615) fueron pintores flamencos que viajaron por Europa y cobraron fama por su estilo manierista.

La difusión del manierismo Con su búsqueda incesante de nuevos modos de expresarse, los manieristas recorrieron Europa recibiendo encargos e intercambiando ideas. El saqueo de Roma en 1527 provocó un gran éxodo de artistas, quienes huyeron a ciudades de toda Europa y, en particular, Francisco I empleó a varios artistas italianos en Fontainebleau, convirtiendo así el manierismo en el estilo predominante en Francia. Hacia mediados del siglo XVI, la influencia del manierismo se había difundido allende Roma y Florencia.

La idea en síntesis: exageración y estilización, invención y refinamiento

10 Barroco (*c.* 1600-1750)

Sobre el trasfondo de las agitaciones religiosas acaecidas en el siglo XVI, el arte europeo experimentó nuevos cambios. Surgió así el Barroco con el propósito deliberado de reforzar la imagen del catolicismo romano. Esta nueva tendencia, que englobaba un amplio espectro de estilos, incorporaba emoción, dinamismo y teatralidad, y, en especial en el campo de la pintura, engendró nuevos modos de reflejar la luz y las tonalidades.

Las tensiones religiosas habían comenzado con la Reforma protestante en los albores del siglo XVI. Gracias sobre todo a la invención de la imprenta por parte del tipógrafo alemán Johannes Gutenberg (*c.* 1398-1468) en la década de 1450, el pueblo llano pudo comenzar a leer. Cuando se editaron las primeras Biblias europeas, muchas personas empezaron a cuestionar las interpretaciones de las parábolas y la validez de los preceptos de la Iglesia católica. Los reformistas establecieron el protestantismo como nueva rama del catolicismo, cosa que desembocó en guerras religiosas. La conversión de muchos católicos al protestantismo hizo añicos la autoridad de la Iglesia católica y destruyó la unidad de la Europa occidental. Finalmente, la Iglesia católica reaccionó. En varias sesiones sucesivas del concilio de Trento, los obispos decidieron reformar la Iglesia, erradicando del catolicismo los principales elementos condenados por los protestantes, en un intento por acallar las críticas y evitar que las religiones se escindieran. Este movimiento se conoció como la Contrarreforma y, como parte de su plan, los líderes de la Iglesia católica encargaron multitud de obras de arte con vistas a llegar al mayor público posible y seducirlo.

Aliento de la contemplación El concilio de Trento especificó que el arte encargado por la Iglesia católica debía ser inteli-

Cronología

c. 1599-1600	1628	1635
Judit y Holofernes, Caravaggio.	Velázquez y Rubens se conocen en Madrid.	*El banquete de Belshazzar*, Rembrandt; *Las tres Gracias*, Rubens; se envía a Roma el triple retrato de *Carlos I de Inglaterra* de Van Dyck para que Bernini moldee un busto.

gente e inteligible, y retratar contenido religioso claro. En tanto que material promocional del catolicismo, el arte original del Barroco desplegaba imágenes elaboradas, luminosidad y un contenido emocional destinado a provocar una reflexión empática y reflexiva en los espectadores. Paralelamente, los artistas empezaron a trabajar a la manera estipulada, haciendo alarde de espectaculares y diestras técnicas de ilusionismo. La escultura y la pintura reflejaban movimiento y energía, mientras que la pintura recurría a los contrastes de luces y sombras para realzar el dramatismo.

En el transcurso del siglo XVII, la popularidad del arte barroco se extendió más allá de la Iglesia católica, hasta la realeza primero y luego la aristocracia. En la fecha, algunas familias reales europeas pugnaban por mantener la creencia de sus súbditos en el «derecho divino de los reyes», y unas imponentes pintura, escultura y arquitectura contribuían a la causa. Gracias al comercio floreciente, el norte protestante de Europa prosperó y también allí ganó adeptos el arte de estilo barroco, si bien, inevitablemente, los objetivos y temas artísticos diferían. Habida cuenta la disparidad de razones para su producción, el Barroco pronto englobó una amplia gama de estilos. En unas zonas se tornó más extravagante, mientras que en otras se refrenó para amoldarse a gustos más comedidos. El emotivo arte italiano, por ejemplo, contrastaba con las interpretaciones más conservadoras de los Países Bajos. Aun así, las características comunes seguían presentes, a saber: el realismo, el patetismo, la estimulación de los sentidos y unos efectos luminosos radiantes. En muchos aspectos, el arte barroco surgió como reacción a las estilizaciones del manierismo, además de para promover el catolicismo romano.

Perla irregular

«Barroco» es la forma portuguesa de nuestro «barrueco», que significa «perla irregular». Como la mayoría de etiquetas artísticas, el término lo acuñó la crítica *a posteriori* y en un principio se empleó para denostar las extravagancias y el detallismo excesivo de este estilo, aspectos que contrastaban enormemente con la armonía y coherencia del Renacimiento pleno.

1641 Poussin es designado pintor oficial de Luis XIII de Francia.

1647 *El éxtasis de Santa Teresa*, Bernini.

1648 *La Sagrada Familia de la escalera*, Poussin, y *Embarcación de la reina de Saba*, Claude.

1650 *Retrato del papa Inocencio X*, Velázquez.

El santo entierro

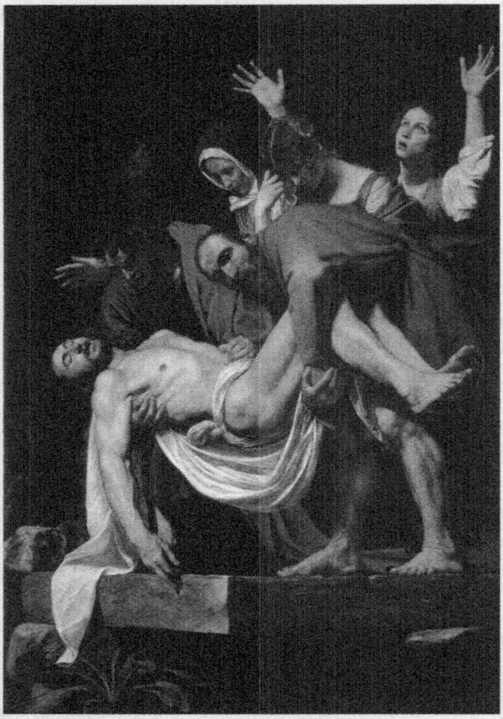

El santo entierro, Caravaggio, 1602-1603, óleo sobre lienzo

También conocida como *Descendimiento de la cruz,* esta pintura muestra a Nicodemo y un ayudante descendiendo a Jesús en la tumba tras su crucifixión. Afligidas por el pesar, las tres mujeres alzan los brazos al cielo. Las seis figuras están densamente agrupadas en la composición, recortadas sobre un fondo negro, símbolo de la muerte y del sufrimiento. El cuerpo de Jesús, pese a ser la figura situada más baja, ocupa más o menos el centro del lienzo, mientras que las otras figuras componen una diagonal dinámica que se extiende hacia la derecha. Este cuadro condensa todos los aspectos definitorios del Barroco: claroscuro, o luces y sombras muy marcadas; figuras retorcidas o en movimiento; emoción; drama y elementos contrastantes en la composición que generan tensión.

Atractivo a los sentidos En Italia, Francia y España, el arte barroco buscaba apelar a los sentidos y continuó siendo espectacular, intenso y teatral, evocando intencionadamente respuestas emotivas. En los países nórdicos, en cambio, con la popularización de este estilo entre los ciudadanos más opulentos, los artistas tuvieron que traducir las ideas de otro modo: el objetivo no era ganar fieles para la Iglesia ni impresionarlos con el poderío de la monarquía.

Con todo, allá donde floreció, la prominencia de los artistas barrocos en la sociedad aumentó. Se les profesaba un respeto hasta entonces desconocido. Este arte, surgido para asombrar e influir en la opinión de las personas, pronto se convirtió en el arte más en boga de todo un continente. Estatuas, fuentes, iglesias y palacios brotaron en las principales ciudades, y se produjeron pinturas para consumo público y privado.

«Mi talento es tal que ninguna empresa, por grande que sea, ha excedido mis poderes creativos.»

Pedro Pablo Rubens

Los lienzos alegres y coloridos de Annibale Carracci (1560-1609) contribuyeron inicialmente a establecer el Barroco en Italia. Las pinturas apasionadamente realistas de Caravaggio (1571-1610), con sus exagerados efectos de claroscuro, plasmaban la angustia humana. El principal escultor barroco, y que influyó en gran manera, fue Gian Lorenzo Bernini (1598-1680), también arquitecto, dramaturgo, pintor y escenógrafo. Su obra reflejaba un sentido del espacio y unas impresiones del movimiento peculiares, elementos ambos que pronto permearon en la mayor parte del arte barroco. En el Flandes católico, Pedro Pablo Rubens (1577-1640), uno de los artistas más cotizados de su tiempo, adoptó sin ambages el estilo barroco en sus obras vigorosas, coloridas y exuberantes. Su discípulo Anton van Dyck (1599-1641) fue designado pintor de la corte en Inglaterra. Nicolas Poussin (1594-1665) se consagró como el pintor francés más importante e influyente del siglo XVII. También en su caso, pese a su aspecto distinto a la mayoría de obras barrocas, su obra plasma la vitalidad, la sensualidad y la tensión. El pintor español Diego Velázquez (1599-1660) empleó técnicas barrocas mediante colores intensos, claroscuros muy contrastados y su composición de espacios hondamente ilusionistas. El movimiento se prolongó hasta en torno a 1750, si bien sus características continuaron hasta el siglo XVIII.

La idea en síntesis: vida, luz y efectos dramáticos inspiran emociones

11 Edad de oro de los Países Bajos (*c.* 1620-1700)

Como consecuencia directa del Barroco y las escisiones provocadas por la Reforma y el auge del protestantismo, en el norte de los Países Bajos fraguó un estilo pictórico peculiar y de un realismo portentoso durante el siglo XVII. Los conflictos religiosos y políticos habían dividido el país: Flandes siguió siendo católico, mientras que el resto de provincias septentrionales se convirtieron al protestantismo.

En el amanecer del siglo XVII, los Países Bajos eran el lugar más rico del mundo, gracias al próspero comercio ultramarino y a la expansión marítima. Con la tasa de alfabetización más alta de Europa, prevalecía en ellos la sensación de orgullo y tolerancia religiosa, cosa que los llevó a romper con el catolicismo y la monarquía. La población se levantó y los artistas dotados emigraron a aquellos lares en busca de mecenas ricos. Allí se les alentaba a representar las nuevas ideas y filosofías que cobraban fuerza y a expresar la confianza en sí misma de la nación.

La edad de oro de los Países Bajos se extendió entre 1620 y 1700 y, en realidad, se correspondió con el Barroco, pero el arte y el planteamiento se distinguían de los del resto de Europa en muchos sentidos. En su mayoría carece de la idealización y la exuberancia típicas del Barroco. Ello se debe a que el público a que iba destinado tenía otras actitudes y creencias. Era un público diligente y devoto, con gustos más comedidos. Los artistas de esta época también se categorizaban como barrocos, pues se adherían a muchos de los planteamientos del momento, como la atención al detalle y el realismo, o los admirables efectos de luz y tonalidades y las composiciones teatrales.

Cronología

1624	1632-1648	1635	1637	1642
Caballero sonriente, Frans Hals.	Construcción del Taj Mahal.	*El banquete de Belshazzar,* Rembrandt.	El comercio del tulipán se derrumba; la bancarrota, el temor y los suicidios se extienden entre los ricos comerciantes holandeses del bulbo.	Colonos holandeses arrebatan la Costa de Oro a los portugueses.

El espejo de la naturaleza

Las pinturas realistas de la vida cotidiana fueron populares en la época. Los efectos de la luz que se filtraba por las ventanas se adoptaron directamente del barroco italiano. En el cuadro, un pintor (se cree que se trata de un autorretrato del artista, pese a que su rostro no es visible) pinta a una joven en su taller. La modelo se halla delante de un gran mapa de los Países Bajos que cubre la pared. Una lámpara de lágrima divide el norte y el sur, símbolo de las divisiones políticas y religiosas entre los países. La pintura incluye otros elementos simbólicos, algunos de los cuales aluden al catolicismo y a su supresión. Vermeer tuvo la rareza de seguir siendo católico en una sociedad predominantemente protestante.

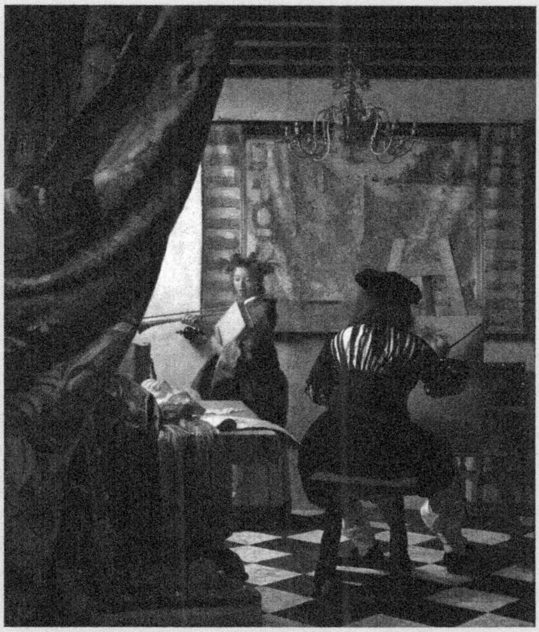

Johannes Vermeer, *El arte de la pintura*, *c.* 1666, óleo sobre lienzo

Escenas de la vida cotidiana Mientras que en Italia, Flandes y España florecían la espiritualidad, la religión y las composiciones dramáticas, los artistas holandeses se volcaban en los temas seculares, secundando la creencia protestante según la cual los humanos no deben crear «ídolos falsos». Los mecenas de los Países Bajos no eran gobernantes poderosos que encargaban arte para sus palacios ni líderes religiosos deseosos de embellecer sus templos, sino gente corriente que disfrutaba contemplando el arte

1645	*c.* 1658-1660	1660-1661	1678	1689
Paisaje fluvial con barcos y castillo, Salomon van Ruysdael.	*Paisaje fluvial con jinete y campesinos*, Aelbert Cuyp.	*Vista de Delft*, Johannes Vermeer.	El crisantemo llega a Holanda desde Japón.	*La avenida de Middelharnis*, Meindert Hobbema.

y rodeándose de él como símbolo de su prosperidad económica. A resultas de ello, los artistas holandeses pintaron escenas de género que sedujeron a las clases medias adineradas. Sus temáticas incluían retratos, pinturas históricas, escenas costumbristas, bodegones y paisajes. Se concentraban en la habilidad técnica y el realismo preciso. Sus pinturas eran relativamente pequeñas, puesto que decoraban despachos gubernamentales, hogares y comercios.

El crecimiento económico de los Países Bajos redundó en un aumento de los encargos artísticos. Las pinturas debían satisfacer los gustos de los compradores, de modo que los artistas pintaban temas que reflejaban las modas contemporáneas y locales, y así los temas devinieron más característicos. Los artistas del Renacimiento nórdico, como Van Eyck, con su atención al detalle en grado sumo, se consideraban incomparables. Ello indujo a los artistas contemporáneos a perfeccionar su técnica y pintar con el mayor realismo posible, en un intento por emularlo. Los Países Bajos contenían el mayor número de ciudades de Europa. Ámsterdam era la más rica y en ella florecía el arte, si bien otros centros también fueron testigos de una evolución notable. Por ejemplo, en Utrecht, varios artistas que habían visitado Roma empezaron a pintar en un estilo profundamente influido por Caravaggio. Enfatizando los potentes tonos claros y oscuros a la manera del maestro italiano, su estilo se conoció como el caravaggismo de Utrecht.

Pintura para el pueblo

El fenómeno de la creación de arte para el pueblo llano, aunque fueran gentes ricas, jamás se había visto a esta escala y acabó sentando una tendencia en toda Europa. Un viajero inglés llegado a Ámsterdam describió asombrado que había visto cuadros en comercios y hogares corrientes y había presenciado a gentes llanas hacer de mecenas de pintura y enorgullecerse de sus artistas.

En general, los estilos barrocos también influyeron en los artistas holandeses, si bien las temáticas diferían. La producción de esculturas en Holanda en aquella época era escasa; la pintura y los aguafuertes eran las principales expresiones artísticas. Los artistas solían formarse como aprendices durante varios años para perfeccionar su técnica antes de trabajar de manera independiente. A diferencia del resto de Europa, donde los artistas recibían encargos para producir obras concretas, los pintores holandeses solían generar obra propia con la esperanza de venderla. Se celebraban importantes ferias de arte, repletas de artistas con sus obras y de compradores ansiosos de encontrar una tela a buen precio. Todo ello formaba parte del entorno comercial y el arte era objeto de orgullo nacional.

«He reflejado la emoción más honda y real, por eso he tardado tanto en ejecutarlos.»

Rembrandt van Rijn

Temas pictóricos La mayoría de los artistas se especializaba en un género de los varios populares. Entre ellos figuraba la pintura histórica, que retrataba eventos y hazañas del pasado, junto con temas bíblicos, mitológicos, literales o alegóricos. Los paisajes y las marinas se apreciaban por plasmar lugares reconocibles. Las panorámicas pintadas en distintas temporadas se vendían bien y el mar era una de las temáticas más preciadas.

Las imágenes costumbristas de personas retratadas en sus vidas cotidianas, herencia de las pinturas de interior del Renacimiento nórdico más temprano, también estaban en boga. Los artistas solían incluir «pistas» simbólicas de una moraleja, y la idea de buscar esas pistas en un cuadro seducía al público comprador de arte. Los bodegones estaban repletos de detalles plasmados con una precisión pasmosa y en la mayoría de los casos eran *vanitas* que mostraban la futilidad de la vida y la naturaleza efímera de la vanidad.

La pintura retratista probablemente fuera la más importante, debido a que los ciudadanos de clase media deseaban dejar un retrato de su parecido para la posteridad.

Un número sin precedentes de pintores destacados afloró durante este período. Entre ellos figuraron: Rembrandt (1606-1669), Frans Hals (c. 1580-1666), Ruysdael (c. 1602-1670), Steenwyck (c. 1612-1659), De Hooch (1629-1684) y Vermeer (1632-1675).

La idea en síntesis: color y realismo magníficos

12 Rococó (c. 1700-1800)

Surgido como estilo de diseño de interiores, el rococó afloró a principios del siglo XVIII. Las primeras pinturas en este estilo se encargaron como complemento de interiores rococó y tenían más de decoración que de contenido serio. Tras el Barroco, los artistas se relajaron y el arte rococó, delicado, ligero y sensual, se impuso.

La Ilustración El período que abarca desde finales del siglo XVII hasta el siglo XVIII se conoce como la Ilustración, el Siglo de las Luces o la Era de la Razón, pues fue testimonio de una evolución radical en los ámbitos de la ciencia, la tecnología y el arte, además de atestiguar el cuestionamiento de las estructuras tradicionales de la sociedad. Los intelectuales defendían que la razón y el entendimiento podían liberar a los humanos de la superstición y la opresión religiosa que tanto sufrimiento y tantas muertes había ocasionado en las guerras religiosas. Esta idea fraguó gracias al acceso a las enciclopedias. La imprenta posibilitó la difusión de los nuevos conocimientos y permitió a las nuevas clases medias comprar libros y panfletos y, a través de la lectura, disfrutar por primera vez de un pensamiento independiente y bien informado. Las reformas intelectuales, sociales y políticas resultantes brindaron al pueblo una esperanza renovada en el futuro, y este entorno positivo influyó también en el arte producido.

«¿Quién dijo que se puede pintar con colores? El pintor se sirve de los colores, pero pinta con las emociones.»

Jean-Baptiste-Simeon Chardin

Durante este período de pensamiento racional se vivieron en toda Europa y en muchas partes de América circunstancias menos tensas que en el siglo precedente. Los filósofos defendían la libertad personal y la democracia, y las clases más pudientes empezaron a

Cronología

1715	1719	1725	c. 1736
Muere Luis XIV.	*Lección de amor*, Jean-Antoine Watteau.	El palacio del Louvre acoge el primer Salón de París.	*La maestra*, Jean-Baptiste-Simeon Chardin.

perseguir la felicidad sin remilgos y sin el acecho de la culpabilidad que los regímenes religiosos habían alimentado en el pasado. El estilo rococó fue la manifestación visual del optimismo de la época. Estimulaba los sentidos más que el intelecto y anteponía la belleza a la contemplación.

Conchas marinas

El término «rococó» empezó a aplicarse a finales del siglo XVIII. Seleccionando algunos de los elementos que solían aparecer en los diseños, se cree que la palabra deriva del término francés *rocaille*, que significa «rocalla» o «concha». Empleado por algunos a modo de descripción directa, se usó desdeñosamente por considerarse un estilo frívolo.

Estilo francés El rococó se denominó originalmente «el estilo francés», pues se originó en Francia. El magnífico palacio de Luis XIV (1638-1715) en Versalles, con su opulencia y ostentación, transmitió la idea de que el arte podía emplearse para adornar, en lugar de tener que informar. Su sucesor al trono, Luis XV (1710-1774), también se rodeó de exuberancia, si bien, influido por su amante madame de Pompadour (1721-1764), favoreció estilos más ligeros y delicados. Ambas tendencias de arte y diseño giraban en torno a la luz, la diversión y la ornamentación. No ocultaban mensajes intelectuales. Estos cambios artísticos se pusieron en boga primero en los palacios reales, luego entre las clases altas francesas y finalmente entre las florecientes clases medias. Los temas románticos, mitológicos, fantásticos y cotidianos se priorizaban frente a los históricos y religiosos, y se trataban con un estilo liviano, ornamental y elaborado, caracterizado por sus gráciles líneas, su delicada paleta cromática y la precisión de las pinceladas. Las elegantes y refinadas pinturas y esculturas realzaban a la perfección la arquitectura y el interiorismo del mismo estilo que a la sazón se producían en toda Francia. El arte rococó, pese a retener parte de las formas complejas y los patrones intricados del estilo barroco, presentaba una escala menor y empezó a incorporar otros elementos, como motivos orientales y composiciones asimétricas. En torno a 1730,

1750-1753	1756	1767	1770	1775
Giambattista Tiepolo pasa tres años en la Würzburg Residenz y completa la *Alegoría de los planetas y continentes*.	*La marquesa de Pompadour*, Boucher.	*El columpio*, Jean-Honoré Fragonard.	*El niño de azul*, Thomas Gainsborough.	Boucher es nombrado director de la Academia Francesa.

El aseo de Venus

La mitología, las mujeres voluptuosas o los temas amorosos predominaron durante el rococó, que los abordaba con curvas suaves, asimetrías y colores tenues.

Esta obra fue un encargo de la amante de Luis XV, madame de Pompadour, para Bellevue, su castillo cerca de París. Pintada como un decorado, las figuras rellenitas y agraciadas de Venus y sus querubines, rodeadas de un sofá tallado y dorado y de unas cortinas drapeadas y elaboradas, reflejan el énfasis en el lujo que caracterizó el rococó y que, hasta cierto punto, popularizó madame de Pompadour.

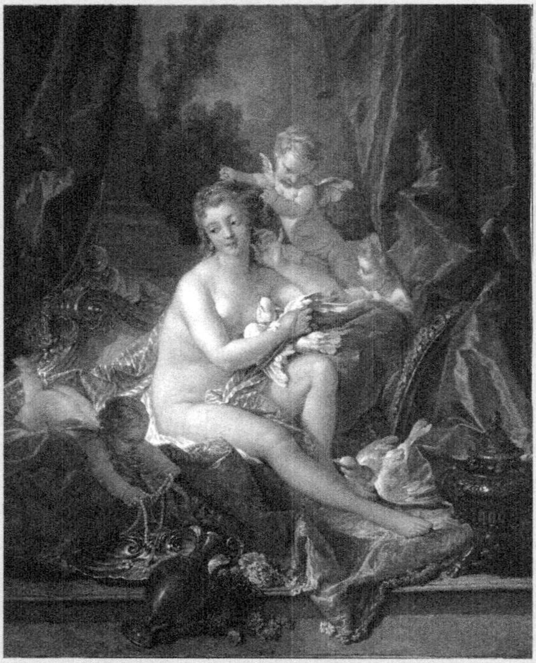

El aseo de Venus, François Boucher, 1751, óleo sobre lienzo

gracias a los viajes y a la disponibilidad de publicaciones miniadas, el estilo se difundió de Francia a Italia y posteriormente a otras zonas de Europa y Estados Unidos.

Joie de vivre El rococó era alegre y lúdico, un reflejo de la *joie de vivre* («alegría de vivir») del momento. Entre las temáticas típicas figuraban aristócratas despreocupados en entornos de fantasía, alborozando y flirteando, disfrutando de *picnics*, actuando o interpretando música, a menudo en fiestas campestres en artificiosos paisajes pastorales bucólicos o tocadores suntuosos. Entre los artistas destacados del período se cuentan Jean-Antoine Watteau (1684-1721), conocido por sus *fêtes galantes* («escenas idílicas») de exquisitas damas y caballeros relajándose o actuando en entornos imaginarios al aire libre. François Boucher (1703-1770) fue el artista predilecto de Luis XV, famoso a la sazón por sus lienzos sosegados y encantadores y por sus tapices de temas clásicos, alegorías y retratos. Jean-Honoré Fragonard (1732-1806) ejemplificó el estilo con sus pinturas delicadas, exuberantes y lúdicas, que reflejaban a la perfección las actitudes despreocupadas de la aristocracia francesa prerrevolucionaria. Jean-Baptiste-Simeon Chardin (1699-1779) inmortalizó las vidas de la burguesía parisiense mediante bodegones y escenas de interiores domésticos detalladas, si bien su obra es menos delicada y decorativa que la mayor parte de la pintura rococó. El estilo de Élisabeth-Louise Vigée-Le Brun (1755-1842) también acusó la influencia del rococó, sobre todo en sus retratos de María Antonieta, en sus pinceladas fluidas y en su paleta cromática. Étienne-Maurice Falconet (1716-1791) modeló estatuas delicadas, con curvas y asimetrías que retrataban temas de amor y júbilo. En Inglaterra, las pinturas de sir Joshua Reynolds (1723-1792), Thomas Gainsborough (1727-1788) y William Hogarth (1697-1764) incluían imágenes idealizadas al estilo rococó. En Italia, Giambattista Tiepolo (1696-1770) pintó techos y murales celebrados, mientras Canaletto (1697-1768) y Francesco Guardi (1712-1793) se consagraron como los grandes pintores paisajistas rococós con sus detalladas escenas rebosantes de luz y claridad.

«Quien se limita a copiar la naturaleza jamás producirá nada grande.»

Joshua Reynolds

En general, empero, el rococó fue un estilo de vida efímero. En Alemania, el rococó de las postrimerías del siglo XVIII se ridiculizó como *Zopf und Perücke* («coleta y peluca») y en la mayoría de lugares pronto quedó anticuado, eclipsado por la interpretación más estructurada de los elementos clásicos del arte grecorromano preconizada por el neoclasicismo.

La idea en síntesis: arte delicado y decorativo para gustos cortesanos y cultivados

13 Neoclasicismo (*c.* 1750-1850)

En parte como reacción a las alegres creaciones del rococó y en parte en respuesta a los asombrosos hallazgos de ciudades romanas bajo las cenizas de antiguas erupciones volcánicas, en la segunda mitad del siglo XVIII se vivió un renacer deliberado y determinado de los estándares disciplinados y precisos del arte grecorromano y renacentista.

Iniciadas en 1738 en Herculano y en 1748 en Pompeya, se acometieron algunas de las excavaciones de mayor envergadura. En pocos años se hallaron ciudades enteras sepultadas bajo las cenizas de las erupciones volcánicas del monte Vesubio en el año 79 d. C. Aquellos asombrosos hallazgos sin precedentes revelaron personas, animales, hogares, calles, comercios y pertenencias conservados bajo las cenizas. Los restos de arte y arquitectura inspiraron la creación de un arte y una arquitectura nuevos, modelados en atención a las nítidas líneas y los contornos perfectos de la civilización ancestral. Además de los descubrimientos en Herculano y Pompeya, el teórico e historiador de arte alemán Johann J. Winckelmann imprimió ímpetus al movimiento con la publicación de su influyente libro *Reflexiones sobre imitación del arte griego en pintura y escultura* en 1755. Su afirmación según la cual los aspectos más destacados del arte clásico eran la «simplicidad noble y la majestuosidad sosegada» inspiraron a una nueva generación de artistas.

Patriotismo, valor, reverencia y moralidad El neoclasicismo surgió en oposición a la decoración frívola del rococó, símbolo de la aristocracia francesa. En la década de 1760, justo antes de la Revolución Francesa, los artistas empezaron a pintar temas de la historia grecorromana y a retratar valores honrados como la austeridad, la valentía, la honestidad, la virtud pública y el sacrificio

Cronología

1777	1780	1784	1787	1789	1793
Perseo y Andrómeda, Antonio Rafael Mengs.	Inicio de la revolución industrial en Inglaterra.	*Juramento de los Horacios,* Jacques-Louis David.	*Psique reanimada por el beso del Amor,* Antonio Canova.	La toma de la Bastilla anuncia la Revolución Francesa.	Luis XVI y María Antonieta son ejecutados; David pinta *La muerte de Marat.*

«En el arte, es más importante cómo se plasma la idea y cómo se expresa que la idea en sí misma.»

Jacques-Louis David

personal, alentando comparaciones entre las repúblicas de Grecia y Roma y las luchas contemporáneas por la libertad en Francia. Tras la Revolución Francesa, Francia se convirtió en una democracia que puso fin al dominio aristócrata. Los nuevos líderes pretendían moldear su Gobierno en observancia de los altos valores y principios morales de la Roma clásica, y en tal sentido encargaron a los artistas que produjeran aún más arte que inmortalizara escenas inspiradoras de la historia de la antigua Roma. Los artistas pintaban con líneas firmes y escultóricas, aplicando tonos fuertes y paletas apagadas. Este movimiento se difundió por toda la Europa occidental, con especial incidencia en Francia e Inglaterra, donde expresó valores que ambos países deseaban estimular en los gobernantes, como el nacionalismo, la valentía, el honor, la dignidad y la tradición.

El arte neoclásico era disciplinado y comedido: los artistas empleaban técnicas precisas para imitar la forma y el contenido de obras de arte clásicas. Los pintores aplicaban colores sombríos con destellos luminosos esporádicos, realzados por marcados claroscuros. La cualidad del trazo y del contorno se estimaban más importantes que el color, la luz o la ambientación. Los escultores neoclásicos también enfatizaron las líneas puras y los ángulos con acabados suaves y pulidos. Esta meticulosidad constituía en parte una reacción al hedonismo del rococó y la teatralidad del Barroco. Muchos de los temas serios e imponentes se derivaban de la historia y la mitología clásicas y estaban inspirados en las obras de Homero y Plutarco, así como en las ilustraciones para la *Ilíada* y la *Odisea* del artista británico John Flaxman (1755-1826).

La influencia de Napoleón Cuando Napoleón ascendió al poder en Francia en la década de 1790, influyó en la dirección del neoclasicismo, al instruir a los artistas franceses para que pintaran

1804	1814-1817	1815	1848	1852
Napoleón se autoproclama emperador.	*Las tres Gracias*, Antonio Canova.	Derrota de Napoleón en Waterloo; Luis XVIII asume la corona.	Luis Felipe I de Francia abdica; Luis Napoleón es elegido presidente de Francia.	Se inicia el Segundo Imperio y Luis Napoleón es proclamado Napoleón III.

Juramento de los Horacios

Esta obra lanzó a David a la fama. La sencilla composición, con las figuras agrupadas en triángulos o rectángulos, acata los ideales neoclásicos. La teatral luz no ensombrece la estructura rígida de la pintura, que retrata una disputa entre Roma y Alba en el año 669 a. C. resuelta mediante el combate entre dos grupos: los tres hermanos Horacio y los tres hermanos Curiacio. Sucedía que una hermana de los Curiacios estaba casada con uno de los Horacios, y una hermana de los Horacios, prometida en matrimonio con uno de los Curiacios. Pese a las lamentaciones de las mujeres, el padre de los Horacios insistió en perpetrar el combate. David pintó esta obra conscientemente, a modo de proclamación de las creencias revolucionarias, que anteponían el Estado a la familia.

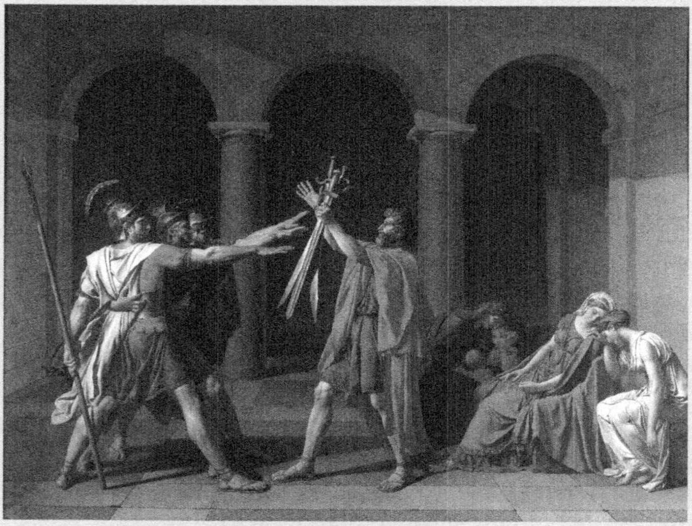

Juramento de los Horacios, Jacques-Louis David, 1784, óleo sobre lienzo

menos temáticas de la Roma antigua y empezaran a plasmar la historia contemporánea. Encargó a varios artistas neoclásicos que lo retrataran cual héroe nacional, suscitando la admiración y el respeto hacia él. Una vez Napoleón se halló al frente del país, pese a que los artistas seguían incluyendo columnas, frontispicios, frisos, vestimentas y otras referencias al mundo clásico, también empezaron a inmortalizar héroes contemporáneos e historias del pasado reciente, y la acción de sus pinturas con frecuencia resultó más complicada que la de las obras neoclásicas precedentes.

El neoclasicismo quedó inseparablemente asociado a la Revolución Francesa en los lienzos de Jacques-Louis David (1748-1825), quien también desempeñó un papel activo en la política. Durante los años que desembocaron en la Revolución Francesa, hasta la caída de Napoleón I, David produjo una serie de pinturas que sirvió de propaganda para el levantamiento popular. Tras la revolución, sus lienzos ayudaron a establecer a Napoleón como emperador.

«Dotar a un cuerpo de la forma perfecta: eso y sólo eso es ser un artista.»

Jacques-Louis David

Uno de los principales artistas que se formó en el gran estudio de David fue Jean-Auguste-Dominique Ingres (1780-1867). Ingres no se involucró en política, pasó gran parte de su juventud en Italia y únicamente regresó a Francia tras la restauración de la monarquía, a pesar de lo cual durante su longeva vida se lo consideró el sumo pontífice del neoclasicismo. Centrado en la precisión de la línea y las temáticas clásicas, predominó en la pintura francesa durante la primera mitad del siglo XIX y abogó por el arte neoclásico incluso cuando empezaba a quedar demodé. Otro pintor neoclásico destacado fue Antonio Rafael Mengs (1728-1779), considerado ampliamente en sus días el mayor pintor vivo de Europa. También influyente fue su tratado *Reflexiones sobre la belleza*, de 1762. El escultor neoclásico abanderado fue el veneciano Antonio Canova (1757-1822), famoso por sus gráciles y elegantes esculturas de mármol en las que plasmaba con suma delicadeza la carne. Jean-Antoine Houdon (1741-1828) también destacó, principalmente por sus bustos y estatuas de filósofos, inventores y figuras políticas de la Ilustración.

La idea en síntesis: renacer revolucionario de la búsqueda de la belleza y la perfección

14 Romanticismo (*c.* 1800-1880)

Centrado en las emociones, el Romanticismo emergió en la estela del rigor neoclásico y, si bien en cierto sentido fue una reacción contra éste, el Romanticismo y el neoclasicismo se solaparon. Su interpretación varió a manos de los distintos artistas, poetas, autores y compositores, y fraguó como un movimiento diverso que perduró desde finales del siglo XVIII hasta finales del siglo XIX.

Tanto el neoclasicismo como el Romanticismo ilustraron el espíritu revolucionario de su tiempo. Mientras que el neoclasicismo abrazó las insurgencias políticas y alentó la emoción controlada, las líneas limpias y las temáticas que inspiraban el orgullo cívico y la dignidad, el arte romántico expresó la inquietud ante los cambios sociales y retrató emociones extremas, que se subrayaron mediante pinceladas hábiles, una paleta luminosa y estatuas de composición imaginativa. Las ideas románticas no resultan tan fáciles de esclarecer como las neoclásicas, pues no existe un único modo de categorizar el Romanticismo. Ello se debe, en parte, a que los artistas románticos trabajaron con métodos y técnicas diversos en distintos países y en épocas diferentes. Sus ideas fundamentales eran similares, pero sus interpretaciones variaban. La mayoría de ellos adoptó técnicas y enfoques espontáneos e imaginativos. Algunos produjeron obras influidas por el arte barroco y otros respondieron a la Revolución Francesa, a las guerras napoleónicas o a la revolución estadounidense, y aun otros bebieron de la fuente de la literatura romántica del momento, como la poesía de Jean-Jacques Rousseau (1712-1778), lord Byron (1788-1824) y William Wordsworth (1770-1850).

Expresión individual El Romanticismo surgió de la lucha interior de muchos artistas que intentaban entender un mundo que cambiaba de manera radical y vertiginosa. Desde las revoluciones

Cronología

1760
Inicio de la revolución industrial, influye en los artistas del Romanticismo.

1776
Declaración de la independencia estadounidense.

1789
Estalla la Revolución Francesa; William Blake publica su libro de poemas *Canciones de inocencia*.

1794
El anciano de los días, William Blake.

Jacob lucha contra el ángel

A menudo considerado uno de los mejores pintores románticos, Delacroix influyó sobremanera en sus coetáneos y en artistas posteriores por igual. Con sus dramáticas composiciones en movimiento, sus vivos colores y sus vibrantes pinceladas, retrató imágenes dinámicas y apasionadas que emocionaron a los espectadores. Partidario de la espontaneidad, inspiró nuevos métodos de pintar directamente sobre el lienzo, suprimiendo con ello la meticulosa planificación de las pinturas. Delacroix pintó este inmenso mural de un pasaje bíblico en una capilla lateral de la iglesia del Saint-Sulpice de París. Según narra la Biblia, Jacob regresaba a pie a casa una noche cuando alguien se interpuso en su camino. Ambos lucharon hasta el amanecer, momento en que el rival de Jacob se presentó como un ángel y bendijo a Jacob por mostrar tal determinación.

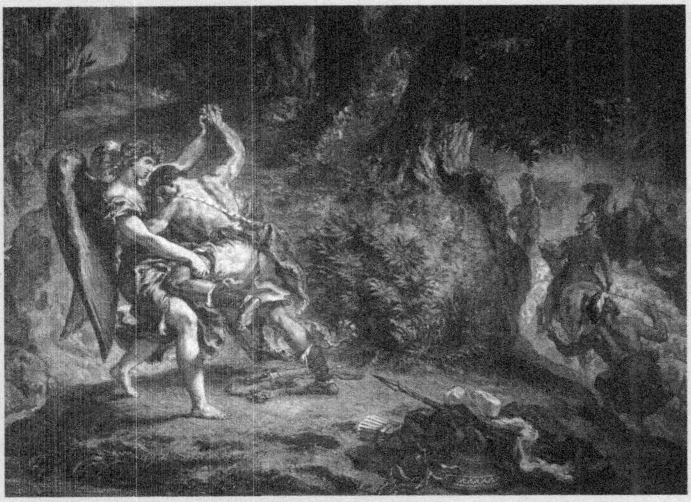

Jacob lucha contra el ángel, Eugène Delacroix, 1861

1814
Iglesia y valle de Dedham, John Constable; *Los fusilamientos del 3 de mayo*, Francisco de Goya.

1819
La balsa de la Medusa, Théodore Géricault; *Oda a una urna griega* y *Oda a un ruiseñor*, John Keats.

***c.* 1835**
Las etapas de la vida, Caspar David Friedrich.

***c.* 1840**
Lluvia, vapor y velocidad. El gran ferrocarril del Oeste, J. M. W. Turner.

políticas hasta la revolución industrial, los valores tradicionales se desvanecían y lo que había parecido sólido y certero pasó a ser confuso y dudoso. Incluso muchos de los nuevos descubrimientos científicos que intentaban racionalizar la naturaleza se antojaban en contra de todo lo que los artistas habían entendido hasta la fecha, lo cual redundaba en unas creaciones a menudo nostálgicas y reflexivas. Muchos románticos iniciaron su singladura artística movidos por el interés en la naturaleza y la mayoría se centró en expresar sus sentimientos más personales a través del arte. Casi todos se rebelaron contra las reglas y convenciones artísticas establecidas y usaron colores vivos y densos y animadas pinceladas para conferir a sus obras una expresividad hasta la fecha rara vez vista.

«El Romanticismo no radica ni en la elección de un tema ni en la verdad exacta, sino en una manera de sentir.»

Charles Baudelaire

La mayoría de los artistas románticos se oponía a la industrialización y los avances mecánicos que aumentaban en prácticamente todos los ámbitos de la vida y, en contrate (o incluso en protesta), muchos retrataban temas que exploraban la naturaleza humana, leyendas populares, la Edad Media, lo exótico, lo remoto, lo misterioso y lo sobrenatural. Algunos favorecían las temáticas emotivas, como las historias de amor o las tragedias. Su arte era subjetivo, apasionado, imaginativo, expresivo e instintivo. Valoraban más la emoción que la razón, la intuición que el intelecto. La lógica y la racionalidad se abandonaron en pro de la expresión de sentimientos atribulados a menudo reprimidos en una sociedad educada. Fue un arte osado, descarado, expresivo e inventivo. Los artistas manifestaban sentimientos desbocados que calaban en los espectadores. Jamás antes los artistas habían articulado sus emociones personales con tal fuerza y significación, y mucho menos se había azuzado la espontaneidad como cualidad positiva del arte.

Color, drama e intuición En torno al siglo XIX, el término «romanticismo» empezó a utilizarse por vez primera para describir el estilo que estaban adoptando las artes, la filosofía, la política e incluso las ciencias. Si bien empezó en Francia, el Romanticismo se desarrolló en varios países de Europa y en Estados Unidos en épocas distintas, y floreció especialmente en Francia, Gran Bretaña y Alemania. Pese a no ser jamás coherente entre todos los artistas etiquetados de románticos, el arte romántico siempre antepuso la emoción y la expresividad a la estructura y la estabilidad, pues los artistas anhelaban comunicar sus sentimientos personales y subrayar su desconfianza en muchos de los acontecimientos y avances modernos.

Los principales artistas románticos adoptaron ideas de varias disciplinas, experimentaron con innovaciones técnicas y crearon obras a menudo visualmente sensacionales, atrevidas y personales, las cuales supusieron una polémica ruptura con las tradiciones del pasado. Entre los principales exponentes del movimiento destacan Eugène Delacroix (1798-1863), considerado uno de los mejores y más influyentes pintores franceses por su sobresaliente uso del color. Sus vívidas imágenes se inspiraban tanto en acontecimientos históricos como contemporáneos, así como en la literatura y los lugares exóticos que visitó. El artista, poeta y grabador inglés William Blake (1757-1827) creó imágenes visionarias, atmosféricas y simbólicas, reflejo de su inmensa imaginación y gran creatividad. En España, Francisco de Goya (1746-1828) retrató con dramatismo los horrores de la guerra y pintó obras fantásticas surgidas de su imaginación en las que realizaba observaciones satíricas de la naturaleza humana. Théodore Géricault (1791-1824), otro pionero del Romanticismo, influyó enormemente en Delacroix con sus pinturas teatrales, expresivas y nada convencionales, mientras que en Alemania Caspar David Friedrich (1774-1840) pintó paisajes etéreos y ambientales, a menudo centrados en la solitud y la soledad. J. M. W. Turner (1775-1851) fue el pintor paisajista más destacado del Romanticismo, gracias a sus prolíficos estudios expresivos y ambientales de la naturaleza. John Constable (1776-1837), otro pintor paisajista británico, expresó su nostalgia por la campiña inglesa, que a su parecer estaba siendo erradicada por la industrialización.

Lo sublime

El término «sublime» se empleó por vez primera en 1757 para describir un arte que provoca intensas emociones en los espectadores. Así, las pinturas de imponentes paisajes, como montañas inmensas, recias tormentas o pesadillas, son sublimes. La idea de que el arte podía suscitar desasosiego fue una aportación nueva e importante del Romanticismo, y continúa siendo una de las funciones del arte en la actualidad.

La idea en síntesis: anteposición de los sentimientos a las convenciones

15 Arte académico (siglos XVII y XIX)

En el siglo XIX, la reputación de los artistas dependía en gran medida de las academias de arte oficiales establecidas en toda Europa. Las academias, cada vez más conservadoras, se resistían a los cambios y desaprobaban las ideas innovadoras o vanguardistas. El arte académico fue un arte validado por las academias, principalmente por la Académie des Beaux-Arts de París, la más renombrada de todas.

Entre los siglos XVII y XIX, el mundo del arte europeo estuvo regentado por las academias. Los estudiantes de arte aspiraban a ser aceptados en ellas y los artistas soñaban con convertirse en miembros de estas instituciones que, en la práctica, definían el valor del arte alentándolo, apreciándolo y representándolo oficialmente. Las academias habían aflorado en Italia, a lo largo del siglo XVI, y desde entonces habían florecido en toda Europa, donde desbancaron el sistema medieval de aprendizaje del oficio y se consagraron como la ruta más segura para los artistas profesionales, con su formación, concursos, exposiciones y premios. Para ser aceptado en una academia, los solicitantes debían afrontar arduos exámenes de acceso y, aprobados éstos, estudiar formalmente en la institución varios años. Pese a haberse fundado en 1648, fue a partir de 1816 cuando la recién rebautizada École des Beaux-Arts parisiense se unió a otras dos academias de arte y se consagró como la institución de arte abanderada de Europa, paradigma en función del cual se modelaban sus rivales.

Reputación y estatus El sistema de academias surgió en un origen para diferenciar a los artistas de los artesanos, considerados meros obreros manuales, y realzar así el aspecto intelectual del arte. El arte académico exigía años de estudio dedicado, aprender métodos de artistas del pasado y asimilar técnicas, y previo a todo

Cronología

1830	1833	1837-1840	1839
Se comercializan por vez primera pinturas al óleo en tubos de estaño portátiles.	*La ejecución de Lady Jane Grey*, Paul Delaroche.	Nuevos pigmentos químicos en las pinturas al óleo: malva, violeta, verde intenso, amarillo...	Louis Daguerre y Fox Talbot descubren la fotografía.

ello había que haber aprobado el examen de acceso y presentar una carta de referencia de un profesor de arte eminente. Durante los años siguientes, los estudiantes pasaban día tras día copiando grabados de pinturas y esculturas clásicas para aprender a retratar los contornos y tonos. Una vez dominada esta técnica, los alumnos dibujaban a partir de vaciados en yeso de esculturas clásicas famosas y, si alcanzaban el estándar exigido, se les permitía dibujar al natural. El estudiante de arte pintaba hasta perfeccionar sus habilidades y, una vez había aprendido a hacerlo, pasaba a formar parte de algún estudio de un artista académico reputado. Los artistas que impartían pintura pertenecían a la academia, eran academicistas oficiales. El progreso por estos estadios de perfeccionamiento culminaba con la entrega al estudiante del galardón de «asociado», lo cual le permitía trabajar como artista profesional. Si a partir de entonces continuaba produciendo un arte aprobado por los oficiales de la Académie, podía acceder al título más prestigioso de «académico».

El premio de Roma

Desde el año 1663 se concedía en París una beca de arte anual. Los solicitantes debían ser hombres, franceses, solteros y menores de treinta años. El concurso era extremadamente arduo y constaba de varias fases, pero el ganador era galardonado con una estancia de tres años en Roma, durante los cuales estudiaba arte clásico y renacentista. Ser premiado garantizaba una carrera de éxito.

Jerarquía temática Además del conjunto de habilidades, estilos y técnicas que había que dominar y secundar, el arte académico también propugnaba una jerarquía de temas que los artistas debían representar. En el nivel más elevado se situaba la pintura histórica, que englobaba temas mitológicos, bíblicos y clásicos; lo siguiente en importancia eran retratos y paisajes, y en un nivel inferior quedaban los bodegones y las pinturas de género, o las escenas de la vida cotidiana. Durante todo el siglo XIX, el neoclasicismo, con su énfasis en las líneas límpidas, y el Romanticismo, centrado en el uso expresivo del color, fueron dos estilos aproba-

1847 *Los romanos de la decadencia*, Thomas Couture.

1861 Estalla la guerra de Secesión en Estados Unidos.

1870 Estalla la guerra francoprusiana.

1887 *Cleopatra prueba el veneno con los prisioneros*, Alexandre Cabanel.

***c.* 1890** *Pigmalión y Galatea*, Jean-Léon Gérôme.

El nacimiento de Venus

Adquirido por Napoleón III tras ser expuesto en el Salón de París, este lienzo es un ejemplo paradigmático de arte académico. Cabanel, ganador del premio de Roma en 1845, combina en él la influencia del neoclasicismo de Ingres con una floritura romántica. Con sus meticulosas pinceladas y atención al detalle realista, esta figura reclinada es una imagen idealizada de la diosa Venus y justo el tipo de pintura diestra y pulida que la Academia aprobaba y que a las clases pudientes gustaba comprar. Al titularla en honor a un mito romano, el tema resultaba aceptable para todos, si bien en realidad no era más que una excusa para pintar un desnudo femenino perfecto. Cabanel se adhirió sin fisuras a todos los postulados de la Academia.

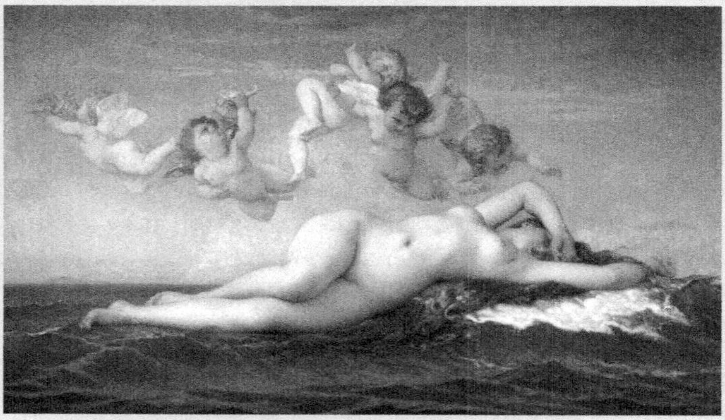

El nacimiento de Venus, Alexandre Cabanel, 1863, óleo sobre lienzo

dos por la Académie des Beaux-Arts, a cuyos alumnos se recomendaba combinar elementos característicos de ambas corrientes para crear un estilo «académico» real o ideal.

El Salón de París El Salón de París era la exposición de arte oficial de la Académie des Beaux-Arts. Desde 1725 y a lo largo de todo el siglo XIX, el Salón se celebró anual o bianualmente y se consagró como el principal acontecimiento artístico de Europa. Los artistas presentaban sus obras ante el jurado oficial del Salón, que sólo aprobaba los estilos convencionales. Año tras año, miles de obras se aceptaban y exponían forrando las paredes de suelo a techo, abarrotadas hasta el último rincón disponible. Los jueces del

«Olvidemos las llamadas innovaciones. Sólo hay una naturaleza y sólo hay un modo de verla.»

William-Adolphe Bouguereau

Salón también decidían dónde se colocaba cada escultura y pintura, y tal visibilidad u ocultamiento podía hacer a un artista saltar al estrellato o condenarlo al ostracismo. Por consiguiente, los artistas, incluso tras formarse durante años en la École des Beaux-Arts, dependían de la Académie para mantener o fraguarse una reputación.

Principales academicistas Durante el siglo XIX, la creciente prosperidad de las clases medias redundó en una mayor demanda de arte. Exposiciones oficiales, marchantes y reproducciones producidas en serie sirvieron para difundir aún más el medio, con el arte académico como estilo más popular. Entre los principales academicistas figuraba William-Adolphe Bouguereau (1825-1905), pintor de temas históricos y religiosos al estilo clásico, si bien sus desnudos y cuadros mitológicos, pintados con una meticulosidad extrema, eran sus obras más conocidas. Jean-Léon Gérôme (1824-1904) era conocido por sus retratos y pinturas históricas, mitológicas y orientales; Paul Delaroche (1797-1856) pintaba historias a tamaño real con acabados lisos y sólidos; Alexandre Cabanel (1823-1899) fue el pintor favorito de Napoleón III, destacado por sus retratos y temas históricos, clásicos y religiosos, y Thomas Couture (1815-1879) produjo pinturas históricas y fue un maestro influyente. Todos estos artistas combinaron con éxito las teorías y los planteamientos del neoclasicismo y el Romanticismo, generaron interpretaciones modernas de temas clásicos y aplicaron pinceladas imperceptibles para plasmar un realismo verídico a la par que idealizado. Sus temáticas solían ser sentimentales, tal como imponían las modas del momento y además cumplía los requisitos de la Academia.

La idea en síntesis: el arte conservador acata las enseñanzas de las academias oficiales

16 Ukiyo-e (siglos XVII-XX)

«Ukiyo-e» es el nombre dado a los grabados que se realizaban en Edo, nombre ancestral de Tokio. «Ukiyo», una palabra budista, alude al «mundo flotante» de las situaciones cambiantes y la palabra japonesa «e» significa «pintura», de manera que ukiyo-e se traduce como «pinturas del mundo flotante». Entre 1603 y 1868, mientras Japón se halló bajo mandato de los sogunes, Edo se convirtió en una de las mayores ciudades del mundo.

Entre los siglos XVII y XIX, los sogunes aprobaron multitud de decretos opresivos y regularon el ocio, los barrios del placer y las zonas de entretenimiento de las ciudades japonesas. Todo ello alentó la idea de que la frivolidad y el disfrute eran difíciles de experimentar, y el deseo de divertirse, relajarse y entretenerse se volvió una aspiración para muchos. Cortesanos, *geishas*, luchadores de sumo y actores de *kabuki* vivían en los barrios del placer y fueron las celebridades del período Edo. Se convirtieron también en la temática de las populares novelas *ukiyo zoshi* («cuentos del mundo flotante») y de las pinturas y xilografías *ukiyo-e*. El «mundo flotante» originalmente aludía a la fugacidad de la vida, pero acabó por referirse al entorno desenfadado y agradable de los barrios del placer, que acogían teatros, restaurantes y casas de té, y se hallaban lejos de la mundanal vida cotidiana y de la ciudad en expansión. Para la mayoría de las personas, las emocionantes vidas de los famosos parecían flotar sobre la lúgubre realidad de la existencia ordinaria. Los pintores empezaron a representar a estas personas glamurosas en sus seductores mundos y sus imágenes empezaron a cotizarse. Poste-

> **«En cierto sentido, toda mi obra se basa en el arte japonés.»**
>
> **Vincent van Gogh**

Cronología

1617	1633-1639	1685	1720
Se establece un barrio del placer oficial en Edo, con teatros, salas de té, burdeles...	El sogún de Japón prohíbe todo el comercio con los occidentales, salvo los holandeses. Quedan prohibidos los viajes al extranjero y la literatura foránea.	*Escenas en una casa de té teatro*, Hishikawa Moronobu.	Se levanta la prohibición de la literatura extranjera.

Hiroshige

Desde un punto de vista cenital, los zorros se apiñan bajo un inmenso almez. Esta escena muestra el santuario de Oji Inari, al norte de Edo. Cuenta la leyenda que en aquel almez frente al santuario se reunían los zorros de la región de Kanto para transformarse en humanos el día de Nochevieja. Los lugareños también estudiaban las auroras boreales para predecir la bonanza de las cosechas del año venidero. Hiroshige fue el último gran maestro de ukiyo-e y cambió las tradiciones del estilo, abandonando la representación de personas famosas en pro de sus astutas observaciones de la naturaleza, incluso en esta obra mitológica. Con ángulos dinámicos, esta composición crea drama y posee un efecto aún más potente si se tiene en cuenta que los japoneses leen de derecha a izquierda.

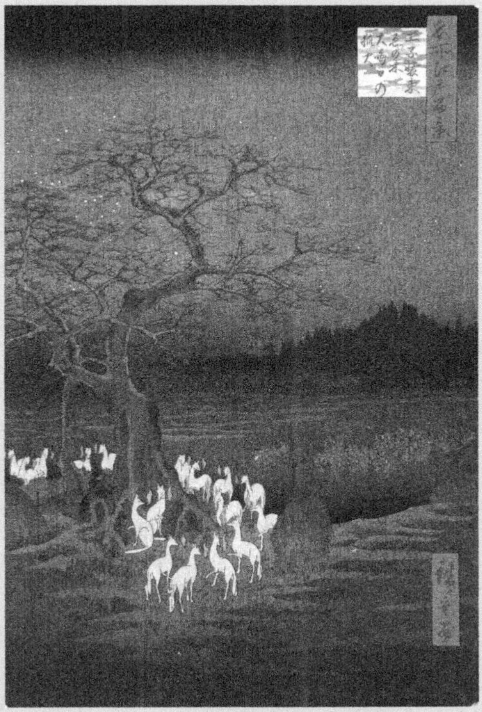

Zorros de fuego en la Nochevieja bajo árbol enoki, de la serie «100 famosas vistas de Edo», Ando Hiroshige, 1857, xilografía

riormente añadieron a su repertorio animales, aves, escenas narrativas y paisajes, expresiones del «mundo flotante» alejadas de las realidades corrientes que cobraron una popularidad excepcional. Por primera vez en la historia japonesa, los artistas crearon imágenes que complacían al público general.

1765	1794	1831	1855-1860	1868
La nueva tecnología de Suzuki Harunobu permite producir impresiones en varios colores.	*Otani Oniji II, actor de kabuki,* Tōshūsai Sharaku.	*La gran ola de Kanagawa,* Katsushika Hokusai.	Japón restablece el comercio con varios países occidentales.	El emperador Meiji declara la restauración Meiji, que pone fin al período Edo.

«Envidio a los japoneses por la enorme claridad que impregna su obra.»

Vincent van Gogh

Desde las alturas El nombre de «ukiyo-e» procedía de la sensación de cernirse sobre los mundos representados en el arte. Las imágenes se retrataban con la intención de transmitir a los espectadores la idea de estar contemplando y disfrutando la cara amable de la vida, sin tomar parte real en ella ni desobedecer al sogún. En este sentido, las imágenes ukiyo-e suelen incorporar perspectivas insólitas, con vistas a transmitir al espectador la sensación de estar sobrevolando un paisaje o un acontecimiento. Aunque en su mayoría las imágenes se produjeron antes de la invención de la fotografía, a menudo presentan encuadres muy fotográficos y transmiten la sensación de captar una estampa instantánea, en lugar de una imagen general. Estas composiciones inusitadas engendraban nuevas fantasías oníricas. A menudo las imágenes estaban atravesadas por diagonales que imprimían movimiento y realzaban la lisura del papel. No se intentaba simular texturas ni tonalidades: las imágenes eran imágenes y no pretendían emular la realidad. La armonía era importante, de manera que entre las zonas abarrotadas de colores y estampados densos se intercalaban espacios en blanco.

Tinta impresa El ukiyo-e era muy popular entre un público muy amplio, gran parte del cual no podía costearse adquirir pinturas. Las primeras obras se crearon con tinta china, que resultaba muy cara. Pero a partir de 1670, Hishikawa Moronobu (1618-1694), conocido como el padre del ukiyo-e, experimentó con la impresión monocroma con planchas de madera. Esta técnica de la xilografía cobró popularidad rápidamente, pues permitía producir imágenes en serie y a precios más asequibles. Algunas de estas estampas se retocaban con pinceladas de tinta de color hasta 1765, cuando Suzuki Harunobu (1724-1770) concibió una técnica para imprimir a todo color. Se trataba de un método preciso gracias al cual, a partir de entonces, las estampas ukiyo-e lucieron vivos colores, cosa que complementaba sus llamativos diseños, y se tornaron aún más populares. Okomura Masanobu (c. 1686-1764) fue otro influyente artista de ukiyo-e en la época. Muchas impresiones de ukiyo-e, obra de artistas como Kitagawa Utamaro (c. 1753-1806) y Tōshūsai Sharaku (activo entre 1794 y 1795), se crearon inicialmente como carteles para anunciar actuaciones teatrales y burdeles o bien eran semblanzas de actores, cortesanos y geishas. Hacia el siglo XIX se incorporaron imágenes de la cultura urbana y paisajes. Artistas como Katsushika Hokusai (1760-1849) y Ando Hiroshige (1797-1858) crearon efectos gráciles, sensibles y diestros de clima, perspectiva y aspectos del mundo natural.

Los períodos Edo y Meiji

El período Edo concluyó en torno a 1867 y estuvo seguido por la era Meiji, que se prolongó hasta 1912. El período Edo fue una fase tranquila, mientras que durante el Meiji, cuando se restituyó el poder al emperador, se vivieron más cambios. El ukiyo-e se vio modificado cuando Japón estableció lazos comerciales con Occidente y se filtraron influencias foráneas.

El japonismo Entre 1639 y 1854, los japoneses sólo comerciaron con los holandeses y los chinos. Pese a tal aislamiento, los holandeses difundieron en tierras niponas las ideas y los descubrimientos científicos occidentales y a su vez llevaron noticias de Japón a Europa. Tras la restauración Meiji de 1868, Japón restableció los lazos comerciales con el resto del mundo. Ideas occidentales como la fotografía y la perspectiva lineal influyeron en los artistas japoneses y poco a poco el ukiyo-e se antojó demodé y las estampas perdieron su valor. Empezaron entonces a utilizarse como papel de embalaje para los productos exportados. En Europa, no obstante, su descubrimiento causó sensación. Los artistas europeos cayeron rendidos ante aquellas ideas, con su uso de temas cotidianos, puntos de vista inusitados, perspectivas inclinadas, colores lisos y llamativos y contornos marcados. Tales ideas jamás se habían visto en Occidente y se convirtieron en fuente de inspiración para algunos de los más destacados artistas y diseñadores impresionistas, posimpresionistas y art nouveau. En Francia, aquella moda se conoció como *Le Japonisme*.

La idea en síntesis: xilografías y pinturas japonesas de un mundo cambiante

17 Hermandad Prerrafaelita (1848-*c.* 1853)

En 1848, un grupo de siete jóvenes pintores, poetas y críticos ingleses formaron una «hermandad» con el fin de estimular un retorno a la pintura al estilo del Renacimiento temprano, anterior a Rafael y Miguel Ángel. Centrados en el arte de la Italia del siglo XV, el llamado Quattrocento, crearon pinturas detalladas, refinadas, llenas de color y con una gran carga simbólica.

El grupo se autodenominó la Hermandad Prerrafaelita (o PRB), pues consideraban que el arte se había desviado de su senda en tiempos de Rafael, entre finales del siglo XV y principios del XVI. Las ideas de los prerrafaelitas constituían una reacción frente a las convenciones del arte académico, a su parecer anodinas, pretenciosas y sedentarias. Las academias de arte oficiales del momento enseñaban que el arte del Renacimiento pleno y el manierismo eran supremos y todo artista debía emularlos en la medida de lo posible. Desde hacía años, los estudiantes de arte se formaban copiando la obra de los maestros del Renacimiento pleno. Los prerrafaelitas creían que el estilo académico resultante, una mezcla de neoclasicismo y Romanticismo, era artificial y se regía por fórmulas. En contraste, ellos pretendían retomar la belleza y simplicidad del mundo medieval y hacer suyos los ideales de los artistas de la época, en particular del arte italiano de la Edad Media, que consideraban honesto y directo. Lo cierto es que apenas conocían dicho arte, pero decidieron que la obra de Rafael era exagerada y dramática en exceso, mientras la de sus predecesores era menos complicada y más modesta. Así, se rebelaron contra las tradiciones académicas y acordaron pintar «fielmente la realidad», lo cual

Cronología

1848	1850	1851
La Hermandad Prerrafaelita celebra su primera reunión.	*Cristo en casa de sus padres*, de Millais, suscita críticas contra los prerrafaelitas; se revela por error el significado de las siglas PRB; se funda de *The Germ*.	El príncipe Alberto instiga la Gran Exposición en el Palacio de Cristal de Londres; Ruskin publica su panfleto en apoyo a los prerrafaelitas.

La luz del mundo

He aquí una de las muchas obras alegóricas producidas por los prerrafaelitas. Jesús está a punto de llamar a una puerta que ha permanecido cerrada largo tiempo, como demuestran las zarzas que han crecido en el umbral. La puerta representa el alma humana: Jesús anhela entrar, pero a menudo no recibe respuesta. Sus palabras del Apocalipsis de la Biblia están inscritas en el marco: «He aquí, yo estoy a la puerta y llamo; si alguno oye mi voz y abre la puerta, entraré a él, y cenaré con él, y él conmigo». Desprovista de tirador, la puerta sólo puede abrirse desde dentro, lo cual, según explicó Hunt, representa: «una mente cerrada con obstinación». El farolillo heptagonal indica las siete iglesias mencionadas en el Apocalipsis. Este cuadro se pintó en un estudio a oscuras, iluminado sólo con velas, y, como en todas las obras de la PRB, exhibe un grado de detalle meticuloso.

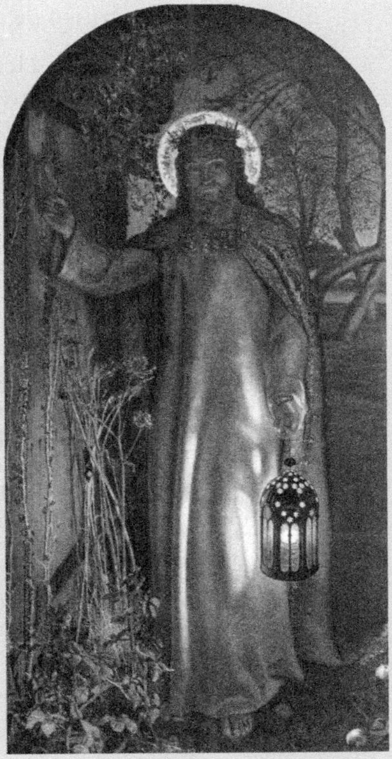

La luz del mundo, William Holman Hunt, 1853-1854, óleo sobre lienzo sobre madera

implicaba rechazar el idealismo y centrarse en crear imágenes realistas con detalles precisos, composiciones complejas y colores intensos.

Fundadores Los organizadores de la Hermandad fueron: Dante Gabriel Rossetti (1828-1882), poeta y pintor; John Everett Millais (1829-1896), pintor; William Holman Hunt (1827-1910), pintor; Thomas Woolner (1825-1892), escultor y poeta; James Collinson (1825-81), pintor; William Michael Rossetti (1829-

1855	1857	1860
Lo último de Inglaterra, Ford Madox Brown.	La popularísima exposición «Manchester Art Treasures» acoge obras de los prerrafaelitas.	*Cristo hallado en el templo*, Holman Hunt; *Beata Beatriz*, Rossetti.

1919), escritor y crítico de arte, y Frederic George Stephens (1828-1907), crítico de arte.

Cuando se fundó la Hermandad, en 1848, tenían entre 19 y 23 años, pero, pese a su juventud, todos se oponían con firmeza a la industrialización de Inglaterra y la estrechez de miras de las juntas directivas de las academias. Por mucho que cueste imaginarlo, su obra se consideró alarmantemente polémica en su época y fueron los incitadores de los primeros movimientos vanguardistas reales, pues desafiaron sin ambages el mundo oficial del arte. A Rossetti se le ocurrió llamar al grupo Hermandad para mantener el secretismo ante los miembros de la Academia Real Inglesa. Firmaban sus iniciales, «PRB», en las esquinas de sus lienzos y, en un principio, nadie ajeno al grupo sabía qué significaban; lo único que se sabía era que se trataba de una sociedad secreta a todas luces sospechosa.

La técnica del blanco húmedo

Para lograr el efecto de colores luminosos, los prerrafaelitas utilizaban una técnica inspirada en la pintura al fresco renacentista. En los frescos, la pintura se aplicaba sobre yeso blanco húmedo. Los prerrafaelitas daban dos capas de pintura blanca a sus lienzos y empezaban a pintar mientras la capa subyacente de blanco se hallaba aún húmeda. Los colores lucían brillantes como joyas y mucho más vívidos que los de otras pinturas decimonónicas.

Rechazo de la tradición Los miembros de la PRB eran extremadamente serios y escribieron una política de sus objetivos. Declararon que querían pintar temas serios e importantes, basados en la realidad, lo más realistas posibles y con los colores más vivos disponibles. Rechazaban abiertamente los métodos pictóricos convencionales que se impartían de manera rutinaria en las academias y permanecían inalterados desde hacía décadas. Publicaron un periódico, *The Germ*, para promover sus ideas, cosa que suscitó aún más críticas, sobre todo por parte de Charles Dickens (1812-1870).

A los cinco años de la fundación de la Hermandad, las diferencias en la obra de Rossetti, Hunt y Millais saltaron a la vista. Hunt y Millais se tornaron más naturalistas. La obra de Hunt se volvió más moralista y la de Millais más aceptable a ojos de las autoridades y la sociedad, mientras que la de Rossetti devino cada vez más imaginativa, mística e inspirada en la literatura. A partir de 1850, tras unas críticas especialmente inclementes de una obra de Millais, el grupo dejó de firmar como PRB y Collinson lo abandonó. Pronto se desmantelaron, si bien su influencia se prolongó muchos años y otros varios artistas trabajaron con estilos, técnicas y objetivos similares. Entre sus seguidores figuraron Edward Burne-Jones (1833-1898), Walter Howard Deverell (1827- 1854), Ford Madox Brown (1821-1893), Arthur Hughes (1832-1915), Simeon Solomon (1840-1905), Henry Wallis (1830-1916) y Charles Allston Collins (1828-1873).

La obra de esta nueva generación se considera una segunda fase del movimiento Prerrafaelita.

Influencias positivas y negativas Los pintores prerrafaelitas realzaron los detalles precisos, casi fotográficos, de todo lo que retrataban; todo estaba perfectamente enfocado. El simbolismo y la alegoría eran aspectos recurrentes y con frecuencia mostraban influencias de Tennyson, Browning, Keats y Shakespeare, así como de temas medievales. Decidieron no seguir a sir Joshua Reynolds, el fundador de la Real Academia de las Artes al que la mayoría de los artistas jóvenes intentaba emular, pues su estilo se les antojaba chapucero e insincero. Lo apodaban «Sir Aguado». En cambio, admiraban las teorías del crítico de arte John Ruskin (1819-1900) y, una vez lo conocieron en persona, admitieron sentir un alto aprecio hacia su obra y escribieron cartas a *The Times* en su defensa. En 1851, Ruskin publicó un panfleto titulado «Prerrafaelismo» en el que explicaba y alababa el planteamiento y las creencias de la Hermandad.

> **«La concepción, amigo mío, la función fundamental del cerebro, es lo que marca la diferencia en el arte.»**
>
> **Dante Gabriel Rossetti**

La idea en síntesis: arte romántico, colorido y detallado, reflejo de un tiempo pretérito

18 Realismo (décadas de 1830 a 1850)

Durante la segunda mitad del siglo XIX se multiplicó el número de artistas que rechazaron abiertamente las ideas y actitudes convencionales en el arte. Las realidades sociales desbancaron a los sentimientos y la imaginación en sus obras. Rechazaron las artimañas percibidas del arte académico, el neoclasicismo y el Romanticismo y, en su lugar, se volcaron en reflejar con precisión y objetividad el mundo corriente.

Los artistas que abandonaron las tradiciones artísticas aceptadas durante décadas a menudo eran revolucionarios de corazón. Creían en los nuevos descubrimientos científicos y tecnológicos y en los derechos individuales, un concepto que cobró especial fuerza en Francia tras la revolución de 1848. Una de las principales objeciones a la pintura académica era que sus temáticas no representaban la vida real de la mayoría de las personas. Así, el realismo evolucionó a medida que los artistas se esforzaron por retratar la naturaleza y actividades cotidianas de personas corrientes. Al pintar temas y personas comunes, los artistas rompían también una lanza a favor de los derechos humanos.

La escuela de Barbizon El realismo afloró por vez primera en la obra de artistas ingleses como Turner, Constable y la Hermandad Prerrafaelita. Su decisión de pintar de manera objetiva y directa del natural inspiró a varios artistas franceses, empezando por los conocidos colectivamente como la escuela de Barbizon. A partir de 1830, estos pintores trabajaron en el bosque de Fontainebleau, cerca de la población de Barbizon, en las inmediaciones de París. Pese a que su obra no contó con la aceptación popular hasta la década de 1860, al finiquitar los lienzos *en plein air* («al aire libre») en lugar de en el estudio, establecieron el paisaje como tema válido, cosa jamás vista hasta entonces. Los principales exponentes de Barbizon fueron Charles-François Daubigny (1817-1878),

Cronología

1824	1839	1848	1849
La anglomanía barre Francia cuando el pintor paisajista inglés Constable expone en el Salón de París.	Invención de la fotografía.	Se destrona al último rey francés; *La República*, Honoré Daumier.	*La labranza de Nevers*, Rosa Bonheur.

Théodore Rousseau (1812-1867), Camille Corot (1796-1875), Constant Troyon (1810-1865) y Narcisse Diaz de la Peña (1807-1876).

Alzamiento popular

Tras la guerra francoprusiana de 1870-1871, los revolucionarios intentaron hacerse con el poder e instaurar una cierta igualdad social. Bautizaron su organización como la Comuna, pero no tardaron en ser derrocados por el Gobierno francés oficial. Courbet fue uno de los muchos simpatizantes castigados tras la restauración del orden y sirvió de ejemplo de la reafirmación de la autoridad gubernamental.

El modo como los realistas plasmaban sus temas, que adoptaba ideas de la escuela de Barbizon y bebía de las nuevas teorías científicas, difería del de los pintores académicos. Procuraban representar los objetos tal como los veían. No se esmeraban en usar técnicas refinadísimas, como pinceladas imperceptibles y matices sutiles de tonalidades, sino que se concentraban en retratar la verdad. Incluso realzaban la bidimensionalidad de los lienzos. En tanto que pensadores democráticos, sus temas englobaban desde campesinos trabajando hasta grupos de personas o escenas de género (escenas de la vida cotidiana). Pese a desconcertar a los tradicionalistas, sus imágenes de campesinos, de las clases obreras y de la cruda realidad de la pobreza y las privaciones mostraban la vida moderna tal como era. Tanto diferían sus temas de los retratos, los episodios históricos o las temáticas alegóricas y mitológicas del arte académico, que muchos espectadores se sentían ultrajados. Afrontar tales realidades no era lo que esperaban del arte. Los ideales de belleza fueron reemplazados por realidades adversas, y ello despojó al arte de su función de válvula de escape. Hasta entonces, los artistas habían idealizado los pocos retratos de pobres que habían realizado. Era la primera vez que los temas mundanos se retrataban sin adornos. Las academias lo vivieron como una afrenta: consideraban las obras feas y deliberadamente provocadoras.

«Nunca he visto un ángel. Muéstreme uno y lo pintaré.»

Gustave Courbet

La fotografía La invención de la fotografía en 1839 suscitó debates en torno a la naturaleza y el objetivo de la pintura, en lugar de conseguir la nueva tecnología que la pintura se considerara

1855	1857	1861	1870-1871
Courbet inaugura su propia exposición en el Pabellón del Realismo, donde exhibe once de sus lienzos.	*Las espigadoras,* Jean-François Millet; *La bendición del trigo en Artois,* Jules Breton.	Estalla la guerra de Secesión estadounidense.	Guerra francoprusiana, seguida por la efímera Comuna.

El Ángelus

Un hombre y una mujer recitan el Ángelus, una oración que conmemora la anunciación que el ángel Gabriel hizo a la Virgen María. Tras el tañido de las campanas, han dejado de cosechar patatas para orar. Todos sus aperos (el tridente, la cesta, los sacos y la carretilla) descansan junto a ellos. Esta pintura se inspiraba en un recuerdo de la infancia de Millet, que pretendía reflejar cómo vivían y trabajaban los campesinos. Se lo clasificaba como realista y fue miembro de la escuela de Barbizon. Los realistas no tenían un estilo definido: su arte consistía en pintar temas «reales» sin artificio, de ahí que la técnica y el estilo de Millet difieran tanto de los de Courbet.

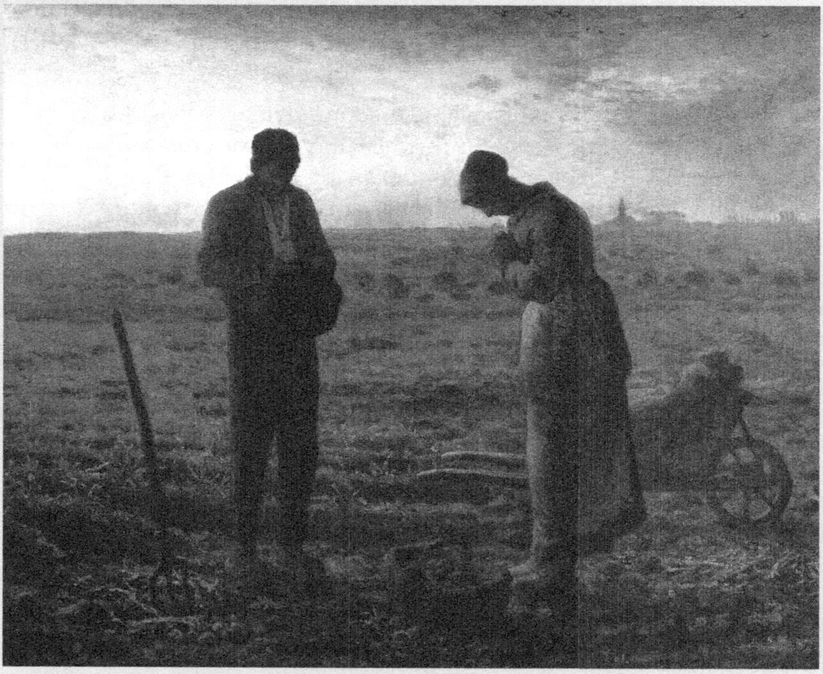

El Ángelus, Jean-Francois Millet, 1857-1859, óleo sobre lienzo

superflua, tal como muchos habían vaticinado. Al contrario, la fotografía desató ideas entre muchos artistas. El realismo fue uno de los estilos que emergieron, al constatar los artistas que los temas ordinarios también presentaban su atractivo y finalidad, y caer en la cuenta de que la fotografía les sería accesoria para su oficio. Al pintar lo que veían ante sus ojos, directamente y sin emoción, los

«La pintura es un arte esencialmente concreto, no puede consistir más que en la representación de las cosas reales y existentes ... Un objeto abstracto, invisible, inexistente no pertenece al ámbito de la pintura.»

Gustave Courbet

realistas se alzaron contra las reglas académicas y la artificialidad, al tiempo que configuraron un planteamiento moderno de un arte reflejo del grueso de la sociedad, y no sólo de una élite.

Le Réalisme En 1855, Gustave Courbet (1819-1877) fue rechazado para exponer en la Exposición Universal, un gran acontecimiento en París destinado a celebrar el nuevo reinado del emperador Napoleón III. Courbet costeó de su propio bolsillo la construcción de un edificio junto al oficial, al cual bautizó como el «Pabellón del Realismo» y exhibió en él sus cuadros. Muchas de sus obras eran grandes lienzos al estilo del arte académico tradicional, si bien en vez de plasmar temas nobles retrataban otros desprovistos de *glamour*. La tradición académica imponía que las pinturas de grandes dimensiones debían representar temas históricos, bíblicos, mitológico o alegóricos exclusivamente, pero Courbet desafió esta convención. Su obra era directa, descarada e intensa, y desafiaba deliberadamente los conceptos oficiales. Incluso su uso de la pintura se consideraba vulgar, pues aplicaba pintura de impasto con una espátula. Junto con el crítico de arte y novelista Champfleury (1820-1889) redactaron el manifiesto «Le Réalisme», que Courbet distribuyó entre los visitantes de su exposición. Otros grandes realistas fueron: Millet, Rosa Bonheur (1822-1899), Honoré Daumier (1808-1879), Jules Breton (1827-1906), Édouard Manet (1832-1883) y los estadounidenses Thomas Eakins (1844-1916) y Winslow Homer (1836-1910). Los paisajistas y prerrafaelitas ingleses también pueden catalogarse de realistas. El realismo consistió en aportar ideas nuevas y cambiar las tradiciones aceptadas. No fue un movimiento coherente al cual los artistas se adscribían, sino que muchos artistas lo usaron como punto de partida para llegar a ideas aún más novedosas.

La idea en síntesis: descripciones objetivas del mundo corriente

19 Impresionismo (décadas de 1870 a 1890)

Fue un crítico quien usó por primera vez el calificativo «impresionistas», y lo hizo a modo de insulto para describir lo que se le antojaba un arte ultrajante expuesto por un grupo de pintores en París en 1874. Las ideas de estos artistas eran rebeldes, rompedoras, escandalosas. Plasmaban momentos efímeros de temas cotidianos a los que aplicaban escasos detalles, pinceladas evidentes y con frecuencia pinturas sin mezclar. A ojos de los espectadores contemporáneos, su arte se antojaba inacabado y absurdo.

Los impresionistas habían comenzado a reunirse y debatir sus ideas en la década de 1860, cuando, en su mayoría, eran alumnos de una de las dos escuelas de arte privadas de París: la Academia Suiza o el Estudio de Gleyre. Este colectivo heterogéneo incluía a Claude Monet (1840-1926), Camille Pissarro (1830-1903), Paul Cézanne (1839-1906), Alfred Sisley (1839-1899), Frederic Bazille (1841-1870), Berthe Morisot (1841-1895) y Auguste Renoir (1840-1919). A partir de 1862 empezaron a reunirse regularmente en el Café Guerbois, en el barrio parisiense de Batignolles, junto con Édouard Manet y otro puñado de artistas y escritores, para discutir sus vaticinios sobre el futuro del arte. La mayoría admiraba a Manet, quien ya causaba revuelo en los círculos artísticos, y también traslucía influencias de la escuela de Barbizon, Turner, Constable, el realismo y las nuevas teorías científicas y tecnologías.

Grabados japoneses

En 1854, tras unos 250 años, Japón retomó el comercio con Occidente. Fraguó entonces una fascinación por todo lo japonés, sobre todo en Francia y principalmente entre muchos artistas y diseñadores. La moda surgió en París y, anonadados por los colores tan vivos y las composiciones originales de las estampas ukiyo-e, muchos impresionistas empezaron a coleccionarlas y a reflejar ideas japonesas en sus obras.

Cronología

1863
Se celebra el Salon des Refusés, donde se exponen todas las obras rechazadas por el jurado del Salón oficial; *Desayuno en la hierba*, Édouard Manet.

1870
La popularidad de la pintura al aire libre aumenta con la introducción de la caja caballete y las pinturas al óleo en tubos.

1873
Impresión, amanecer, Claude Monet; *La cuna*, Berthe Morisot.

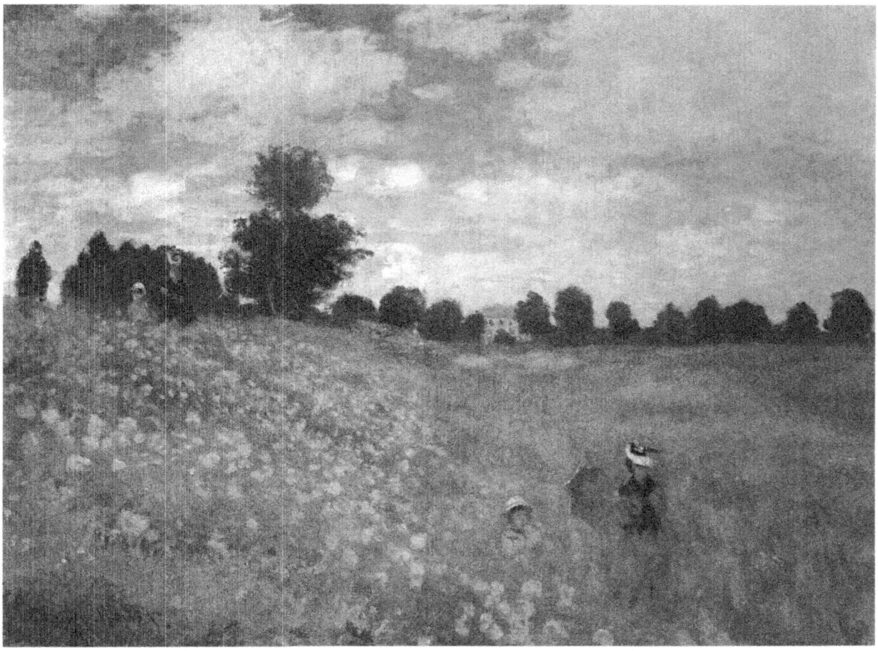

Amapolas, Claude Monet, *c.* 1876

La invención de la fotografía, tanto por su técnica de tratamiento de la luz como por su ayuda práctica, tuvo una mayor influencia en ellos que en ningún artista previo. Las teorías del color científicas, la era industrial y los grabados japoneses aportaron nuevas dimensiones.

A medida que el emperador Napoleón III modernizó París, la Académie des Beaux-Arts continuó dominando las artes en Francia. Sus oficiales, quienes imponían las reglas de los temas y estilos y organizaban el Salón y los concursos artísticos, no estaban acostumbrados a que sus principios se pusieran en tela de juicio. La escuela de Barbizon y los realistas se habían rebelado, y ahora aquel grupo de artistas los desafiaba. En 1863, Manet y Courbet presentaron pinturas al Salón, pero sus obras fueron rechazadas. Aquel mismo año, el jurado del Salón rechazó una cantidad inusitada-

1874

Primera exposición independiente; *La Loge*, Auguste Renoir.

1877

Los tejados rojos, Camille Pissarro; *El ensayo*, Edgar Degas; *Bodegón con cajón abierto*, Paul Cézanne; *El puente de Sèvres*, Alfred Sisley; *Calle de París en un día de lluvia*, Gustave Caillebotte.

1878

Autorretrato, Mary Cassatt.

> **«Para un impresionista, pintar la naturaleza no es pintar el tema, sino materializar sensaciones.»**
>
> **Paul Cézanne**

mente elevada de obras. Napoleón declaró que el público debería juzgar las obras por sí mismo y se organizó el Salon des Refusés («Salón de los Rechazados»). Y pese a que muchos acudieron para mofarse, cuajó la idea de que el arte podía diferir de los estilos formales bendecidos y los artistas podían exhibir en otras salas, aparte del Salón.

Sociedad anónima Los artistas que se reunían en el Café Guerbois compartían filosofías sobre la pintura, si bien sus estilos diferían ampliamente. Todos reaccionaban contra las limitaciones de los estilos y temas académicos y abogaban por pintar al aire libre. Se inspiraban principalmente en la obra de Manet y el Salon des Refusés los estimuló a iniciar su propia sociedad independiente, al margen de la Academia. En 1873, Monet, Renoir, Pissarro y Sisley fundaron la Société Anonyme Coopérative des Artistes Peintres, Sculpteurs, Graveurs («Sociedad Anónima Cooperativa de Pintores, Escultores y Grabadores»), que acogió también a Cézanne, Morisot y Degas, entre otros, y organizó su primera exposición independiente en abril de 1874. Entre críticas cáusticas y mofas de los visitantes, el crítico Louis Leroy escribió una reseña sarcástica en la que la apodaba «la Exposición de los impresionistas», en alusión al lienzo de Monet *Impresión, amanecer*, y describía la obra como incompetente y vergonzante. No todos expusieron en todas las muestras, pero organizaron ocho exposiciones entre 1874 y 1886, y poco a poco la hostilidad hacia ellos fue desvaneciéndose y su obra acabó por aceptarse.

Teorías del color Al margen de su disparidad de estilos y temas, todos los impresionistas pretendían modernizar el arte. Empezaron por refutar las convenciones, en la estela de Courbet y Delacroix, y pintar con colores vivos, a menudo sin mezclar, y con pinceladas visibles, completando muchos lienzos al aire libre, centrándose en la luz cambiante y plasmando sus efectos efímeros. Junto con paisajes, bodegones y retratos, pintaron escenas de la vida moderna en las que resumieron los efectos visuales globales, en lugar de pintar detalles precisos. Estudiaron los efectos teatrales del ambiente y la luz en las personas y objetos y, mediante paletas variadas, intentaron reproducir dichos efectos sobre el lienzo. Muchos de sus tonos más oscuros surgían de mezclas de colores puros y apenas estaban diluidos. Y en gran parte sus ideas respondían a las teorías del color científicas recientes. A título de ejemplo, las sombras de colores, en lugar de grises, producían «vibraciones del color» o efectos relucientes generales. Ningún objeto se pintaba con un solo color plano. Los impresionistas yuxtaponían colores complementarios (colores opuestos en la rueda de color) para aportarles mayor luminosidad y, además del color local (el color aparente de un objeto), pintaban también el color reflejado (los colores que los objetos circundantes proyectaban en él).

En su mayoría, los artistas pintaban del natural, si bien sus estilos y temáticas diferían. Así, Edgar Degas (1834-1917), por ejemplo, se consideraba impresionista pese a que rara vez pintaba paisajes, pero exponía con el grupo y siempre pintó al natural, inspirándose en la fotografía y los grabados japoneses. Todos los impresionistas persistieron en sus ideas innovadoras, desoyendo las hostilidades que tuvieron que soportar, y hacia la década de 1880 se los consideraba ya el principal grupo de artistas vanguardistas de Europa.

Arte sincero

Rechazando su formación académica, Monet y el resto de los impresionistas consideraron que su arte, con sus métodos objetivos de pintar lo que contemplaban ante ellos, era más sincero que el arte académico. Acordaron plasmar sus «sensaciones» o lo que veían mientras pintaban. Entre dichas sensaciones figuraban los efectos centelleantes de la luz que nuestros ojos captan al mirar. En contraste absoluto con la Academia, los impresionistas pintaron a personas modernas y corrientes en entornos cotidianos y actualizados, sin intentar camuflar sus técnicas pictóricas. Evitaron los símbolos y el contenido narrativo, que impedían a los espectadores «leer» un cuadro y, en su lugar, les permitieron experimentar sus pinturas como un momento aislado en el tiempo.

La idea en síntesis: plasmar momentos efímeros y luz con colores puros

20 Simbolismo y esteticismo (segunda mitad del siglo XIX)

Mientras los realistas y los impresionistas evolucionaban sus ideas y estilos, otros artistas también se apartaban de las convenciones del arte académico. Dos de estos movimientos fueron el simbolismo y el esteticismo. El simbolismo nació en Francia y suponía un intento de expresar las verdades ocultas y los misterios subyacentes a las apariencias. En Gran Bretaña, el esteticismo se centró en la belleza, realzando la forma por encima del contenido.

Tanto el esteticismo (o movimiento esteticista) como el simbolismo fueron reacciones al realismo y, en ciertos aspectos, ambos se asemejaban. El esteticismo estaba obsesionado con la belleza, que el realismo denostaba, y los simbolistas expresaban lo intangible, mientras que los objetivos de los realistas eran las verdades empíricas. Los artistas simbolistas y esteticistas rechazaban los planteamientos clásicos del arte y la literatura y no creían que el arte debiera educar en los principios morales a los espectadores.

El arte por el arte El simbolismo se inspiró en el escritor y crítico Théophile Gautier (1811-1872), entusiasta del Romanticismo, quien fomentó la idea de expresar las «sensaciones puras» o percepciones personales. Espoleó a escritores y artistas a usar su imaginación e intuición para producir obra, cosa que suscitó la idea de crear «el arte por el arte». Por vez primera los artistas creaban arte sin un objetivo espiritual, político, moral o meramente decorativo, como el rococó. Creaban porque sí. Y esta idea los incitó a eludir temáticas sociales, políticas y morales, y a concentrarse puramente en la belleza. Los artistas y escritores asociados con el esteticismo y el simbolismo experimentaron con la idea de que

Cronología

1857	1864	1876	1881
Théophile Gautier declara «el arte por el arte».	*Sinfonía en blanco n.º 2: la muchacha de blanco*, J. A. M. Whistler.	*Salomé*, Gustave Moreau.	*Blossoms*, Albert Moore; *El pobre pescador*, Puvis de Chavannes.

La visión tras el sermón

Normalmente clasificado como la primera pintura simbolista verdadera, versa en torno a la conciencia humana y los conflictos internos. Unas mujeres bretonas acaban de escuchar al cura pronunciar un sermón sobre el pasaje bíblico que explica que Jacob pasó una noche luchando con un ángel. Al amanecer, el ángel se rindió y bendijo a Jacob. Sobre un fondo rojo, los mundos real e imaginario (secular y espiritual) de las figuras y la visión quedan escindidos por un tronco de árbol en diagonal. La vaca representa la simplicidad de la vida rural en la Bretaña y a los campesinos devotos que viven en comunión con la tierra. El objetivo de Gauguin era recordar la espiritualidad a la sociedad consumista.

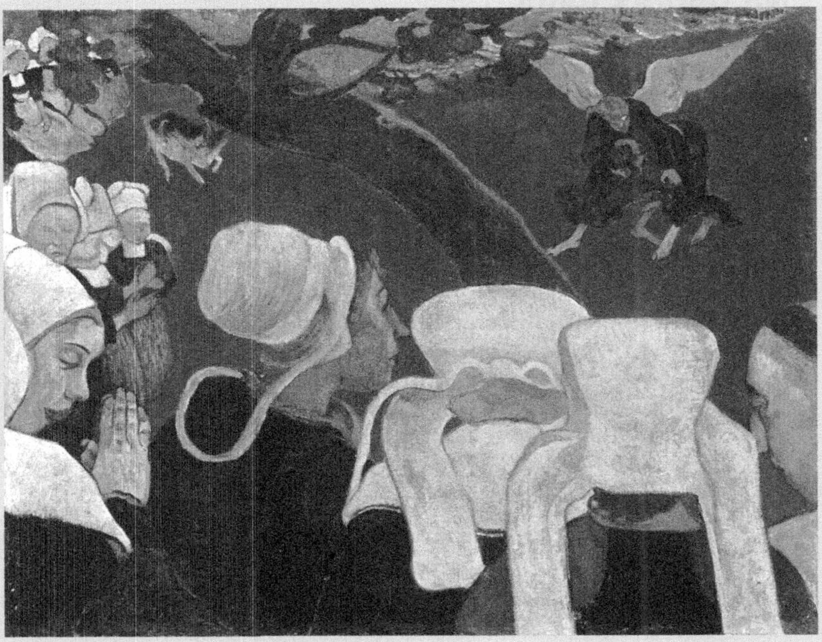

La visión tras el sermón (*La lucha de Jacob con el ángel*), Paul Gauguin, 1888, óleo sobre lienzo

1885
Whistler imparte su famosa conferencia «A las diez en punto» en Londres, donde defiende que «el arte es un fin en sí mismo».

1886
En Fosset, una noche, Fernand Khnopff.

1895
Junio ardiente, Frederic Leighton; *La Vierge aux Colombes*, Carlos Schwabe; el 3 de abril arranca el juicio por difamación contra Oscar Wilde.

el arte debía existir aparte del mundo cotidiano, y no como una extensión de éste.

Esteticismo En sintonía con las teorías de Gautier, los esteticistas también admiraban el Romanticismo, rechazaban las representaciones de temas sociales o morales, y realzaban el valor artístico de su obra. Menospreciaban los productos de elaboración mecánica de la revolución industrial, la teatralidad de las imágenes victorianas y los códigos morales rígidos y estrechos de miras de la sociedad victoriana. Se mostraban receptivos a las nuevas modas e interesados en las apariencias, convencidos de que la belleza era un aspecto imperativo de la vida. Esta idea surgió como reacción a la industrialización y desembocó en una revisión radical de las relaciones entre los artistas y la sociedad.

«No tengas nada en casa que no sea útil o te parezca bello.»

William Morris

El escritor Oscar Wilde (1854-1900) se convirtió en portavoz del esteticismo tras quedar fascinado por sus ideas mientras se hallaba en la Universidad de Oxford. Retuvo su interés el resto de su vida. Debido a su insistencia en rodearse de cosas bellas y a su ingenio aparentemente frívolo, muchos lo consideraban un cabeza hueca, pero lo cierto es que cultivaba deliberadamente estos aspectos a través de sus creencias en el esteticismo. Normalmente se considera que el movimiento concluyó poco después del juicio de Wilde, en 1895.

Entre los artistas visuales que practicaron el esteticismo figuran: James Abbott McNeill Whistler (1834-1903), Albert Moore (1841-1893), Frederic Leighton (1830-1896), Burne-Jones y William Morris (1834-1896), quienes se esforzaron por crear entornos completos y bellos que acabaron por imprimir a su obra un programa social, rayano en lo político, que cambió el modo de vivir de las personas. La Hermandad Prerrafaelita fue una precursora del esteticismo, pues los estetas se vieron influenciados por las pinturas que idealizaban la vida medieval.

Manifiesto simbolista Los simbolistas no se adhirieron a un solo enfoque formal o técnico, pero en 1886 el poeta Jean Moreas (1856-1910) publicó su manifiesto simbolista en *Le Figaro*, donde listaba sus valores, resumidos en el rechazo de los principios del naturalismo y el realismo. Moreas citaba tres poetas como principales exponentes del movimiento: Charles Baudelaire (1821-1867), Stéphane Mallarmé (1842-1898) y Paul Valéry (1871-1945). Baudelaire consideraba que las ideas y las emociones no sólo se transmitían a través de los significados de las palabras, sino también de sus sonidos y ritmo, cosa que influyó sobremanera en los simbolistas. Paul Gauguin (1848-1903) experimentó con su propia concepción del simbolismo durante la década de 1880 y comunicó sus ideas mediante el color, los patrones y el ritmo. Convencidos de que el arte europeo carecía de originalidad y de simbolismo, en su obra expresaron significados subyacentes. Otros simbolistas que crearon imágenes mitológicas y oníricas fueron Gustave Moreau (1826-1898), Pierre Puvis de Chavannes (1824-1898) y Odilon Redon (1840-1916).

Revistas simbolistas

A medida que el simbolismo se difundió por Europa surgieron varias publicaciones que aclaraban sus ideales. La mayoría expresaba la antipatía de los simbolistas hacia el naturalismo, el academicismo, el realismo, el impresionismo y la industrialización, y se mostraban entusiasmadas con sus representaciones de ideas místicas y evocadoras. Escritas con intensa convicción y fervor, estas publicaciones inspiraron a otros artistas a seguir los preceptos simbolistas.

Contradicción Resulta interesante que, pese a la oposición de sus ideas, algunos artistas etiquetados de realistas produjeran pinturas que bien podrían tildarse de simbolistas. Millet, por ejemplo, solía incluir símbolos en sus lienzos de campesinos trabajando. También Courbet parece evocar significados en algunas telas de personas corrientes. Convencidos de que el arte debería ser subjetivo y misterioso, y de que el tema debía emanar de las emociones, los sueños o las percepciones íntimas, cada simbolista creó símbolos personales, y a menudo ambiguos, que no eran ni motivos religiosos tradicionales ni otros emblemas familiares a los espectadores.

Tras surgir de las inquietudes artísticas de un reducido grupo de pintores, escultores, escritores, arquitectos y diseñadores vanguardistas, el simbolismo no tardó en consagrarse y extenderse como tendencia cultural desde Francia hasta Rusia, Gran Bretaña, Italia, España y Escandinavia. En cada uno de estos países fue adoptado por una variedad de artistas con distintos planteamientos y habilidades, si bien todos ellos compartían el concepto de oponerse a determinadas tendencias artísticas contemporáneas y a retratar mensajes.

La idea en síntesis: mensajes secretos y belleza en el arte

21 Posimpresionismo (*c.* 1880-1905)

Durante las décadas de 1880 y 1890, una serie de artistas pioneros que habían trabajado en el estilo impresionista decidió que el impresionismo era demasiado simplista y no se centraba suficiente en elementos como la estructura y la solidez de los objetos o expresar la emoción mediante el color. Cada uno de estos artistas adoptó un planteamiento y estilo propios y posteriormente pasaron a conocerse colectivamente como posimpresionistas.

La etiqueta «posimpresionismo» no se utilizó hasta 1910, después de muertos los cuatro artistas principales a quienes describía el término. Era un término paraguas y no encapsulaba su individualidad y originalidad con bastante claridad, pero ha acabado por imponerse para designar a unos artistas rompedores que produjeron una obra colorida e inventiva una vez el impresionismo contó con la aceptación popular.

Diversidad de estilos En 1910, Roger Fry (1866-1934), artista y crítico de arte británico, organizó una exposición de arte en Londres. Escaparate de obras de Manet, Cézanne, Gauguin, Vincent van Gogh (1853-1890) y Georges Seurat (1859-1891), entre otros, supuso un intento de aproximar al público británico las obras de los artistas que secundaban el impresionismo. Fry tituló la exposición «Manet y los posimpresionistas» y explicó: «Era necesario otorgar a estos artistas un nombre, para lo cual elijo, por ser el más vago y el menos comprometedor, el nombre de posimpresionismo». Y tal fue el nombre que se implantó.

Como muchas de estas categorizaciones, el nombre no dilucida gran cosa: sólo que los artistas de la exposición eran posteriores al impresionismo. Como término amplio, se aplicó a varias de las vertientes que surgieron de o a causa del impresionismo, y ha acabado

Cronología

1872
Cézanne se traslada a Pontoise para estar más cerca de Pissarro, quien le asesora sobre su técnica pictórica.

1886
Van Gogh se muda de Amberes a París, donde conoce a muchos de los impresionistas y posimpresionistas.

1888
El talismán, Paul Sérusier; *La cosecha*, Émile Bernard.

La noche estrellada

Experimentando con algunas de las técnicas aprendidas de los impresionistas, Van Gogh pintó esta vibrante escena nocturna con colores aún más luminosos y pintura de impasto, pinceladas cortas y patrones rítmicos. En el cielo se arremolinan las nubes, centellean las estrellas y refulge una luminosa luna creciente. Un pueblecito descansa tras un inmenso ciprés oscuro en primer plano. El árbol es símbolo de aislamiento y se dice que representa a Van Gogh, mientras que la aldea encarna al resto del mundo, y el cielo, con las estrellas y la luna, evoca a Dios. Posiblemente las once estrellas reflejen el pasaje bíblico en el que José narra un sueño donde vio el sol, la luna y once estrellas descender sobre él.

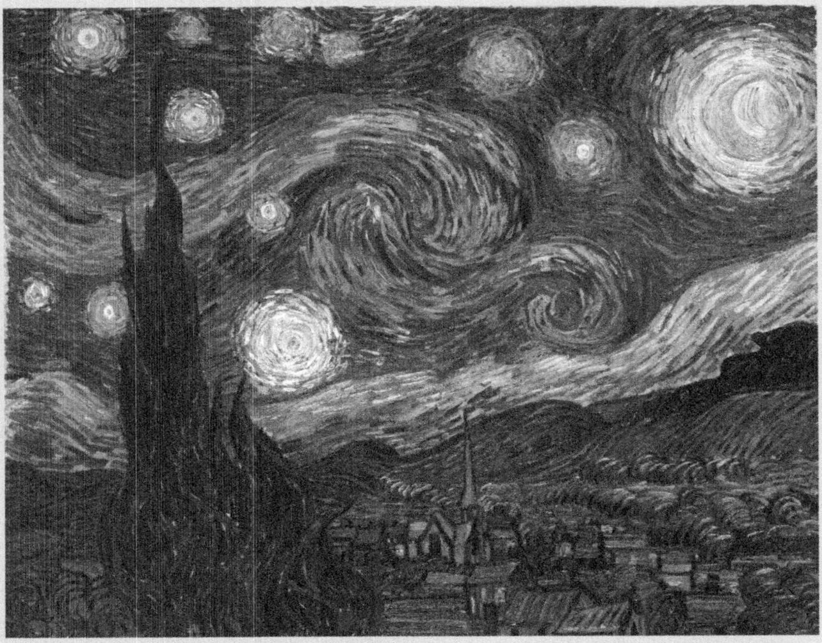

La noche estrellada, Vincent van Gogh, 1889

1889

Se celebra una pequeña muestra de arte sintético en un café de París durante la Exposición Universal, pero nadie compra una obra.

1890

Baile en el Moulin Rouge, Henri de Toulouse-Lautrec; *El pobre pescador*, Puvis de Chavannes.

1895

Bodegón con Cupido de yeso, Paul Cézanne; *El gran jardín*, Pierre Bonnard (1867-1947).

El sintetismo y los nabis

El sintetismo y los nabis fueron los dos estilos posimpresionistas. Una rama del simbolismo, el sintetismo, lo originaron Émile Bernard (1868-1941) y Gauguin. Los artistas sintéticos exploraban las emociones, a menudo empleando zonas planas de color. Algunos incluían detalles intricados, mientras que otros trabajaban con una simplicidad casi infantil. Los nabis («profetas» en hebreo) se inspiraron en el sintetismo, si bien gran parte de su obra estuvo también influida por los grabados japoneses y los diseños del art nouveau.

por referir la diversidad de estilos y planteamientos que algunos artistas aplicaron entre 1880 y 1905 aproximadamente. Entre ellos figuran Henri de Toulouse-Lautrec (1864-1901), Paul Signac (1863-1935), Émile Bernard (1868-1941) y Maurice Denis (1870-1943). Ninguno de ellos es fácilmente clasificable, de manera que el nombre se ha perpetuado como expresión general, colectiva. Varios de los artistas también se han clasificado bajo otras etiquetas, como neoimpresionismo, puntillismo, divisionismo, cloisonismo, sintetismo, los nabis y la escuela de Pont-Aven, por citar algunos de ellos.

Expresión personal Los impresionistas registraron los efectos fugaces del color y la luz que veían ante ellos. En general, pese a que las temáticas posimpresionistas solían ser similares a las de sus antecesores, abandonaron las inquietudes naturalistas de éstos y apostaron por una mayor estilización. Y por mucho que lo consideraran revolucionario y les allanara el camino para avanzar en sus propias direcciones, los posimpresionistas opinaban que, en tanto que estilo, el impresionismo había dejado de progresar. Muchos posimpresionistas utilizaron los colores puros y vívidos del impresionismo, y la mayoría de ellos continuó alejándose de las temáticas tradicionales y aplicando pinceladas cortas de colores rotos para transmitir impresión de movimiento y vitalidad. Asimilaron ideas del impresionismo, pero las modificaron por completo y crearon imágenes sumamente personales y más expresivas que cualquier arte creado hasta entonces. Su obra influyó en varias ideas artísticas nuevas de los albores del siglo XX.

Trabajar en soledad A diferencia de los impresionistas, quienes socializaban y exponían juntos, los posimpresionistas pintaban principalmente solos y no se reunían con asiduidad para debatir sus teorías. Cézanne pintó generalmente en Aix-en-Provence, en el sur de Francia; Gauguin pasó la mayor parte del tiempo entre la Bretaña y Tahití; Van Gogh vivió en Arles, en la Francia meridional, y luego en Auverssur-Oise, una población al norte de París, y Toulouse-Lautrec pintó sobre todo en Montmartre, en París. Gauguin y Van Gogh produjeron un arte que expresaba sus creencias personales y espirituales. Si bien sus composiciones y su aplicación de la pintura a menudo resulta más simplista y menos sofisticada que la pintura impresionista, su obra presentaba significados subyacentes a su aspecto superficial. Gauguin recreó los colores puros y planos, los contornos marcados y los aspectos decorativos de las vidrieras medievales y la iluminación de manuscritos, mientras que Van Gogh aplicó pinceladas curvas, coloridas, cortas y gruesas para transmitir sus ideas y emociones. Cézanne (el llamado «padre de la pintura moderna» por su enorme influencia en las generaciones venideras) estudió en la Académie Suïsse de París, donde conoció a algunos de los impresionistas. Camille Pissarro (1830-1903) le enseñó los rudimentos del impresionismo, en concreto los métodos para plasmar la luz y el color a partir de la observación directa. Cézanne participó en dos de las exposiciones de los impresionistas, si bien dejó de capturar momentos efímeros para pintar objetos desde distintas perspectivas simultáneamente, usando planos de color y pinceladas pequeñas en un intento por transmitir la idea de la estructura sólida de todo. Toulouse-Lautrec pintó e imprimió imágenes de cafeterías bohemias, burdeles y clubes nocturnos de París. Retrató lugares de mala fama y a sus empleados y visitantes con sinceridad, si bien también con empatía y conocimiento interior. Sus fluidos contornos y colores luminosos diferían por completo de cualquier imagen previa y su obra se convirtió en sinónimo de su tiempo.

«Sueño que pinto y luego pinto mi sueño.»

Vincent van Gogh

«Una obra de arte que no surge de una emoción no es arte.»

Paul Cézanne

A grandes rasgos, el arte posimpresionista se apartó del enfoque naturalista que defendió el impresionismo y se acercó a los principales movimientos artísticos de principios del siglo xx, como el cubismo y el fovismo.

La idea en síntesis: respuestas individuales al impresionismo

22 Neoimpresionismo (1886-c. 1900)

El impresionismo tuvo una influencia inmensa y duradera, si bien a finales de la década de 1880 algunos artistas comenzaron a verle las limitaciones y a plantearse su modernización y reestructuración. El escritor y crítico de arte Félix Fénéon (1861-1944) acuñó el término «neoimpresionismo» en 1886 al contemplar una pintura del nuevo estilo de Seurat en la última exposición impresionista.

Seurat fue un alumno harto convencional de la principal escuela de arte de París, la École des Beaux-Arts. Estudió arte clásico y renacentista en el Louvre y admiraba la obra de los impresionistas. Al irse formando como artista se centró en un aspecto específico del impresionismo, y concibió nuevas técnicas y planteamientos en conexión con éste. Amante de las vibrantes paletas de los impresionistas, se volcó en explotar las teorías científicas del color aún más de lo que éstos habían hecho. En general, los impresionistas utilizaban el color de manera intuitiva, confiando en la percepción de los objetos que tenían delante de ellos, aplicando distintas tonalidades y evitando con frecuencia el negro. A Seurat también le interesaba plasmar el color y la luz, pero desarrolló un método más tradicional y científico de usar el color en sus pinturas. Rechazó los efectos efímeros creados por los impresionistas y, en su lugar, concibió un método altamente formalizado y estilizado. Le influyeron en particular varios libros y artículos acerca de las teorías del color publicados en años recientes.

> **«Hay quien ve poesía en mis pinturas; yo sólo veo ciencia.»**
>
> Georges Seurat

Puntos coloreados A diferencia de muchos movimientos artísticos, el neoimpresionismo tenía un nombre positivo, inventado por Fénéon, admirador de la obra de Seurat, para describir lo que consideraba una nueva fase del impresionismo. El término alude a

Cronología

1839	1867	1884	1886
De la loi du contraste simultané des couleurs et de l'assortiment des objets colorés, M. E. Chevreul.	*Grammaire des arts du dessin*, Charles Blanc.	Se celebra el primer Salon des Indépendants en París.	En la última exposición de los impresionistas se expone *Tarde de domingo en la isla de La Grande Jatte*, de Seurat.

una técnica pictórica concreta en la que los pigmentos no se mezclan en la paleta ni en el lienzo, sino que son puntitos de color puro colocados unos junto a otros en el lienzo, hasta construir la imagen. De lejos, los ojos del espectador mezclan los colores. A principios de la década de 1880, Seurat había estudiado las teorías del color de Chevreul, Rood y Blanc y se decidió a usarlas, convencido de que conseguiría crear colores más intensos que llamaran la atención de los espectadores. La teoría del color que más lo seducía era la «ley del contraste simultáneo», según la cual los colores complementarios (opuestos en la rueda de color) se resaltan mutuamente cuando se yuxtaponen.

Teorías del color

Durante el siglo XIX, varios científicos publicaron obras divulgativas acerca de las teorías del color, efectos ópticos y nuestra percepción del color. Entre estos escritores figuraban Johann Wolfgang von Goethe (1749-1832), Charles Blanc (1813-1882), Michel Eugène Chevreul (1786-1889) y Ogden Rood (1831-1902). Estas teorías, que incluían ideas acerca de la yuxtaposición de colores, contrastes y armonías, influyeron sobremanera en los artistas y en muchos casos sirvieron de base a las técnicas neoimpresionistas.

Seurat bautizó su nueva técnica pictórica como «separación del color» o «divisionismo». También se la denomina «puntillismo», si bien Seurat rechazaba este apelativo. La idea general era que colocando colores independientes, en lugar de mezclados, la mezcla óptima natural del espectador imprimiría más vivacidad e intensidad a los colores.

Contrastes complementarios Los colores complementarios son: naranja y azul, violeta y amarillo, y rojo y verde. Al yuxtaponer estos pares, los colores se antojan más vívidos. En una carta de 1890, Seurat explicaba que su arte consistía en contrastes de claroscuros y entre colores complementarios «rojo-verde, naranja-azul, amarillo-violeta». Su método divisionista se basaba en las «reglas» de la teoría del color, en base a la cual determinaba el color de cada pincelada de sus lienzos (a menudo miles de puntos diminutos).

1887 *La cosecha,* Charles Angrand.

1890 *Retrato de Félix Fénéon,* Paul Signac; *Cipreses en Cagnes,* Henri-Edmond Cross; *El huerto en Éragny,* Camille Pissarro.

1892 *Escena costera,* Théo van Rysselberghe (1862-1926).

1894 *Abril, Epping,* Lucien Pissarro.

Las modelos

He aquí la tercera gran pintura que Seurat expuso y su segunda obra completamente divisionista o neoimpresionista. Como casi todas sus obras, se trata de un lienzo de grandes dimensiones, cosa que recalca la pequeñez de los puntos y el meticuloso proceso de creación de la pintura. Disponía los puntos de cada tonalidad hasta componer la imagen final multicolor. El lienzo muestra una modelo en tres poses, desnudándose, posando y vistiéndose en el estudio del artista ante su obra *La Grande Jatte*, apoyada en la pared. Probablemente Seurat pretendiera mostrar que un tema tradicional podía someterse a su técnica tanto como cualquier materia impresionista. Diseminados por el suelo hay elementos de *La Grande Jatte*, incluidos sombreros, zapatos, parasoles y un cesto con flores.

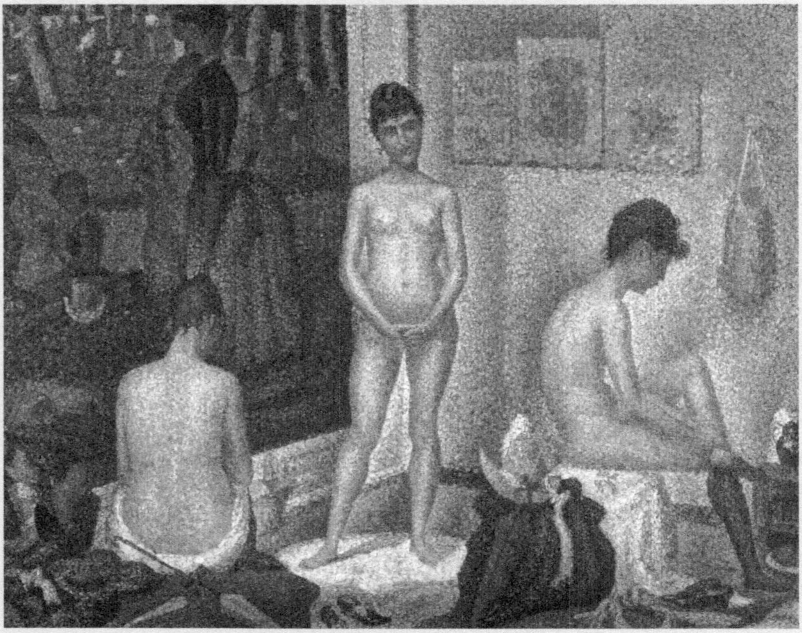

Las modelos, Georges Seurat, 1888, óleo sobre lienzo

El inmenso lienzo de Seurat *Tarde de domingo en la isla de la Grande Jatte* (1884-1886) es la segunda obra que expuso y se considera la primera obra maestra del divisionismo. Fue la obra que inspiró a Fénéon el nombre del movimiento. Expuesta por vez primera en la última muestra impresionista de 1886 en París, *La Grande Jatte* fue vilipendiada con severidad. Más polémico aún que el impresionismo en sus albores, el divisionismo se consideraba a todas luces mecánico y contrario a las nociones comúnmente aceptadas del arte. La escena urbana moderna se asemejaba a muchos cuadros impresionistas, pero, en lugar de transmitir sus efectos efímeros, Seurat buscó captar algo más significativo.

La influencia del neoimpresionismo En el primer Salon des Indépendants de 1884 (una exposición anual establecida como alternativa al Salón gubernamental oficial), Seurat conoció a Paul Signac (1863-1935), quien se sintió inmediatamente inspirado por los métodos y las teorías del color. También él empezó a experimentar con el método divisionista de pintura, si bien sus marcas siempre fueron menos sutiles, más vagas y dispersas que los diminutos puntos de Seurat, y sus lienzos se antojaban incluso más luminosos. Signac, muy prolífico, pintó sus motivos preferidos: paisajes mediterráneos con la costa, el mar y barcos. Tras la prematura muerte de Seurat en 1891, Signac se hizo con el liderazgo del neoimpresionismo, movimiento al que se mantuvo fiel durante toda su carrera. Ejerció una honda influencia en generaciones futuras de artistas, incluidos Henri Matisse (1869-1954) y André Derain (1880-1954). Otros pintores neoimpresionistas también expusieron en el Salon des Indépendants, entre ellos Albert Dubois-Pillet (1846-1890), Charles Angrand (1856-1926) y Henri-Edmond Cross (1856-1910). Desde el principio, Pissarro y su hijo Lucien (1863-1944) se sintieron seducidos por el neoimpresionismo y durante varios años pintaron usando la técnica divisionista, si bien aplicaban pinceladas diminutas en lugar de puntos. Camille Pissarro retornaría posteriormente a un estilo más impresionista. En 1886, cuando Van Gogh llegó a París, también quedó fascinado por las teorías y algunas obras del método. El neoimpresionismo fue un movimiento efímero, pasajero, pero su influencia fue capital para la evolución del arte del siglo xx.

«El pintor anarquista no es aquel que crea pinturas anarquistas, sino el que lucha con su individualidad contra las convenciones oficiales.»

Paul Signac

La idea en síntesis: teorías del color científicas aplicadas a la pintura

23 Art nouveau y secesionismo (1890-1905)

Justo antes de empezar el siglo XX, una enérgica generación de artistas y diseñadores se dispuso a crear un estilo moderno e internacional. En muchos sentidos, ese movimiento surgió en respuesta a la revolución industrial. Pese a tener similitudes fundamentales, a medida que el art nouveau fue difundiéndose por el planeta fue interpretado de modo distinto en cada país.

A partir de 1890 fraguó la idea de que un estilo completamente nuevo de arte y diseño debía anunciar el nuevo milenio. En todo el mundo, artistas y diseñadores o bien asimilaban los nuevos descubrimientos, materiales y tecnologías o bien rechazaban los artículos mecánicos y se resguardaban en el pasado. El resultado fue el art nouveau, una combinación de una amplia gama de imágenes e ideas contradictorias expresadas por distintos profesionales alrededor del mundo. El movimiento del art nouveau buscaba crear un arte que fuera algo más que objetos que contemplar en las paredes de una galería, lo cual lo indujo a derribar las barreras entre el arte y la artesanía.

Líneas sinuosas La mayoría de los artistas y diseñadores art nouveau abogaba con pasión por elevar las artes decorativas a la categoría de bellas artes y prescindir de las ideas más retrospectivas y conservadoras del arte y el diseño. El estilo simplificaba los múltiples estilos victorianos ornamentados y sobrecargados que abundaban. Estuvo influido por el simbolismo, así como por el arte celta y japonés. En tanto que movimiento influyente y de gran espectro, tuvo un profundo efecto en el diseño y el arte del siglo XX, si bien el movimiento se dio por concluido hacia 1905. Ya se interpretara

Cronología

1874	1882	1883	1889
Se celebra la primera exposición impresionista en París.	Antoni Gaudí inicia la Sagrada Familia en Barcelona.	Heygate Mackmurdo diseña la portada del libro de Wren *Iglesias urbanas*; construcción del primer rascacielos en Chicago.	Se construye la Torre Eiffel para la Feria Mundial de París.

como arte o como diseño, se caracterizó por formas muy estilizadas, curvas, planas, sinuosas y asimétricas, formas orgánicas y patrones decorativos rítmicos. La figura femenina, animales y plantas eran motivos recurrentes, a menudo concentrados en flores, hojas, zarcillos, cabellos al viento o plumas. Los materiales también eran modernos y nuevos; se usó vidrio, peltre, hierro y plata, y colores tenues y apagados o bien llamativos y vivos, al estilo de los grabados japoneses.

«La vida son las hojas que dan forma y nutren a una planta, pero el arte es la flor que encarna su significado.»

Charles Rennie Mackintosh

Secesionismo En Austria, los artistas de la secesión vienesa practicaron una forma peculiar de art nouveau que pasó a conocerse como Sezessionstil («estilo de la secesión»). El movimiento englobaba pintores, escultores y arquitectos. Lo fundaron el 3 de abril de 1897 los artistas Gustav Klimt (1862-1918), Koloman Moser (1868-1918), Josef Hoffmann (1870-1956) y Joseph Maria Olbrich (1867-1908), entre otros. Klimt fue el primer presidente de la secesión. Los secesionistas se oponían al conservadurismo rígido y anticuado de la Künstlerhaus, el edificio de exposiciones oficial de Viena y pretendían presentar la obra de artistas más progresistas. Los secesionistas vieneses no tenían un estilo ni un enfoque artístico coherente. Su principal inquietud era explorar las posibilidades del arte fuera de las limitaciones de las convenciones académicas. Anhelaban crear un estilo completamente nuevo. Sobre la entrada del edificio de la secesión hicieron grabar la frase: «A cada era su arte y al

Nombres diversos

El nombre «art nouveau» deriva de la Maison de l'Art Nouveau, una tienda de diseño de interiores inaugurada en París en 1896 con el fin de promocionar el arte moderno. El estilo se dio a conocer en los distintos países con nombres diversos. En Alemania se lo llamó Jugendstil, en honor a una revista homónima. En Italia se lo conoció como Stile Liberty, por un comercio londinense propiedad de Arthur Lasenby Liberty, o Floreale. En España se bautizó como modernismo. En Francia fue el estilo moderno (o estilo fideo) y en Austria, el Sezessionstil.

1894 *Gismonda*, Alphonse Mucha; *La falda de pavo real*, Aubrey Beardsley.

1896 C. R. Mackintosh empieza a diseñar las Willow Tearooms en Glasgow; *La ilustración decorativa de los libros*, W. Crane.

1902 *El friso de Beethoven*, Gustav Klimt.

1905 Louis Comfort Tiffany crea 11 vidrieras para la Brown Memorial Presbyterian Church de Baltimore.

Las tres edades de la mujer

También conocido como *Madre e hija*, éste fue el primer óleo de grandes dimensiones de Klimt y representa los tres estadios principales en la vida de una mujer: la infancia, la maternidad y la vejez.

Al estilo del secesionismo y el art nouveau, Klimt alargaba las figuras, si bien las contenía dentro de contornos fluidos y ondulantes y efectos decorativos. La imagen es una pintura artística, pero, con sus estampados, curvas, colores y texturas, también se adentra en el terreno del diseño. La influencia del simbolismo es evidente. Klimt declaró: «Quien quiera saber algo de mí como artista, lo único en lo que destaco, no tiene más que mirar mis cuadros e intentar ver en ellos quién soy y qué pretendo hacer».

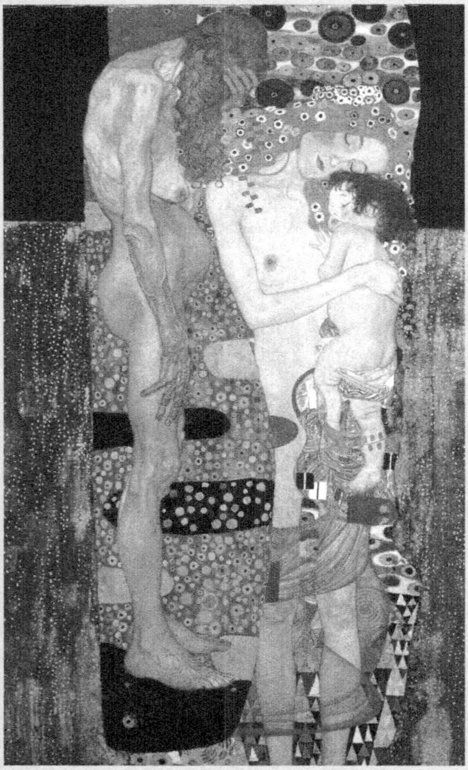

Las tres edades de la mujer, Gustav Klimt, 1905, óleo sobre lienzo

arte su libertad» y abogaron por sus ideas en una revista titulada *Ver Sacrum* e ilustrada en el estilo altamente decorativo del secesionismo.

Movimiento internacional A modo de reacción al arte académico del siglo XIX, las formas orgánicas, florales y fluidas del art nouveau aparecieron por doquier, ya en las bellas artes ya en mobiliario, arquitectura y joyería, en un intento por convertir el arte en parte de la vida cotidiana. En sus albores, el movimiento estuvo fuertemente influido por los artistas Arthur Heygate Mackmurdo (1851-1942) y Alphonse Mucha (1860-1939). En 1883, el diseño de la portada del libro de Christopher Wren, *Iglesias urbanas*, obra de Mackmurdo, causó sensación. Era asimétrico, curvilíneo y diferente. En 1894, Mucha diseñó en París un póster promocional de la

«Buscamos un vocabulario vernáculo para el arte. No un mero acuerdo formal o verbal, ni un nivel inerte de uniformidad, sino esa unidad general y armonizadora con variedad individual que puede engendrarse entre personas política y socialmente libres.»

Walter Crane

obra *Gismonda*, protagonizada por Sarah Bernhardt. El diseño alargado y fluido generó un mayor entusiasmo aún por el nuevo estilo artístico. Durante un tiempo, se lo denominó «estilo Muchae», como homenaje a la concepción del artista. Después de aquello, la mayor parte del art nouveau se produjo a lo ancho y largo de Europa y su influencia acabó por dominar todo el planeta. Entre sus exponentes figuran: Klimt y Mucha; los ilustradores Aubrey Beardsley (1872-1898) y Walter Crane (1845-1915); los arquitectos Henry van de Velde (1863-1957), Victor Horta (1861-1947), Antoni Gaudí (1852-1926), Hector Guimard (1867-1942), Louis Sullivan (1856-1924) y el arquitecto, diseñador y artista Charles Rennie Mackintosh (1868-1928); el diseñador de joyas René Lalique (1860-1945), y los diseñadores de cristalería Louis Comfort Tiffany (1848-1933) y Émile Gallé (1846-1904). Estos artistas y diseñadores procedían de varios países y cada uno fue original en su interpretación y aplicación de las ideas del art nouveau. Todos los medios de expresión podían someterse al «tratamiento» del art nouveau, fuera un póster, una joya, un edificio o una escultura.

Sociedad moderna El art nouveau fue algo más que un estilo. Fue un modo de pensar la sociedad moderna y los nuevos métodos de producción y un intento de redefinir la implicación de la obra de arte. La idea de que un estilo artístico podía ampararlo todo, desde los objetos cotidianos hasta los edificios y las bellas artes, era novedosa. Y continuó influyendo en diversos movimientos de arte y diseño del siglo XX.

La idea en síntesis: fusión de las bellas artes y las artesanías con estilos nuevos y simplificados

24 Fovismo (1900-1920)

El fovismo fue el primer gran movimiento de arte vanguardista de la Europa del siglo xx. Se caracterizó por pinturas que no intentaban recrear la realidad, sino que hacían uso de colores intensos y vívidos, de pinceladas libres, líneas quebradas y composiciones deslavazadas. Fue un movimiento efímero y jamás se organizó formalmente, pero ejerció una gran influencia en el arte y diseño de todo el siglo xx.

El fovismo surgió en París a comienzos del siglo xx. Fue un estilo expresivo surgido cuando los grandes avances tecnológicos, como el automóvil, la radio o la disponibilidad general de la electricidad, transformaban la sociedad rápidamente. En muchos aspectos, derivaba de la obra de Van Gogh, Cézanne y Gauguin. Como los posimpresionistas, los fovistas rechazaban la objetividad y las pinceladas delicadas del impresionismo y creaban un arte más emotivo y expresivo.

Fieras salvajes Pese a que algunos artistas dieron continuidad al estilo y el planteamiento del fovismo durante un decenio, en tanto que movimiento éste sólo duró tres años y los artistas que englobó sólo realizaron tres exposiciones juntos. Se los conocía como los «fauves» y eran: Henri Matisse (1869-1954), André Derain (1880-1954), Maurice de Vlaminck (1876-1958), Georges Braque (1882-1963), Georges Rouault (1871-1958), Albert Marquet (1875-1947) y Raoul Dufy (1877-1953). Se les asignó dicho nombre en 1905 cuando todos ellos expusieron en el relativamente reciente Salon d'Automne, en París. Como había ocurrido con los impresionistas, el nombre se lo puso un crítico que visitó la exposición en tono burlesco. En la galería donde se celebró la muestra había una escultura de estilo renacentista. Louis Vauxcelles (1887-1945) la señaló y exclamó: «Donatello au milieu des fau-

Cronología

1900
Se inaugura la Feria Mundial de París, que atrae a 50 millones de visitantes.

1901
Se celebra en París una exposición retrospectiva de la obra de Van Gogh.

1903
Se celebra el primer Salon d'Automne, que acoge una retrospectiva de la obra de Gauguin.

ves!» («¡Donatello entre fieras salvajes!»). Vauxcelles desdeñaba las pinceladas vigorosas de los artistas, la ausencia de tono y el uso extravagante y poco naturalista del color tildándolos de ridículos, irreflexivos y carentes de habilidades.

«Yo no pinto literalmente una mesa, sino la emoción que me transmite.»

Henri Matisse

Color Entre 1901 y 1906 se celebraron varias exposiciones retrospectivas en París donde se expuso la obra, entre otros, de Gauguin, Van Gogh y Cézanne. Fue la primera vez que se mostraban tantas pinturas de Gauguin y Cézanne al público. Enardecidos por las ideas radicales que contemplaban, muchos artistas se inspiraron a experimentar por ellos mismos. A partir de 1897, Matisse estudió arte con un pintor impresionista, John Peter Russell (1858-1930). Russell le explicó la teoría del color y Matisse empezó a trabajar con una paleta luminosa. Russell también había sido amigo íntimo de Van Gogh y regaló a Matisse un dibujo del holandés. Después de aquello, el uso de colores vibrantes y de pinceladas expresivas pasó a ser característico de las obras de Matisse, quien dejó de intentar imitar la naturaleza. Asimismo, estudió los colores de las alfombras orientales y los paisajes del norte de África.

Rechazo de la tradición Los fovistas distorsionaban las formas y elegían sus colores y pinceladas por sus cualidades emotivas. Rechazaban la tradición de pintar ilusiones de perspectiva, profundidad, tono y textura, y en su lugar realzaban la llaneza de los lienzos. El color no se usaba con fines descriptivos, sino para transmitir sensaciones o impresiones, como la alegría o la calidez de la luz del sol. Su obra parecía chillona, sus métodos forzados o descuidados y sus temáticas eran desnudos tradicionales, paisajes y bodegones. El color era lo

Matisse y Moreau

En 1892, Matisse se matriculó en la École des Beaux-Arts de París, donde fue alumno del pintor simbolista Gustave Moreau, también maestro de Marquet y Rouault. Moureau alentó a sus discípulos a descubrir sus propias preferencias artísticas en lugar de seguir la tradición. La abertura de mente, originalidad y creencia en el poder expresivo del color de Moreau eran rasgos innovadores e inusitados a la sazón. A Matisse le recomendó: «Piensa en el color. Aprende a imaginarlo».

1904	1905	1906	1907
Lujo, calma y voluptuosidad, Matisse; exposición «Los franceses primitivos».	*Ventana abierta* o *Interior en Collioure*, Henri Matisse; *Árboles en Collioure*, André Derain.	*Puerto de Londres*, André Derain; *Mujer con sombrero*, Kees van Dongen.	*Barcas de pesca*, A. Marquet; *Jeanne entre flores*, R. Dufy; exposición retrospectiva de la obra de Cézanne.

Samuel John Peploe

Inspirada por Matisse, esta pintura de estilo naíf presenta un aspecto infantil y de aficionado, con sus colores estridentes y sus pinceladas simples. El resultado es una imagen alegre y animada que no intenta emular la realidad.

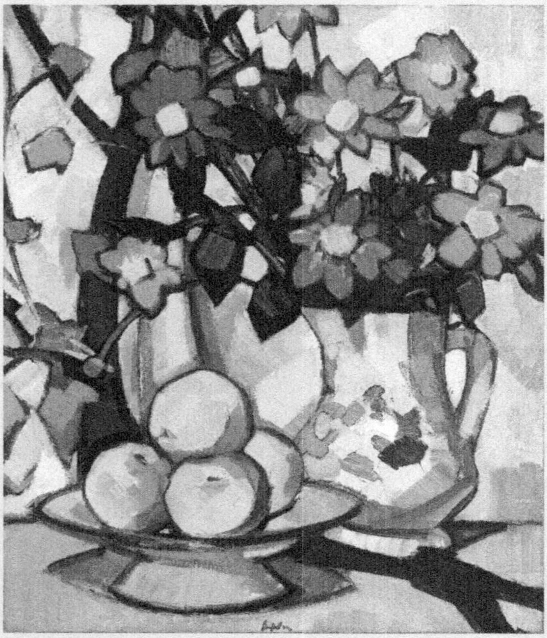

Bodegón de dalias y fruta, Samuel John Peploe, *c.* 1910-1912, óleo sobre lienzo

Peploe se clasificó como colorista escocés, no fovista, pero su planteamiento era similar al de los «fauves» y, como ellos, el color era el aspecto más importante de su obra. Las teorías del color fueron tan esenciales para él como para los «fauves»; la mayoría de ellos yuxtaponía colores contrastantes para realzarlos, aplicaba colores discordantes *ex profeso* y utilizaba patrones para enfatizar las distintas tonalidades.

primordial. De manera que, con sus colores llamativos y su aplicación enérgica de la pintura, el fovismo representó un desarrollo natural del posimpresionismo, pero también una reacción contra el neoimpresionismo, el cual, en opinión de los fovistas, lo trataba todo de manera uniforme y con una espontaneidad restringida. Matisse declaró: «El fovismo me desembarazó de la tiranía del divisionismo».

Ridículo y escarnio Durante su evolución, el fovismo fue objeto de un escarnio y ridículo sin parangón. Con sus colores llamativos, su costumbre de estrujar los tubos de pintura directamente sobre los lienzos y evitar pintar de manera realista, los espectadores contemporáneos no entendían qué pretendían los artistas y por qué distorsionaban la realidad con tal violencia. Se los acusaba de

«No hacen falta años de preparación para que el joven artista toque el color, pues el color no debe usarse descriptivamente, sino como medio de expresión personal.»

Henri Matisse

no saber pintar bien y, por ende, de no ser artistas «de verdad», sino meramente un grupo de personas sin talento que querían pasar por artistas. Sin embargo, entre los jóvenes pintores vanguardistas el estilo gozó de popularidad y otros de ellos expusieron con los «fauves» en las dos muestras que siguieron al Salon d'Automne de 1905, incluidos Kees van Dongen (1877-1968) y Othon Friesz (1879-1949). Los artistas conocidos como los «fauves» desarrollaron modos similares de plasmar temas, explorando el color y aplicando pintura, si bien no acataron ninguna doctrina cohesionadora. Gran parte de la obra se asemejaba a los elementos naíf del arte anterior. Probablemente se inspirara en una exposición celebrada en 1904 en París y titulada «Los franceses primitivos», la cual incluía arte anterior al Renacimiento. Muchos de los artistas más jóvenes quedaron asombrados por la frescura y aparente sinceridad de la obra. Otro interés que influyó claramente en su estilo simplista fue la escultura africana, que tanto Vlaminck como Derain y Matisse coleccionaban.

Los «fauves» disfrutaron de un mayor éxito entre 1905 y 1907. Después de entonces empezaron a distanciarse y tomaron caminos distintos. Matisse continuó explorando las posibilidades del fovismo varios años más, mientras que el resto de los artistas se enfrascaron en ideas nuevas.

La idea en síntesis: usar colores vivos para expresar emociones

25 Expresionismo (*c.* 1890-1934)

Con sus vibrantes paletas y sus pinceladas expresivas, Van Gogh, Gauguin y los «fauves» allanaron el terreno para el expresionismo. Surgido en Alemania a principios del siglo XX motivado por el descontento general, el expresionismo consistió en plasmar representaciones potentes, cándidas e individuales de los puntos de vista personales de los artistas. Fue un movimiento completamente subjetivo sin un estilo único.

Se cree que el término «expresionismo» lo acuñó el historiador de arte checo Antonín Matějcěk (1889-1950) en 1910, cuando describió un nuevo estilo artístico que se antojaba el opuesto al impresionismo. Para Matějcěk, los expresionistas buscaban plasmar sus sentimientos más íntimos, en lugar de las apariencias externas e imparciales de los impresionistas. Dos años más tarde, 1912, el escritor y editor Herwarth Walden (1879-1941) volvió a emplear este término en su revista *Der Sturm* («La tormenta»).

Ambientes y sensaciones El término «expresionismo» se utilizó para describir las sensaciones, los sentimientos y las ideas que algunos artistas transmitían a través de imágenes vívidas, crudas, intensas y distorsionadas. La obra de arte devino subjetiva y personal, en lugar de objetiva y ajena. Los artistas trabajaban con colores arbitrarios y composiciones discordantes, pues no intentaban reflejar la vida tal como era ni crear impresiones estéticamente complacientes, sino captar emociones a través de colores potentes y composiciones dinámicas. Como muchos movimientos artísticos, el expresionismo nunca fue un grupo unificado y muchos artistas calificados como expresionistas no se conocían ni aceptaban tal etiqueta.

El arte expresionista emergió de manera más o menos simultánea en Alemania a medida que la sociedad fue sintiéndose cada vez

Cronología

1890 El káiser Guillermo II destituye a su canciller Bismarck y pone freno a todos los tratados de éste, cosa que conducirá al estallido de la primera guerra mundial.

1893 *El grito*, Edvard Munch.

1905 Se forma Die Brücke.

1909 Un grupo de artistas vanguardistas funda en Múnich la Neue Kunstler Vereiningung o Nueva Asociación de Artistas más incómoda y ansiosa ante el mundo moderno. Los expresionistas reaccionaban asimismo contra el arte tradicional, al tiempo que apoyaban movimientos como el simbolismo y a artistas como Van Gogh, Edvard Munch (1863-1944) y James Ensor (1860-1949). En su mayoría ansiaban afectar a los espectadores con las imperiosas emociones que plasmaban, en lugar de impresionarlos con sus habilidades técnicas.

«Cuanto más temible se torna el mundo, más abstracto se vuelve el arte.»

Vassily Kandinsky

Die Brücke Existieron varios colectivos expresionistas. En 1905 en Dresde, cuatro artistas alemanes encabezados por Ernst Ludwig Kirchner (1880-1938) formaron Die Brücke («el Puente»). Junto con Max Pechstein (1881-1955), Kees van Dongen (1887-1968), Emile Nolde (1867-1956), Karl Schmidt-Rottluff (1884-1976) y Erich Heckel (1883-1970), los artistas de Die Brücke buscaban desafiar y confrontar los estilos artísticos aceptados tradicionalmente, que a la sazón eran el impresionismo y el posimpresionismo. Estos artistas consideraban que su obra serviría como puente entre el arte anterior y el moderno. En 1906 celebraron su primera exposición y publicaron un manifiesto del grupo. La mayoría de ellos pintaba de un modo intencionadamente simplificado y no refinado, y desarrolló un estilo que distorsionaba los temas y colores de manera significativa, realzando o exagerando determinados elementos. A menudo pintaron imágenes de la ciudad moderna para transmitir lo que consideraban un mundo cada vez más agresivo e intimidatorio. Nolde estuvo brevemente vinculado a Die Brücke, pero fue

El grito

El artista noruego Edvard Munch fue una inspiración para el expresionismo. En 1893 produjo grabados y una pintura, *El grito,* que retrata a una figura agonizando recortada contra un cielo rojo. Al fondo se distingue Kristiania (actual Oslo), en Noruega. Munch pintó la obra tras escribir el siguiente recuerdo: «Caminaba por un sendero con dos amigos un atardecer y, de súbito, el sol se puso y el cielo se tornó rojo sangre. Hice un alto en el camino, exhausto, y me apoyé en una valla. Había sangre y lenguas de fuego sobre el fiordo azul negruzco y la ciudad. Mis amigos continuaron caminando. Yo me quedé allí, temblando de ansiedad. Noté un grito infinito atravesando la naturaleza».

1911	1912	1913	1914	1916
Se forma Der Blaue Reiter.	*Casas en la noche,* Karl Schmidt-Rottluff.	*Improvisación soñada,* V. Kandinsky; *Escena de una calle de Berlín,* E. L. Kirchner; *Mujer con chaqueta verde,* A. Macke.	*Motivo de Hammamet,* Paul Klee; *Formas en lucha,* Franz Marc.	*Suicidio,* George Grosz; *Canción,* Alexej von Jawlensky.

> **«Un pintor pinta la apariencia de las cosas, no su corrección objetiva; de hecho, crea nuevas apariencias de las cosas.»**
>
> **Ernst Ludwig Kirchner**

más conocido como expresionista que trabajaba solo. Los artistas de Die Brücke también estaban influidos por el primitivismo (el arte de países como África y Oceanía, que consideraban directo, sincero y natural). En la sombra de la primera guerra mundial, la vida moderna se les antojaba insoportable y las personas egoístas, codiciosas y crueles, y señalándolo gráficamente pensaban poder cambiar la sociedad a mejor. La mayoría de los artistas de Die Brücke emigró a Berlín entre 1910 y 1914.

Der Blaue Reiter En 1911 se formó en Múnich otro grupo de artistas, Der Blaue Reiter («el Jinete Azul»). Entre sus integrantes figuraban Vassily Kandinsky (1866-1944), Franz Marc (1880-1916), Paul Klee (1879-1940), Alexej von Jawlensky (1864-1941) y Auguste Macke (1887-1949). Dispuestos a revelar verdades espirituales, su nombre procedía de un lienzo de Kandinsky homónimo de

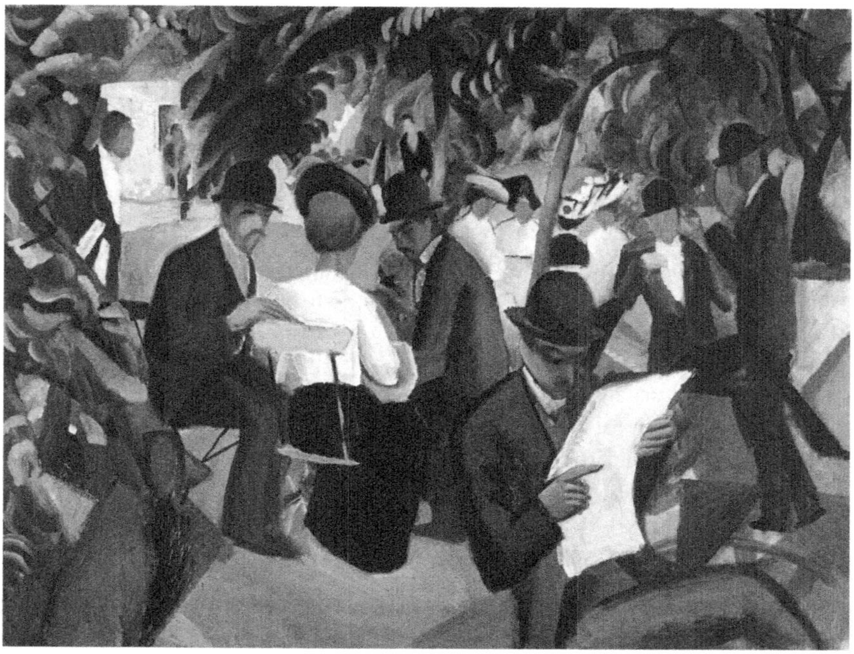

Restaurante del parque, Auguste Macke, 1912, óleo sobre lienzo

1903. Tanto Kandinsky como Marc adoraban la potencia y la belleza de los caballos y creían en el significado místico del color azul. Sus fuentes de inspiración fueron Van Gogh, Gauguin, Munch y el arte primitivo, y creían que su arte podía restaurar un significado más hondo a las vidas de las personas. Kandinsky confesó querer establecer «una nueva relación con la naturaleza». A pesar de que Der Blaue Reiter fue menos formal que Die Brücke y jamás publicó un manifiesto, en 1912, Marc y Kandinsky editaron una colección de sus ensayos sobre el arte. En tanto que cabecilla del grupo, Kandinsky creía que los colores y las formas simples tienen el poder de comunicar sensaciones y ambientes, lo cual convierte el tema pictórico en algo superfluo. De ahí que él fuera uno de los primeros artistas en producir obras abstractas. Los miembros de Der Blaue Reiter pintaron imágenes simples, llenas de vida y color con las que plasmaron sus sentimientos y críticas al mundo moderno. Al estallar la primera guerra mundial en 1914, Marc y Macke fueron reclutados por el ejército alemán y cayeron abatidos poco después; los miembros rusos del grupo (Kandinsky, Von Jawlensky y otros) tuvieron que regresar a sus hogares. Der Blaue Reiter se disolvió de inmediato.

Nietzsche

El expresionismo se ha vinculado a la escritura del filósofo alemán Friedrich Nietzsche (1844-1900). En *El nacimiento de la tragedia* (1872), Nietzsche diferenciaba entre dos tipos de experiencia visual: la apolínea y la dionisíaca. Lo apolíneo representa el orden y los ideales sopesados, mientras que lo dionisíaco simboliza características más individuales basadas en el caos y las emociones intensas, en lugar de en el pensamiento racional. Con sus colores atrevidos e imágenes distorsionadas y apasionadas, los expresionistas eran dionisíacos.

Otros expresionistas alemanes notables que trabajaron mayormente de manera independiente expresando sus propias e imponentes emociones, sobre todo los horrores de la guerra, fueron: Otto Dix (1891-1969), Lionel Feininger (1871-1956), George Grosz (1893-1959) y Max Beckmann (1814-1950). Hubo también artistas coetáneos en otros países, como Georges Rouault (1871-1958) en Francia y Oskar Kokoschka (1886-1980) y Egon Schiele (1890-1918) en Austria.

La idea en síntesis: el arte expresa la angustia interior

26 Cubismo (1907-1914)

El cubismo, uno de los estilos artísticos más influyentes del siglo XX, lo crearon Pablo Picasso (1881-1973) y Georges Braque (véase Fovismo) a principios del siglo XX en Francia. Se inició en 1907 cuando Picasso desveló su lienzo *Les Demoiselles d'Avignon*, influido por la cultura africana primitiva y española y las ideas innovadoras de Cézanne.

Les Demoiselles d'Avignon se ha calificado como la primera pintura moderna. Compuesto por cinco figuras femeninas distorsionadas, con rostros como máscaras y cuerpos planos y angulosos, junto con un bodegón de frutas que parece precipitarse fuera del lienzo, sintetizaba la influencia de varios estilos artísticos. Para Picasso, como para tantos otros artistas, la retrospectiva de Cézanne de 1907 supuso una gran influencia. Recientemente había descubierto el arte primitivo de África, Egipto e Iberia. Al distorsionar las formas de su lienzo, y con un uso predominante de rosas y azules (acababa de emerger de sus períodos azul y rosa), el cuadro resultaba desconcertante e inesperado. Cézanne había buscado estructuras subyacentes en todas sus creaciones, en ocasiones pintando objetos desde distintos puntos de vista simultáneamente para representarlos por completo en lienzos planos. Arte primitivo simplificado y a menudo formas distorsionadas. Picasso, incorporando tales ideas y realzando la bidimensionalidad del lienzo, fragmentó y fracturó sus figuras, pintó aspectos de ellas desde diferentes ángulos, plasmó lo que sabemos que vemos y no sólo lo que captan nuestros ojos y desmontó la sensación espa-

> **«La pintura es un clavo al que agarro mis ideas.»**
>
> **Georges Braque**

Cronología

1907
Les Demoiselles d'Avignon, Pablo Picasso.

1908
Casas en L'Estaque, de Georges Braque, se expone con otras obras del artista en la galería de Daniel-Henri Kahnweiler de París.

1910-1911
Retrato de Ambroise Vollard, P. Picasso; *La Torre Eiffel*, R. Delaunay; *Retrato de Madame Metzinger*, J. Metzinger.

cial. El tema de *Les Demoiselles* se basaba de un recuerdo personal de un burdel en Barcelona y el cuadro estimuló el desarrollo del cubismo.

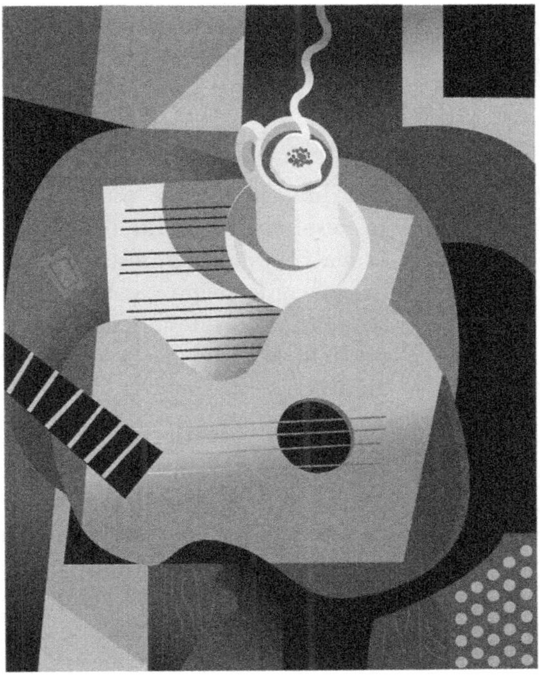

Moca cubista, Eli Adams. Esta obra se inspiró en el cubismo

Cubismo analítico Tras contemplar *Les Demoiselles d'Avignon* por vez primera, Braque dejó de intentar retratar la profundidad, como Cézanne y Picasso, y en su lugar pintó objetos desde varios puntos de vista sobre un único lienzo. Al poco, Braque y Picasso empezaron a colaborar y, cuando el primero expuso algunos de sus paisajes nuevos en una muestra de París en 1908, Matisse describió uno de ellos al crítico de arte Vauxcelles (quien había dado nombre a los «fauves»). Matisse realizó un esbozo rápido, demostrando que el paisaje de Braque estaba «compuesto de cubos pequeños». A partir de entonces, Vauxcelles habló de «cubismo». Y aunque tal nombre desmerece la intensidad con la que los cubistas analizaban sus temas, se impuso.

Braque y Picasso colaboraron desde 1908 hasta el estallido de la primera guerra mundial en 1914. Rechazaban la idea de que el arte debía emular el aspecto de las cosas y el uso de la perspectiva y los contrastes tonales para conferir un aspecto tridimensional a sus obras. En su lugar, aplanaron las formas al tiempo que usaban líneas y ángulos para ilustrar la estructura de cada objeto. Al astillar, superponer y yuxtaponer objetos y pintarlos desde ángulos distintos, creyeron poder mostrar sus temas mejor que con imáge-

1912

Retrato de Picasso, J. Gris; *El portugués,* G. Braque; *Catedral,* A. Gleizes; Gleizes y Metzinger publican su libro *Du Cubisme.*

1913

Contrastes simultáneos, Sonia Delaunay.

1914

La Sortie des Ballets Russes, Fernand Léger; *El caballo,* Raymond Duchamp-Villon; *Gondolero,* Alexander Archipenko; primera guerra mundial.

«Una cabeza tiene unos ojos, una nariz y una boca, que pueden distribuirse como se quiera. Sigue siendo una cabeza.»

Pablo Picasso

nes direccionales de estilo fotográfico. Puesto que estas pinturas resultaban más difíciles de descifrar que los cuadros normales, la mayoría de los cubistas optó por paletas limitadas a tonos de marrón, gris, negro y colores neutros. El hecho de que analizaran sus temas con tal meticulosidad y no intentaran reproducir el aspecto de la realidad hizo que esta fase se conociera como cubismo analítico.

Cubismo sintético Durante el invierno de 1912 a 1913, Picasso y Braque empezaron a crear *papiers collés*, un método de pegar recortes de papel coloreados o impresos en sus lienzos. Cada recorte representaba un objeto concreto, ya fuera porque estaba recortado con la forma de éste o porque incluía una pista de qué representaba. Paralelamente comenzaron a usar otros materiales para aludir a objetos distintos, como urdimbre de asientos de sillas. Esta fase se conoció como cubismo sintético. Por primera vez en la historia, el arte incluía texturas diferentes a modo de collage. Puesto que las imágenes estaban tan fragmentadas y quebradas, los artistas añadían «pistas» para ayudar a los espectadores a interpretarlas, como por ejemplo letras y números, o imitación de fibra de madera, una idea concebida por Braque, que anteriormente había trabajado como pintor de brocha gorda.

Contenido cubista

A medida que la pintura cubista se tornó más abstracta, Picasso, Braque, Léger, Gris y otros cubistas continuaron retratando objetos cotidianos y reconocibles. Picasso y Braque redujeron sus paletas hasta usar sólo tonos neutrales para resaltar las líneas y los colores. La obra de Gris y Léger fue más angulosa y lisa, mientras que Braque y Picasso incorporaron texturas y efectos para dotar la suya de un aspecto casi escultórico al tiempo que realzaban la lisura del lienzo. Todo ello demuestra que el cubismo no fue un logro alcanzado, sino que los artistas libraron una batalla constante por romper con el pasado y crear un arte completamente nuevo y moderno.

Si bien fueron Picasso y Braque quienes iniciaron el cubismo con su colaboración, otros artistas se sumaron y desarrollaron el movimiento, incluidos entre ellos: Fernand Léger (1881-1955), Juan Gris (1887-1927), Albert Gleizes (1881-1953) y Jean Metzinger (1883-1956). Los temas cubistas eran principalmente objetivos y solían incluir bodegones y retratos. En los bodegones solían aparecer instrumentos musicales, botellas, jarras, diarios y naipes. Durante el primer par de años, el cubismo fue principalmente pictórico, si bien en torno a 1910 algunos escultores empezaron a esculpir obras cubistas que exigían contemplarlas desde todos los ángulos para entenderlas en su globalidad. Los principales escultores cubistas fueron Alexander Archipenko (1887-1964), Raymond Duchamp-Villon (1887-1968) y Jacques Lipchitz (1891-1973).

Orfismo

Guillaume Apollinaire (1880-1918) utilizó la expresión «orfismo» o «cubismo óptico» para describir la obra de Robert Delaunay (1885-1941) y su esposa Sonia (1885-1979). El nombre procedía del poeta y músico de la Grecia antigua Orfeo e implicaba que la pintura debía ser como la música: armoniosa y abstracta. En contraste con los colores principalmente terrosos del cubismo, el orfismo incluía tonos vivos que analizaban las teorías del color. El estilo se originó con el cubismo, pero también expresaba movimiento y luz, y emulaba el funcionamiento de nuestros ojos.

La mayoría de los cubistas interpretó las teorías de modo ligeramente distinto. Léger, por ejemplo, usó colores vivos y composiciones muy definidas que contrastaban con las obras monocromas de Braque y Picasso. Gris contribuyó a la aparición del cubismo sintético con su estilo anguloso. En todas las adaptaciones del movimiento, el cubismo tuvo consecuencias de amplio espectro para el arte vanguardista y los movimientos de diseño ulteriores, incluidos el dadaísmo, el surrealismo, el art déco, el constructivismo y el arte abstracto.

La idea en síntesis: objetos mostrados desde distintos puntos de vista para representar un todo

27 Futurismo (1909-1916)

Mientras los cubistas trabajaban en Francia, en Italia un grupo de artistas debatían otras ideas. Entre 1909 y 1916, los sedicentes futuristas produjeron un arte que pretendía superar las tradiciones del arte italiano y mirar hacia el futuro, abrazando lo que percibían como el glorioso nuevo mundo de la tecnología moderna.

El futurismo fue el único movimiento artístico vanguardista del siglo XX cuyo epicentro se situó en Italia, en lugar de en París. En 1909, el poeta y editor Filippo Tommaso Marinetti (1876-1944) redactó un manifiesto futurista en el que alababa la juventud, las máquinas, el movimiento, la potencia y la velocidad. A la sazón no existía aún ninguna obra de arte futurista: todo eran ideas teóricas. Para Marinetti y sus amigos, los automóviles, aviones y otros avances tecnológicos representaban emoción y la promesa de un futuro mejor para todos. Consideraban llegado el momento de dejar atrás las tradiciones clásicas y renacentistas y sustituirlas por las nuevas ideas.

Glorificación de la violencia Cuando Marinetti publicó el primer manifiesto futurista en diciembre de 1908 en el diario italiano *La Gazzetta dell'Emilia* y un mes después en el periódico francés *Le Figaro*, sus ideas inspiraron a otros escritores, artistas, arquitectos, diseñadores y compositores. Eran ideas revolucionarias. Estaban convencidos de que la era mecánica mejoraría la vida de todo el mundo. En 1910, un grupo de artistas publicó un segundo manifiesto, titulado «Manifiesto de los pintores futuristas», firmado por Umberto Boccioni (1882-1916), Gino Severini (1883-1966), Giacomo Balla (1871-1958), Luigi Russolo (1885-1947) y Carlo Carrà (1881-1966). Era incluso más específico que el manifiesto de 1909 de Marinetti, pues exigía a los artistas italianos que dejaran de regodearse en el pasado y miraran hacia el futuro. Criticaban la pintura

Cronología

1909
Filippo Tommaso Marinetti publica el primer manifiesto futurista.

1910
Balla, Boccioni, Carrà, Russolo y Severini firman el «Manifiesto de los pintores futuristas», que la imprenta Poesia publica a modo de panfleto.

1911
Se publica el «*Manifiesto de los músicos futuristas*».

Dinamismo de un ciclista

En su intento por expresar dinamismo, los futuristas adoptaron las tecnologías modernas y celebraron la potencia de las máquinas. He aquí una representación abstracta de un ciclista con bicicleta, en la que, una vez identificadas la figura y la máquina, es posible reconocer otros elementos, como el paisaje montañoso y el sol reflejado en el metal. Las pinceladas rotas, marcas breves y vetas cortas y circulares con las que se ilustran las ruedas y los piñones transmiten velocidad. El lienzo logra el objetivo de Boccioni de retratar la «sensación dinámica» de velocidad mediante el uso de líneas puntiagudas y diagonales y ángulos, y crear un ritmo a partir de un patrón repetitivo.

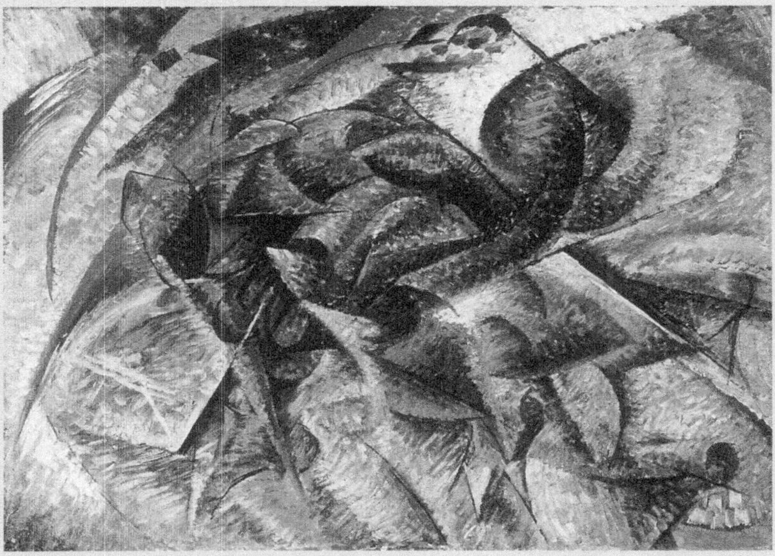

Dinamismo de un ciclista, Umberto Boccioni, 1913, óleo sobre lienzo

clásica y elogiaban la moderna. Un mes más tarde publicaron el «Manifiesto técnico de la pintura futurista», donde alentaban a los artistas a hallar modos de representar el dinamismo y el movimien-

1912

Se publica el panfleto del «Manifiesto de las mujeres futuristas»; Boccioni publica el «Manifiesto técnico de la escultura futurista».

1913

Formas únicas de continuidad en el espacio, Umberto Boccioni; *Velocidad abstracta,* Giacomo Balla.

1914

Manifestación intervencionista, Carlo Carrà.

Rechazo del pasado

Los futuristas se tenían por revolucionarios por rechazar el legado artístico venerado de Italia. A la sazón, Italia atravesaba una crisis cultural y muchos consideraban que se hallaba atrapada entre las glorias de su pasado y del mundo moderno. Los futuristas urgían a sus partidarios a quemar academias y museos, aborrecían la idea de pintar desnudos y ansiaban destruir el pasado mediante la guerra.

to en su arte. Entre 1909 y 1916 se publicaron más de cincuenta manifiestos futuristas, cada uno con información sobre las creencias de los artistas y a menudo con directrices sobre cómo pensar y trabajar en pro de un nuevo estilo artístico. Además de la tecnología moderna y la industrialización, los futuristas bebían del expresionismo, el neoimpresionismo y el cubismo, y de la música de Ivor Stravinsky (1882-1971). Todas las máquinas y las nuevas tecnologías, e incluso la guerra, se les antojaban emocionantes, veloces, modernas y dignas de ser plasmadas en el arte, sobre todo porque creían que todo ello ayudaría a la población a zafarse de los prejuicios sociales. Describían la guerra como «la única higiene del mundo». También glorificaron la violencia... hasta que tuvieron que afrontar los horrores de la primera guerra mundial.

Ritmo y secuencia En su manifiesto, Marinetti había escrito sobre el nacimiento de una nueva belleza: la belleza de la velocidad. Y sobre todo, de la velocidad y la vitalidad que los futuristas anhelaban plasmar. Para ello pintaron líneas rítmicas y repetitivas y secuencias rotas o formas difuminadas, demostrando así su familiaridad con la fotografía y el descubrimiento reciente de los rayos X. Los objetos se mostraban desde varios ángulos simultáneamente, si bien no con el vigor del cubismo. Colores atrevidos, pinceladas sinuosas o quebradas y líneas astilladas, curvas o diagonales contribuían a crear impresiones de movimiento y luz, en planos bi y tridimensionales. Yuxtaponían colores complementarios para dotar de vida e intensidad las pinturas. Muchas obras representaban el mundo real, pero también las hubo abstractas, puesto que la mayoría de los artistas opinaba que el proceso de generar arte es tan importante como la obra completada y que la intuición y la simultaneidad (múltiples perspectivas) eran más relevantes que una planificación esmerada.

> **«Anhelo pintar lo nuevo, el fruto de nuestra era industrial.»**
>
> **Umberto Boccione**

La primera gran exposición futurista se celebró en Milán en 1911, y en 1912 el grupo organizó una muestra que se inició en París y viajó

«Una nueva belleza se ha incorporado al esplendor del mundo, la belleza de la velocidad.»

Filippo Tommaso Marinetti

por varias ciudades europeas. Creó un gran revuelo a su paso por Zúrich, Viena, Berlín, Londres y Bruselas, donde difundió las ideas futuristas rápidamente e inspiró a muchos otros artistas en otros varios países. Junto con su ideas radicales y su abandono de las tradiciones pasadas, los futuristas no tardaron en empezar a criticar el cubismo, al que acusaban de no ser bastante avanzado. Sin embargo, el tiempo otorgó al cubismo un alcance e influencia mayores que al futurismo. Entre tanto, el futurismo se interpretó en varias formas artísticas, incluida la poesía y la música escultórica, y el grupo original promovió también su obra mediante conferencias, asambleas públicas y ardides publicitarios que, sin saberlo, contribuyó al desarrollo de las técnicas modernas de las relaciones públicas.

Repercusiones de la guerra La emoción con respecto al futuro llevó a los futuristas a infravalorar la futilidad de la guerra o el poder devastador de la metralleta, a la cual rendían pleitesía. Tras la entrada de Italia en la primera guerra mundial, en 1915, tal ingenuidad se hizo añicos. Boccioni y el arquitecto futurista Antonio Sant'Elia (1888-1916) cayeron en combate en 1916 y Russolo quedó gravemente herido. Y aunque el grupo futurista se reformó tras 1918, los artistas estaban desilusionados y sus ideales habían cambiado. Pese a su vigor anterior, el futurismo desapareció, si bien su influencia se dejó notar en varios países y movimientos de arte y diseño vanguardistas del siglo XX, incluidos el futurismo ruso, el art déco, el vorticismo, el constructivismo, el dadaísmo y el surrealismo.

La idea en síntesis: expresar el dinamismo, la vitalidad y la potencia de la era mecánica

28 Shin hanga (1915-1939)

El shin hanga («nuevos grabados») fue un movimiento artístico japonés de principios del siglo XX surgido de la voluntad de revivir las xilografías tradicionales ukiyo-e fusionándolas con las técnicas de dibujo occidentales. Creados durante los períodos Taishō y Shōwa, los grabados eran a un tiempo modernos y románticos. Los artistas de este estilo usaban el sistema de colaboración original del *ukiyo-e*, por el cual artistas, grabadores, impresores y editores se repartían el trabajo.

La denominación «shin hanga» la acuñó en 1915 el impresor Watanabe Shōzaburō (1885-1962). Según se cuenta, se había cansado de reimprimir estampas ukiyo-e antiguas y decidió crear un nuevo estilo artístico que usara las tradiciones del grabado japonés pero que también incorporara dibujos y pinturas de estilo occidental contemporáneo. Paisajes naturales y urbanos, bellas mujeres, actores, aves y flores fueron las materias elegidas. Watanabe aunó a artesanos y artistas japoneses y occidentales en un productivo taller de trabajo.

Poco después se inauguraron estudios similares y el movimiento shin hanga se estableció y floreció entre los años 1915 y 1942, para luego renacer brevemente entre 1946 y finales de la década de 1950.

Estilos occidentales A principios del siglo XX, el ukiyo-e había quedado anticuado y obsoleto debido a las técnicas de impresión en serie. De manera que la idea subyacente al shin hanga era crear xilografías con los métodos perfeccionados para el ukiyo-e entre los siglos XVII y XIX, pero usando las experiencias del mundo occidental para los estilos pictóricos, a la sazón más integradas en Japón.

Cronología

1912
Acaba el período Meiji y se inicia el Taishō.

1915
Se reactivan los grabados ukiyo-e; Shōzaburō crea el shin hanga; Shunsen produce una serie para la revista *Shin Nagao* («Nuevos retratos»).

1919
Hasui Kawase inicia su serie «Doce escenas de Tokio».

Sōsaku hanga

El shin hanga suele considerarse el contrario del sōsaku hanga («grabados creativos») surgido en torno a 1910. Los artistas *sōsaku hanga* dibujaban sus propias imágenes, creaban sus xilografías y estampaban sus obras, completando todo el proceso por sí mismos, mientras que los artistas shin hanga dibujaban sus imágenes y luego colaboraban con grabadores, impresores y editores para brindar el producto final. Existían rencillas entre ambos grupos; los artistas shin hanga defendían ser igual de creativos, a pesar de no participar en los procesos mecánicos de la impresión.

El estilo perpetuó los temas del ukiyo-e, como los paisajes (fukeiga), las mujeres bellas (bijinga) y los actores kabuki (yakusha-e), si bien sus imágenes bebían del realismo y el impresionismo. Así, a diferencia de las estampas planas y estilizadas del ukiyo-e, el shin hanga incorporó efectos lumínicos y atmosféricos, colores naturales, contrastes tonales y la perspectiva. Ahora bien, los artistas shin hanga no se limitaron a acatar los planteamientos del arte occidental, sino que los integraron con sus propias ideas y métodos orientales.

Algunas obras eran nostálgicas; en ellas los artistas expresaban su añoranza por el entorno rural y la arquitectura de madera que desaparecía en gran parte del Japón contemporáneo. Las nuevas ideas y la frescura de las composiciones eran inusitadas, al tiempo que técnicamente diestras y precisas en su aplicación. El shin hanga también se conoce como «neoukiyo-e» y, en 1921, Watanabe usó el término «shinsaku hanga» («grabados de nueva factura») para enfatizar los aspectos creativos de la obra.

Artistas shin hanga destacados Varios artistas shin hanga alcanzaron la fama. El paisajista Hasui Kawase (1883-1957) se unió al grupo shin hanga de Watanabe en 1919. Su obra era atmosférica y onírica, y sus imágenes más celebradas retrataban paisajes nocturnos y nevados. En 1956 fue declarado Tesoro Nacional Vivo por

1921 Exposición «Shinsaku-hanga Tenrankai» en Tokio; *Barcos de navegación*, Hiroshi Yoshida.

1922 Finaliza el período Taishō; Itō Shinsui inicia su serie «Doce figuras de nuevas beldades».

1930 El Toledo Museum of Art de Ohio acoge una gran exposición de shin hanga.

1939 Se funda la Asociación de Arte del Ejército.

Estilos combinados

Muchos artistas shin hanga estudiaron la tradición occidental de pintura al óleo antes o durante su formación como xilógrafos. La consecuencia de esta fusión de habilidades y estilos derivó en imágenes altamente detalladas en las que la ambientación se creaba mediante el uso de luz natural y contornos suaves, sin por ello perder el estilo de las planchas xilográficas planas y coloridas tradicionales de Japón. En el shin hanga, los colores se mezclan y varían para crear diferentes sensaciones; se incorporan elementos lineales, perspectivas lineales y contrastes tonales, y se plasman expresiones, aspectos que distinguen este estilo del *ukiyo-e* original.

el Gobierno japonés. Koson Ohara (1877-1945) inició su singladura como pintor, pero posteriormente se inclinó por el shin hanga. Retrató sobre todo aves y animales. Itō Shinsui (1898-1972) colaboró con Watanabe durante 25 años, produciendo paisajes e imágenes de bellas mujeres, y se convirtió en uno de los máximos exponentes del movimiento. En 1952, al igual que Kawase, fue declarado Tesoro Nacional Vivo por el Gobierno japonés. Natori Shunsen (1886-1960) también se inició como pintor pero se dio a conocer por sus grabados de actores *kabuki*. Hiroshi Yoshida (1876-1950) diseñó principalmente grabados paisajistas admirados por su luz y sus colores atmosféricos. Como las obras impresionistas, algunos de sus grabados muestran el mismo tema a distintas horas del día o durante estaciones diferentes. Hashiguchi Goyō (1880-1921) produjo su primer grabado shin hanga en 1915 y durante los siguientes años de su vida creó imágenes de beldades japonesas en poses naturales. Kotondo Torii (1900-1976) también creó imágenes de mujeres bellas y Toshi Yoshida (1911-1995) experimentó con el arte abstracto antes de retomar sus temas predilectos: los paisajes y los animales.

Popularidad y declive Paradójicamente, el shin hanga no halló un gran mercado en Japón. En cambio, durante el siglo XIX el japonismo devino el último grito en Europa y Estados Unidos, y el ukiyo-e se convirtió en un arte codiciado, cosa que hizo que el shin hanga se recibiera con brazos abiertos en Occidente.

En general, los japoneses consideraban que las estampas ukiyo-e eran producciones en serie comerciales. Watanabe concibió el shin hanga para el mercado japonés, pero fueron los estadouni-

«El arte es la ilusión de la espontaneidad.»

Proverbio japonés

denses y los europeos quienes se dejaron seducir por sus composiciones, figuras y escenas japonesas románticas y evocadoras. En la jerarquía del arte del siglo XX en Japón, los grabados se situaban por debajo de la pintura al óleo y la escultura, de modo que el shin hanga jamás disfrutó de un respeto parejo al de Occidente, si bien en 1921 se celebró la «Shinsaku-hanga Tenrankai» («Exposición de Nuevos Grabados Creativos») en Tokio, con ciento cincuenta obras de diez artistas shin hanga. En la década de 1930 se organizaron en Ohio, Estados Unidos, dos grandes muestras de shin hanga. No obstante, con la segunda guerra mundial dibujándose en el horizonte, el Gobierno militar japonés limitó las artes y en 1939 se estableció la Asociación de Arte del Ejército con el fin de encargar y promocionar arte bélico oficial y propaganda relacionada. En 1943, los materiales artísticos se racionaron. El mercado de grabados japoneses declinó y jamás volvió a recuperarse, ni siquiera tras la guerra.

La idea en síntesis: fusión de técnicas de impresión tradicionales japonesas con estilos de dibujo occidentales

29 Dadaísmo (1916-1922)

El dadaísmo, una reacción contra los horrores de la guerra, en realidad no fue un movimiento artístico. Sus participantes lo declararon un movimiento «antiartístico» de protesta contra la brutalidad de la primera guerra mundial y la locura de un mundo que permitía que algo así sucediera. Cabe destacar que surgió en 1916 en la Suiza neutral, dos años después del estallido de la guerra.

La masacre masiva de la primera guerra mundial no tenía precedentes y la conmoción y enojo que provocó suscitó el rechazo de los valores de la sociedad que la permitió. El dadaísmo fue una de las manifestaciones de dicho rechazo y se centraba en los valores artísticos y culturales de la sociedad. Los dadaístas percibieron las atroces realidades de la guerra como el resultado de la inflexibilidad opresiva de la sociedad y la cultura. Los dadaístas declararon que, dada la «falta de humanidad del hombre hacia el hombre», el arte y la sociedad eran hipócritas y superficiales. En sus intentos por destruir los valores tradicionales del arte, en particular las referencias idealizadas del pasado, buscaron subrayar la insensatez de la guerra y produjeron obras intencionadamente irracionales en las que obviaron todos los estándares artísticos previamente establecidos. Provocaron de manera deliberada fuertes reacciones en los espectadores, ya que, además de ser antiarte y antibelicista, el dadaísmo era anticapitalista.

Desprecio y desdén Muchos artistas y escritores emigraron al Zúrich neutral (Suiza) durante la primera guerra mundial. En sus debates sobre las abominaciones de la guerra y sus repercusiones fraguó el dadaísmo. Entre sus fundadores figuraban el escritor Hugo Ball (1886-1927), el artista y poeta Jean (Hans) Arp (1887-1966), el poeta rumano Tristan Tzara (1886-1930), y unos cuantos

Cronología

1913
Duchamp expone sus primeros *readymades*.

1916
Se prohíbe el consumo de alcohol en 24 estados de EE. UU.; se inaugura el Cabaret Voltaire en Zúrich y se publica por vez primera el diario *Dada*.

1917
Tras sólo un año, el Cabaret Voltaire se ve obligado a cerrar sus puertas y los artistas dadaístas buscan un nuevo local; *La fuente*, Marcel Duchamp.

«El dadá fue una bomba... ¿Se imaginan que alguien medio siglo después de estallar una bomba quisiera recoger todos los fragmentos, recomponerlos y exponerlos?»

Max Ernst

más. En 1916, Ball y su compañera Emmy Hennings (1885-1948) establecieron un club nocturno en Zúrich, el Cabaret Voltaire, donde los artistas se reunían para vilipendiar la guerra. Los espectáculos eran altisonantes y bulliciosos, e incluían actuaciones de nueva factura, como «poesía sonora» y «poesía simultánea», además de recitales, música y baile. Se alentaba un comportamiento despectivo tanto entre los artistas como entre el público. Posteriormente, Ball editó un diario titulado *Dada*, la primera de las muchas publicaciones dadaístas.

En 1917, el Cabaret Voltaire cerró sus puertas, pero los artistas se trasladaron a otros locales. Ball afirmó: «Para nosotros, el arte no es un fin en sí mismo, sino una oportunidad para percibir verdaderamente y criticar los tiempos en que vivimos». Además de en Zúrich, pronto aparecieron dadaístas en París, Berlín, Colonia y Nueva York. Entre los artistas figuraban: Marcel Duchamp (1887-1968), Francis Picabia (1879-1953) y Kurt Schwitters (1887-1948).

Un nombre aleatorio

Tristan Tzara confesó haber elegido el nombre de «dadá» por accidente en 1916 mientras miraba un diccionario. Otros dijeron que, cuando un abrecartas se coló sin querer entre las páginas del diccionario, buscó una palabra ilógica allí para demostrar la carencia de sentido del arte. Y encontró «dadá». En francés, significa «cantinela» y en varios idiomas eslavos «sí, sí». Pero lo importante es que no significaba nada.

1918
Fin de la primera guerra mundial. Tristán Tzara escribe el manifiesto dadaísta.

1920
El jefe de policía de Colonia intenta juzgar a los dadaístas por cobrar una entrada a algo que no es una exposición; *Merz 163*, Kurt Schwitters.

1922
Fin del movimiento dadaísta.

> **«Lo que generalmente denominamos "realidad", para ser exactos es una nada banal.»**
>
> **Hugo Ball**

En su misión de incitar reacciones de conmoción o enfado, los dadaístas amalgamaron géneros y materiales artísticos. Entre las actividades dadaístas se contaban reuniones, manifestaciones y la publicación de revistas de arte y literatura. La poesía, la escritura automática y el collage se usaron de manera creativa, prefigurando los *happenings* de la década de 1960. Todo se creaba poniendo un marcado acento en la absurdidad y la irrespetuosidad. Los dadaístas mantenían que la producción artística debía ser espontánea y azarosa, y debía devastar las tradiciones de la estética y la belleza mientras millones de vidas se perdían en el frente. Hans Arp escribió: «Repugnados por la carnicería de la guerra mundial de 1914, nosotros, desde Zúrich, nos consagramos a las artes. Mientras las armas rugían en la distancia, nosotros cantábamos, pintábamos, hacíamos collages y escribíamos poemas con todo nuestro poderío».

Basura La base del dadaísmo era el sinsentido. No fue sólo un estilo, ni estuvo representado sólo mediante el arte, sino que, además de los cabarés y las exposiciones, hubo música y escritura dadaísta. Para difundir sus opiniones, los dadaístas bombardearon al público con irreverencias. Al rechazar los valores burgueses pretendían aniquilar el arte y abogar por un comportamiento antisocial y carente de principios en general. El dadaísmo, sirviéndose de ideas de movimientos artísticos anteriores, como los collages del

Readymades

En Nueva York, Duchamp expuso lo que llamó *readymades.* Se trataba de objetos cotidianos manufacturados que escogía y mostraba de un modo concreto, inclinados, invertidos o ensamblados. Con ello cuestionaba qué se consideraba arte, socavaba las ideas del materialismo y solicitaba a los espectadores que aceptaran como arte objetos que en el pasado no se habían vinculado con éste. Los objetos y la ubicación de sus *readymades* reflejaban su ironía, humor y ambigüedad. Posteriormente los *readymades* se describieron como objetos corrientes elevados a la categoría de obra de arte porque los escogió un artista. Entre los *readymades* de Duchamp figuran: un urinario invertido sobre un plinto firmado por «R. Mutt» y titulado *La fuente,* o *En avance del brazo roto,* una pala quitanieves sobre la que pintó con esmero su título.

cubismo, la recién aparecida fotografía con película, el dinamismo del futurismo y las nociones de publicidad de los futuristas, criticó sin cese el papel que el arte había desempeñado en aquella sociedad que había desembocado en la guerra. La casualidad fue uno de los métodos de expresión adoptados por los artistas. Por ejemplo, Arp lanzaba recortes de papel aleatoriamente y los pegaba allá donde caían, «según las leyes del azar»; Man Ray (1890-1976) creaba ensamblajes (collages tridimensionales) a partir de objetos cotidianos; Schwitters produjo «merz» (abreviatura del término alemán para «comercio»), ensamblajes con basura que encontraba en las calles, y Duchamp saltó a la fama con sus *readymades*.

«Me he esforzado por contradecirme para evitar conformarme con mis propios gustos.»

Marcel Duchamp

Orientación política En un principio, los dadaístas sintonizaban con los futuristas, pero cuando el nacionalismo y militarismo extremos de éstos salió a la luz, la amistad concluyó. El dadaísmo se difundió y, tras la primera guerra mundial, sus manifestaciones en Alemania y París fueron más políticas que en ningún otro lado. Los dadaístas alemanes, por ejemplo, expresaron la turbulencia y violencia del momento, protestando contra el Gobierno de Weimar y el nazismo. Durante unos años después de 1918, el movimiento cobró fuerza, pero, en 1922, los desencuentros entre Tzara, Picabia y otro miembro destacado del grupo, André Breton (1896-1966), condujeron a su desintegración. Aun así, su amplia repercusión acabó sirviendo de base para el movimiento surrealista.

La idea en síntesis: rechazo de las tradiciones del arte y de la sociedad que condujo a la brutalidad de la guerra

30 Suprematismo (1915-1935)

A partir de la segunda mitad del siglo XX se materializaron varios movimientos artísticos consagrados a la abstracción. Uno de ellos, derivado directamente del cubismo y del futurismo, surgió en Rusia, promovido por el pintor y teórico Kazimir Malévich (1879-1935). Radicalmente innovador, Malévich erradicó el tema de sus lienzos y, en sus propias palabras, «buscó refugio en la forma cuadrada».

El estilo geométrico que inventó Malévich lo situó en la avanzadilla del arte de vanguardia de principios del siglo XX. Bautizó su estilo como suprematismo y, según explicó, con él quería «liberar el arte del lastre del mundo representativo».

Victoria sobre el Sol En diciembre de 1915 en Petrogrado (San Petersburgo), Malévich participó con su obra suprematista en la muestra «O,10, la Última Exposición Futurista». Expuso 37 lienzos abstractos, entre ellos su cuadro de 1913 *Cuadrado negro sobre fondo blanco*, basado en los decorados y el vestuario que había diseñado para la ópera futurista *Victoria sobre el Sol.* La pintura, un gran cuadrado negro sobre un fondo blanco, se expuso en una puerta de la exposición «O,10» y lucía el aspecto de un icono familiar ruso tradicional. El resto de los cuadros expuestos por Malévich en la muestra consistían exclusivamente en rectángulos, círculos, triángulos y cruces, y colores lisos y planos, sin gradaciones tonales ni representaciones reales de ningún tipo. Para acompañar la exposición escribió un folleto titulado «Del cubismo y el futurismo al suprematismo», donde describía la progresión de los movimientos vanguardistas desde principios de siglo.

Lenguaje pictórico puro En 1912, Malévich ya había expuesto cuadros influidos por el cubismo y el futurismo junto al gru-

Cronología

1913	1915	1916	1917
Kazimir Malévich diseña los decorados y el vestuario para la ópera futurista rusa *Victoria sobre el Sol.*	Malévich funda el grupo Supremus.	Malévich escribe el «Manifiesto suprematista».	Revolución rusa.

po de artistas alemán Der Blaue Reiter y el grupo de artistas ruso Cola de Burro (Osliny jovst). Al reducir todos los elementos pictóricos a simples formas geométricas y bloques de color liso o tonos monocromos, creyó haber alcanzado el pináculo de la expresión artística y tuvo la sensación de estar liberando la pintura de todo significado o conexión políticos o sociales. En lugar de representar lo que veían a su alrededor, los suprematistas eliminaban todo el contenido evocador, simbólico o narrativo, condensaban todos los elementos en sus formas más simples y puristas, y configuraban la que a sus ojos se antojaba una nueva realidad creativa.

«He sentido la noche dentro de mí y he concebido un nuevo arte, al que llamo suprematismo.»

Kazimir Malévich

Además de por el cubismo y el futurismo, Malévich estuvo influido por el arte primitivo, si bien, a diferencia de esos estilos artísticos, sus imágenes no hacían referencia al mundo circundante. Otras influencias fueron las matemáticas, la filosofía y las teorías sobre la «cuarta dimensión». Sus formas, líneas y colores parecían flotar sobre sus lienzos, desembarazados de todos los aspectos reconocibles de la vida. Y al asombrar a los espectadores, que espera-

Kazimir Malévich

Malévich afirmó en una ocasión que el blanco era «el verdadero color del infinito». Sus fondos blancos transmitían espacio, distancia y perpetuidad. Al reducir el resto de su paleta a unos pocos colores, enfatizó la simplicidad de las formas que parecen dispuestas al azar sobre el lienzo. Estas formas planas y abstractas evitan toda conexión con el mundo circundante y animan a los espectadores a desembarazarse de toda expectativa y alcanzar una sensación mística a la que no puede llegarse con recuerdos ni mediante la conciencia. Malévich componía sus pinturas con retículas, pero les imprimía movimiento insertando diagonales, ángulos inclinados y formas dispuestas de manera irregular por el espacio.

1918
Los bolcheviques ejecutan al zar Nicolás II y a su familia; *Composición suprematista, blanco sobre blanco,* Malévich.

1922
Proun 19D, El Lissitzky.

1923
Composición suprematista, Ilya Chashnik; *Composición esférica,* Ivan Kliun.

1934
El realismo socialista es declarado arte oficial de Rusia y se prohíbe el arte abstracto.

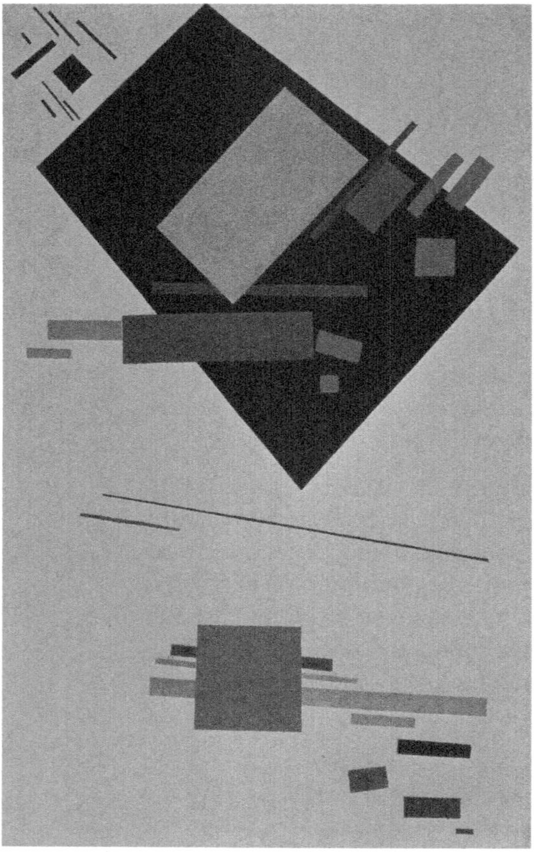

Composición suprematista, Kazimir Malévich, 1915, óleo sobre lienzo

ban ver pinturas representativas o reconocibles, Malévich contradijo todas las convenciones, pues consideraba que su «lenguaje pictórico puro» proyectaba el estado mental del artista.

Revolución rusa Malévich describió el suprematismo como «la supremacía de la percepción o el sentimiento puro en las artes pictóricas». No es ninguna coincidencia que este movimiento artístico revolucionario emergiera tan próximo a la revolución rusa de 1917. Partidarios de la revolución, Malévich y sus seguidores basaron el suprematismo en sus principios idealistas, convencidos de que estaban ayudando a configurar una nueva sociedad donde la codicia sería reemplazada por la libertad espiritual. En su intento por erradicar todas las asociaciones físicas con el mundo, el suprematismo buscaba alcanzar la pureza en una sociedad que tenía en baja estima los valores o principios éticos. Malévich no era religioso, pero consideraba que su concepción del arte era espiritual.

Arte universal En 1916, Malévich publicó una versión ampliada de su folleto de 1915, con el título «Del cubismo y el futurismo al suprematismo: un nuevo realismo pictórico». Se trataba, esencialmente, del manifiesto suprematista. En el libro, Malévich establecía que el cuadrado negro constituía «la forma nula» que finiquitaba las convenciones previas y anunciaba el amanecer de un nuevo lenguaje pictórico. También explicaba que el suprematismo constaba de tres fases: la primera era negra, la segunda coloreada y la tercera blanca. Para el estadio final, en 1918 produjo una serie de cuadros blanco sobre blanco, donde eliminó el color por completo, si bien aún es posible contemplar formas geométricas pintadas.

«En 1913, en un intento desesperado por liberar el arte del peso muerto del mundo real, me refugié en la forma del cuadrado.»

Kazimir Malévich

Las ideas subyacentes al suprematismo fueron en ciertos aspectos universales y en otros absolutamente rusas e independientes de las tradiciones europeas. Por ejemplo, la semejanza con la pintura de iconos rusa era intencionada. La tradición de los iconos estaba bien afianzada; eran imágenes ancestrales admiradas por muchos rusos. En sus obras suprematistas, Malévich pintó formas negras sobre fondos blancos, como un círculo y una cruz negros, según las composiciones de los iconos tradicionales, colocando el objeto principal en el centro del lienzo, en ocasiones contra una cruz simétrica o un «halo» circular.

El grupo Supremus

En 1915, Malévich fundó el grupo Supremus, al que se unieron artistas como El Lissitzky (1890-1941), Liubov Popova (1889-1924), Olga Rozanova (1886-1918) y Aleksandra Aleksandrovna Ekster (1882-1949). Se reunían con asiduidad para debatir sus filosofías y su convicción en que el suprematismo podía mejorar la sociedad.

En 1922, Malévich colaboró con otros suprematistas en obras tridimensionales y, en 1927, la Bauhaus publicó su libro *El mundo no objetivo*, que exponía sus teorías sobre el arte abstracto y describía en qué se inspiraba *Cuadrado negro sobre fondo blanco*. Si bien tras el ascenso al poder de Stalin en 1924 y la instauración del realismo socialista en 1934 el suprematismo fue erradicado, cambió para siempre el futuro del arte, la arquitectura y el diseño internacionales.

La idea en síntesis: liberar el arte del pasado y crear un «lenguaje pictórico puro»

31 Constructivismo (1917-1934)

La historia del arte vanguardista ruso del amanecer del siglo XX no resulta fácil de narrar, pues mucha documentación y muchas obras fueron destruidas tras la revolución. No obstante, algunas de las ideas originales alteraron el curso del arte, la arquitectura y el diseño modernos. El suprematismo fue una de ellas y el constructivismo otra.

Durante la primera década del siglo, Rusia seguía siendo un imperio bajo la autocracia del zar Nicolás II. En 1918, tras la revolución rusa y la primera guerra mundial, el mundo entero había cambiado de manera irrevocable. Simultáneamente, los inventos y descubrimientos como la cadena de montaje del modelo de automóvil Ford T, las escaleras mecánicas, los aspiradores domésticos, las bombillas y la fotografía de color entrañaron cambios en la vida cotidiana.

Espacio negativo Como el suprematismo, el constructivismo estuvo inspirado por el cubismo, el futurismo y el neoplasticismo, pero sobre todo por la escultura cubista. En 1913, Vladímir Tatlin (1885-1953) viajó de Rusia a París, donde visitó a Picasso y vio sus experimentos con las construcciones de collage tridimensionales o ensamblajes. Convencido de que el arte debía reflejar el mundo industrial moderno, a su regreso a Rusia Tatlin comenzó a crear construcciones en relieve completamente abstractas utilizando materiales industriales y chatarra. Desde un principio defendió que el espacio que quedaba alrededor y entre sus objetos (el espacio negativo) era tan relevante como la propia estructura. Entre 1913 y 1917, Tatlin creó relieves pintados y luego construcciones sin referencia alguna a objetos identificables ni temas representativos. A partir de 1915 trabajó con Alexander Ródchenko (1891-

Cronología

1914
Tatlin empieza a crear esculturas abstractas con materiales industriales.

1917
Las revoluciones de Febrero y Octubre conducen a la creación de la Unión Soviética; *Cabeza de mujer*, Naum Gabo.

1918
El Gobierno comunista de la Unión Soviética respalda oficialmente el constructivismo.

1956). Ambos produjeron construcciones y diseños geométricos de una abstracción pura y claramente influidos por el cubismo, el futurismo, el neoplasticismo y el suprematismo.

Dos puntos de vista Inmediatamente después de la revolución de 1917 surgieron nuevos artistas rusos originales. Los hermanos Naum Gabo (1890-1977) y Antoine Pevsner (1886-1962) regresaron a Rusia en 1917, tras pasar varios años en Europa, y Kandinsky había regresado de Múnich en 1914. Pese a las adversidades, todos ellos expresaron ideales revolucionarios mediante ideas originales e interpretaciones personales.

Acuñado por Pevsner, el término «constructivismo» se había extendido ya en 1920, pero incluso antes de ello, desde su génesis, la idea del constructivismo abrazó dos planteamientos distintos. En primer lugar estaba la convicción de Tatlin en que el arte debía perseguir un cometido social, de manera que los artistas debían subordinar toda individualidad al bien de la comunidad. Pretendía crear formas nuevas con nuevos materiales que consideraba acordes al nuevo orden establecido. El segundo enfoque surgía de la convicción de Kandinsky y Malévich de que el arte es, ante todo, una práctica personal antes que pública, por general que sea su objetivo último. Este punto de vista, con su trasfondo moral y espiritual, fue refrendado posteriormente por Gabo y Pevsner y aca-

La coyuntura política rusa

Con la abdicación del zar en marzo de 1917, el derrocamiento del Gobierno provisional de Kérenski por parte de los soviets el otoño siguiente, la confusión durante los primeros años del régimen comunista y la guerra civil con el Ejército Blanco, al principio el arte vanguardista floreció en Rusia. Muchos pensadores vanguardistas rusos fueron designados a puestos de las nuevas instituciones estatales y el constructivismo se alentó por ser un estilo progresista que sintetizaba el nuevo pensamiento.

1920	1921	1924	1934
Monumento a la Tercera Internacional, Vladímir Tatlin.	Se celebra en Moscú la Primera Exposición de Arte Constructivista; Lenin aprueba la Nueva Política Económica.	Lenin fallece y Stalin lo sucede al frente del Partido Comunista.	Se establece el realismo socialista como arte oficial de Rusia.

Abstracciones geométricas

A partir de 1922, el pintor de cuna húngara László Moholy-Nagy (1895-1946) vivió en Berlín durante dos años, donde contempló ejemplos de varios movimientos artísticos vanguardistas, como el suprematismo y el constructivismo rusos. Durante varios meses experimentó con la fotografía y empezó a representar arquitectura y máquinas en sus lienzos, cada vez en una vena más abstracta y acatando las ideas constructivistas. Posteriormente fue maestro en la Bauhaus (*véase* pp. 132-135). En sintonía con el constructivismo, Moholy-Nagy redujo los elementos a sus contornos planos fundamentales, formas geométricas y líneas simples, idea que difundió por todo el mundo a través de sus enseñanzas ulteriores.

bó por convertirse en un aspecto esencial de gran parte del arte que siguió.

Temas experimentales y objetivos En respuesta a los avances en la tecnología y la vida contemporáneas, el constructivismo surgió con afán de modernizar el arte, el diseño y la arquitectura. Gabo y Pevsner se sumaron al movimiento a su regreso a Rusia, donde introdujeron elementos aún más escultóricos y referencias más palmarias a la arquitectura, la maquinaria y la tecnología. Kandinsky también se involucró, si bien Tatlin consideraba su aproximación demasiado envuelta en misticismo para poder funcionar con la objetividad requerida. Otros artistas constructivistas fueron Liubov Popova, Alexander Vesnin (1883-1959), Ródchenko Varvara Stepanova (1894-1958), Alexei Gan (1889-1942) y Osip Brik (1888-1945). En 1922 se publicó el libro de Gan *Constructivismo*, que esencialmente era un manifiesto del movimiento.

> **«Sostengo que estas imágenes son la realidad misma.»**
>
> **Naum Gabo**

Entre 1918 y 1928 se sucedieron las crisis económicas y sociales en Rusia, donde hubo constantes cambios de régimen y gobierno. Durante ese tiempo, la oposición oficial al arte progresivo se recrudeció y muchas escuelas nuevas, organizaciones de artistas y museos se planificaron, fusionaron y disolvieron en rápida sucesión. Las ideas del constructivismo no tardaron en llegar a Holanda y Alemania, desde donde conocieron la popularidad internacional. La abstracción pura se antojaba un pensamiento novedoso y avanzado por parte de personas hastiadas de una sociedad que

«Sólo sabemos lo que hacemos, lo que construimos, y lo que hacemos y construimos son realidades.»

Naum Gabo

había engendrado los espantos del pasado reciente. Con su apuesta por la construcción, la escultura, la cinética y la pintura, el constructivismo se percibía como progresista y moderno, integrado por temas experimentales y objetivos que rechazaban la emoción y lo descomponían todo a sus elementos más básicos. Se usaban materiales nuevos o diferentes y el planteamiento metódico recalcaba la vehemencia con la que los artistas desatendían todo lo que había conducido a la primera guerra mundial, en sus intentos por generar una paz y armonía universales.

La Torre de Tatlin Mientras dirigió la Oficina Artística del Comisariado en Moscú, encargada de crear monumentos que glorificaran el éxito de Rusia, Tatlin produjo, entre otras obras, una maqueta para su *Monumento a la Tercera Internacional* (1919-1920). Conocido también como la *Torre de Tatlin*, debía construirse en hierro, vidrio y acero, y el armazón estaría integrado por cuatro grandes construcciones geométricas suspendidas, las cuales rotarían a velocidades distintas. Pocos años después el régimen soviet decidió que el constructivismo no servía como propaganda y, en 1934, Stalin, líder del Partido Comunista desde 1924, desacreditó el movimiento. Con todo, sus ideas continuaron influyendo en la evolución del arte, el diseño y la arquitectura del mundo occidental.

La idea en síntesis: organizar materiales para construir espacio sin masa

32 Neoplasticismo (1917-1931)

Fue el artista vanguardista holandés Piet Mondrian (1872-1944) quien empleó el término «neoplasticismo» para describir su estilo pionero de pintura abstracta, dominado por las formas geométricas, los colores lisos y los planos entrelazados, y en parte inspirado por el cubismo. Pronto el nombre se aplicó para describir la obra de un grupo de artistas, arquitectos y diseñadores holandeses llamado De Stijl.

El nombre de «neoplasticismo» procede del holandés de *nieuwe beelding*, que significa «nuevo arte», y se acuñó para describir la pintura abstracta de Mondrian y sus filosofías idealistas, si bien posteriormente se aplicó también a la obra de otros artistas, diseñadores y arquitectos. Se lo tildaba de nuevo arte porque, en su intento por reconciliar su pintura con sus inquietudes espirituales, Mondrian se desembarazó de toda representatividad y produjo lienzos de una abstracción absoluta.

De Stijl En 1911, Mondrian emigró de los Países Bajos a París y quedó fascinado por la obra de los cubistas. Mas, si bien admiraba las nuevas ideas, consideraba que el cubismo no había ido lo bastante lejos en el desarrollo del arte moderno. Seguidor también de la doctrina religiosa y mística de la teosofía, buscó aunar sus ideas sobre el arte con sus creencias espirituales. En 1914, recién iniciada la primera guerra mundial, regresó a los Países Bajos, donde conoció al pintor, arquitecto y escritor Theo van Doesburg (1884-1931) y al pintor Bart van der Leck (1876-1958). Tres años más tarde, Mondrian y Van Doesburg publicaron un diario, *De Stijl* («El estilo»), donde exponían sus teorías sobre el arte, principalmente las ideas de Mondrian sobre el neoplasticismo. Su objetivo

Cronología

1913	1914	1917
Composición n.° 2; Composición con línea y color, de Mondrian.	Tras estallar la primera guerra mundial, Mondrian regresa de París a los Países Bajos.	Van Doesburg y Mondrian publican el primer número de *De Stijl* en los Países Bajos; *Composición (Vaca)*, Van Doesburg; Gerrit Rietveld diseña su silla roja y azul.

La geometría del neoplasticismo

Mondrian y el resto de neoplasticistas redujeron todos los elementos del diseño pictórico a líneas rectas de distintos grosores que atravesaban fondos blancos sobre los que formaban rectángulos y cuadrados de varias dimensiones. También redujeron sus paletas a los tres colores primarios y el negro, blanco y gris, con el fin de evadir detalles específicos y representaciones del mundo y, en su lugar, transmitir la esencia de la concordia y el equilibrio universales. Usando sólo líneas rectas y bloques lisos de colores neutros o puros, suprimieron todos los extras y el arte pasó a representar esencialmente un orden universal, en lugar del mundo físico.

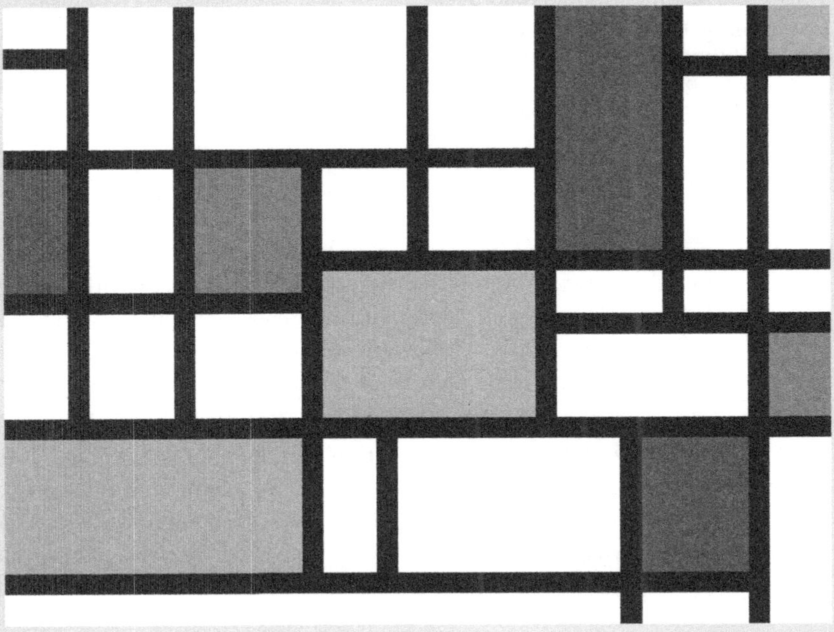

Imagen inspirada en Mondrian, con líneas horizontales y verticales y bloques de color liso

1919
Tras la primera guerra mundial, Mondrian regresa a París, pero continúa centrado en el neoplasticismo.

1922
En Weimar (Alemania), Van Doesburg imparte un curso de arquitectura en la Bauhaus basado en los principios de De Stijl y el neoplasticismo.

Teosofía

La teosofía se estableció en Nueva York en las postrimerías del siglo XIX. La palabra deriva del término griego «theosophia», que significa «conocimiento de lo divino». Pese a no tratarse de una religión, la teosofía sostiene que todas las religiones contienen elementos de la verdad. Se trata de un movimiento filosófico que combina diversos sistemas de creencias en su búsqueda de una armonía universal subyacente; los teósofos creen que el alma humana se divide en siete partes y no existen distinciones entre razas, credos, sexos, castas o color.

último era crear un nuevo arte internacional que representara la paz y la armonía en respuesta a los horrores de la guerra. Otros artistas y diseñadores tenían ideologías similares y pronto el nombre De Stijl se asoció con ellos tanto como con la citada publicación. Los integrantes originales de De Stijl fueron Van Doesburg, Van der Leck y Mondrian, junto con el pintor y escultor belga Georges Vantongerloo (1886-1965), el arquitecto y diseñador húngaro Vilmos Huszár (1884-1960) y los arquitectos holandeses J. J. P. Oud (1890-1963), Robert Van't Hoff (1887-1979) y Jan Wils (1891-1972). Sus filas no tardaron en engrosar. Todos los artistas consideraban que el cubismo no había sido bastante extremo en el desarrollo de la abstracción y que el «expresionismo era demasiado subjetivo». Acusaban asimismo la influencia del constructivismo y el suprematismo rusos. Para explicar las ideas subyacentes al arte, Mondrian publicó un largo ensayo, «El neoplasticismo en el arte pictórico», en los primeros once números del diario *De Stijl*. En 1920 publicó un libro titulado *El neoplasticismo*.

Armonía universal Mondrian pertenecía a la Sociedad Teosófica Holandesa desde 1909. Uno de los elementos nucleares del neoplasticismo era una actitud espiritual basada en las teorías idealistas y antimaterialistas de la teosofía. Mondrian creía que, descomponiendo todo lo que nos rodeaba en sus formas más puristas, podría crear un arte equilibrado que expresara las nociones de armonía universal con la misma claridad que usando elementos puros. Sus lienzos reticulados respondían a una deliberación consciente y pretendían revelar la atemporalidad y el orden espiritual del universo. A tal fin, Mondrian insistía en que ninguna composición debía tener un centro o punto focal principal y en que los márgenes del lienzo son tan importantes como el resto, gracias a lo cual se estimula al espectador a explorar toda la imagen sin concentrarse en ninguna zona concreta. Las

«La visión plástica pura debería construir una nueva sociedad, tal y como el arte ha construido un nuevo plasticismo.»

Piet Mondrian

fuerzas opuestas de las líneas horizontales y verticales en las pinturas también crean un equilibrio dinámico y sensación de calma y estabilidad, sin notas discordantes o llamativas.

Neoplasticismo en las artes aplicadas Las pinturas y los diseños completamente abstractos de los neoplasticistas se basaban en reducir las formas y los colores a sus formas más puras y esenciales. En noviembre de 1918, la ideología artística del grupo se explicó en un manifiesto de ocho puntos publicado en *De Stijl*. Se editaron copias en holandés, inglés, francés y alemán, las cuales se difundieron por toda Europa. Un año más tarde, el arquitecto y diseñador Gerrit Rietveld (1888-1964) se unió al grupo. Se trató de un acontecimiento relevante, pues tuvo un impacto considerable en las ideas y la producción de los neoplasticistas. La silla roja y azul de Rietveld, con su armazón negro y sus elementos constructivos en colores primarios, supuso la primera aplicación del neoplasticismo al diseño industrial.

«Este nuevo arte hallará su expresión en la abstracción de la forma y el color, es decir, en la línea recta y los colores primarios claramente definidos.»

Piet Mondrian

Las repercusiones del neoplasticismo El neoplasticismo concluyó en 1931, cuando Van Doesburg inició un nuevo grupo artístico llamado Abstracción-Creación. Van Doesburg falleció ese mismo año y el último número de *De Stijl* se publicó en 1932 en su memoria. El neoplasticismo y De Stijl influyeron en la aparición de la Bauhaus y el Estilo Internacional arquitectónico, además de en muchos otros movimientos de arte y diseño modernos de todo el siglo XX y los inicios del XXI. Mondrian continuó explorando y refinando sus nociones acerca del color y la forma puros, y sus abstracciones inflexibles se consideran los epítomes del arte vanguardista. En 1938 emigró a Londres, desde donde se trasladó a Estados Unidos en 1940. Considerado uno de los artistas más importantes del siglo XX, influyó en generaciones de artistas y diseñadores.

La idea en síntesis: arte abstracto puro y geométrico basado en las teorías de la teosofía

33 Bauhaus (1919-1933)

En 1919, Walter Gropius (1883-1969) fundó la escuela Bauhaus de arte, artesanía y diseño en Weimar (Alemania). Descendía del movimiento Arts and Crafts anterior en tanto que intentaba aunar las bellas artes y las artesanías, si bien, a diferencia de su antecesor, la Bauhaus aceptaba la utilidad de las máquinas.

Cuando Gropius fue designado director de las dos escuelas de arte recién creadas en Weimar, las llamó Bauhaus, la inversa de «Hausbau», que significa «construcción de casas» o «constructora». Weimar era el corazón de las nuevas ideas sociales y políticas de Alemania, pues ese mismo año los socialdemócratas habían redactado allí la Constitución de la nueva república.

Educación revolucionaria El movimiento Arts and Crafts de finales del siglo XIX se había inspirado en principios socialistas y alentaba la estrecha colaboración entre artistas y diseñadores para crear objetos de diseño simple sin una ornamentación excesiva. Se inició así una reforma generalizada en el diseño. A partir de 1907, Gropius había colaborado con un grupo de artistas y diseñadores vanguardistas en una organización llamada Deutsche Werkbund. Doce años más tarde se dispuso a reorganizar y dirigir la Bauhaus guiado por sus ideas radicales acerca de su organización y objetivo. Dispuesto a acercar el arte, la artesanía y la industria, estructuró la escuela de manera distinta al resto de escuelas de arte y diseño. En breve la Bauhuaus cobró fama por sus revolucionarios métodos de enseñanza y por sus numerosos maestros y alumnos vanguardistas. Entre el personal docente figuraban artistas y diseñadores como Paul Klee, Lionel Feininger, Johannes Itten (1888-1967), Marcel Breuer (1902-1981), Josef Albers (1888-1976) y Kandinsky.

Cronología

1919	1920	1921	1925
Walter Gropius funda la Bauhaus en Weimar.	Gunta Stölzl empieza a enseñar en la Bauhaus.	Paul Klee y Vassily Kandinsky se incorporan como maestros a la Bauhaus.	M. Breuer enseña en la Bauhau M. Brandt produce su icónica tetera de plata; H. Bayer diseña tipografía de palo seco *Univers*

El arte en la industria La Bauhaus surgió de la fusión de la Academia de Bellas Artes y la Escuela de Artes y Oficios de Weimar, y los alumnos se formaban tanto en la teoría como en la práctica de las artes, y aprendían a crear productos artísticos a la par que comercialmente viables. Gropius imaginó una comunidad en la que maestros y estudiantes trabajaran y convivieran en igualdad y armonía, salvando el abismo entre el arte y la industria. Los ideales de William Morris (1834-1896), cabecilla del movimiento Arts and Crafts, influyeron en la planificación de la escuela de Gropius. No obstante, en muchos sentidos la Bauhaus fue la antítesis del movimiento anterior, pues asimiló la cultura mecánica y la producción en serie del siglo xx, mientras que los artistas y diseñadores del Arts and Crafts las habían rehuido.

Tres centros

La Bauhaus existió en tres ciudades alemanas. Nació en Weimar en 1919, pero hacia 1925, tras la caída de la República de Weimar, tuvo que abandonar su sede. La ciudad industrial de Dessau se antojó entonces la ubicación más pertinente, y allí Gropius diseñó un complejo moderno compuesto de hormigón, vidrio y acero, con aulas, dormitorios y facultades agrupadas. En 1932, la Bauhaus se trasladó a Berlín, pero en 1933 los nazis la clausuraron.

La Bauhaus fue la primera escuela de arte moderna en la que se combinó educación de bellas artes y de diseño. Construida en torno al concepto de que el oficio es la base de toda forma artística, todos los estudiantes realizaban un curso preliminar de seis meses de duración que cubría una amplia gama de aspectos prácticos y teóricos del arte, las artesanías y el diseño. A continuación, los alumnos cursaban especializaciones durante tres años, durante los cuales contaban con

«Nuestro principio rector era que el diseño no era un asunto ni intelectual ni material, sino simplemente una parte integral de la esencia de la vida, necesario para cualquiera en una sociedad civilizada.»

Walter Gropius

1926 Se inaugura el nuevo edificio de la Bauhaus, diseñado por Gropius, en Dessau; Breuer diseña una silla de acero tubular.

1928 Hannes Meyer es designado director de la Bauhaus.

1930 Mies van der Rohe es nombrado director de la Bauhaus; la escuela se traslada a Berlín.

1933 Los nazis cierran la Bauhaus.

«El diseño no es una profesión, sino una actitud.»

László Moholy-Nagy

dos maestros: un artista y un artesano. Entre las especializaciones figuraban: metalistería, carpintería, cestería, cerámica, pintura, tipografía, fotografía, imprenta y escultura y, con el tiempo, también se incluyó la arquitectura. Todos los estudiantes aprendían a diseñar objetos funcionales concebidos para producirse en serie. En 1923, la escuela adoptó el eslogan «El arte en la industria».

Dirección y publicidad Además de trasladarse a tres ubicaciones, la Bauhaus estuvo dirigida por tres directores-arquitectos distintos: Walter Gropius entre 1919 y 1928, Hannes Meyer (1889-1954) entre 1928 y 1930 y Ludwig Mies van der Rohe (1886-1969) entre 1930 y 1933. Los cambios resultaron en modificaciones frecuentes en el programa de estudios, el cuerpo docente y la política interna. Así, por ejemplo, el taller de cerámica quedó interrumpido cuando la escuela se trasladó de Weimar a Dessau. Con todo, los ideales de la Bauhaus se mantuvieron incólumes: siempre se apostó por un diseño simple y funcional, con el convencimiento de que los artículos bien diseñados podían producirse en serie.

Con una promoción espectacular, la reputación de la escuela se extendió velozmente. Uno de los departamentos más populares fue el de tipografía, que cobró una importancia creciente bajo figuras como el pintor László Moholy-Nagy y el diseñador gráfico Herbert Bayer (1900-1985). En 1925, Gropius encargó a Bayer el diseño de una tipografía para toda la comunicación y publicidad de la Bauhaus. Bayer diseñó una tipografía geométrica de palo seco, sencilla y sin mayúsculas, cosa que rompió esquemas en el diseño gráfico.

Cuando Meyer reemplazó a Gropius en 1928 suprimió las partes del currículo escolar que consideraba demasiado formales. Simultáneamente se centró en la función social de la arquitectura y el diseño. Bajo la presión de un Gobierno cada vez más derechista, en 1930 Meyer fue sustituido por el arquitecto Mies van der Rohe. Mies también modificó el currículo escolar, depositando un mayor énfasis en la arquitectura. La coyuntura política en Alemania, día a día más inestable, combinada con la arriesgada situación financiera de la Bauhaus lo llevaron a reubicar la escuela en Berlín en 1930, donde funcionó a una escala mermada. Con todo, en 1933, las presiones del nazismo obligaron a clausurar la Bauhaus. Muchas de sus figuras clave emigraron al Reino Unido y de allí a Estados Unidos, donde su trabajo y filosofías sobre la docencia influyeron en generaciones de jóvenes diseñadores. La defensa de la Bauhaus de un diseño funcional óptimo fue una influencia capital en el siglo xx.

Arquitectura Bauhaus

Cuando la Bauhaus se trasladó a Dessau, Gropius diseñó un edificio nuevo y revolucionario que ejemplarizaba sus principios. Erigido en sólo trece meses, configuraba un entorno de trabajo ideal para los alumnos y profesores de la Bauhaus. Se aprovecharon materiales y procesos modernos, con un armazón de hormigón armado, grandes ventanales y cubiertas planas. El complejo estaba integrado por tres alas: la escuela, los talleres, y las zonas de vivienda y administración para el personal y los alumnos. Aquel paradigma de la arquitectura moderna acabó por convertirse en uno de los edificios más famosos e influentes del movimiento moderno.

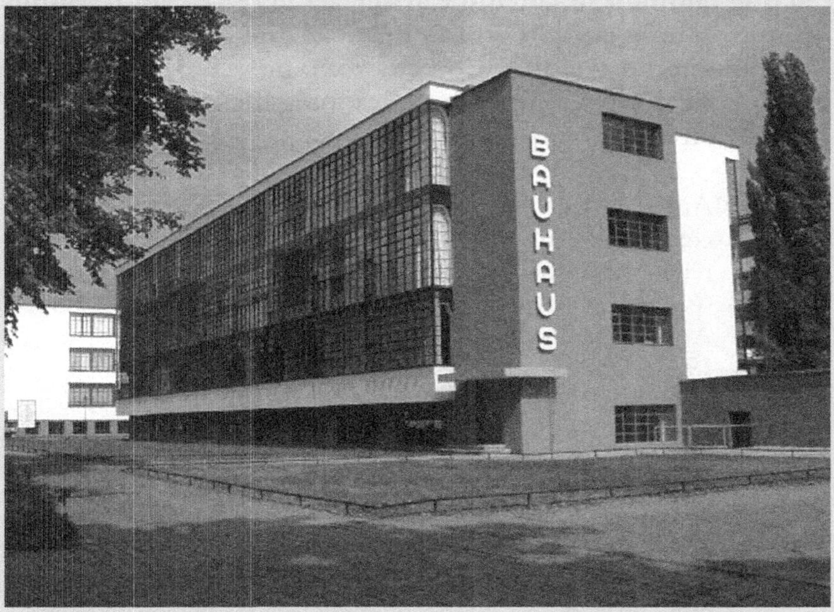

Edificio de la Bauhaus, Dessau, 1926

La idea en síntesis: integración del arte, las artesanías y el diseño en objetos modernos y funcionales

34 Pintura metafísica

(1917-década de 1920)

A modo de reacción frente al cubismo y el futurismo, en 1917 Giorgio de Chirico (1888-1978) fundó el movimiento artístico italiano Pittura metafisica (o Pintura metafísica), al que también se vinculó Carlo Carrà (1881-1966). Ambos pintaron imágenes ilógicas y oníricas que se antojaban extrañamente creíbles. Con sus yuxtaposiciones inesperadas y espectaculares perspectivas, las imágenes pretendían influir en el subconsciente.

Antes de convertirse en pintor, De Chirico se había formado como ingeniero. Vivió sus primeros 23 años entre Atenas, Florencia y Múnich, y estudió arte en las tres ciudades. En Múnich se dejó inspirar por los textos de los filósofos Friedrich Nietzsche, Arthur Schopenhauer (1788-1860) y Otto Weininger (1880-1903), y por la obra de los pintores simbolistas Arnold Böcklin (1827-1901) y Max Klinger (1857-1920). En 1920 produjo en Florencia una serie de pinturas que tituló «Plazas metafísicas», bebiendo de fuentes como la filosofía, el simbolismo y la arquitectura italiana. En lo sucesivo pintó extraños paisajes urbanos oníricos.

Inquietante y sobrenatural Entre 1911 y 1915, De Chirico vivió en París. Se mostró indiferente a los muchos movimientos vanguardistas que allí vio, como el cubismo y el fovismo, mientras que admiraba a los artistas que seguían incluyendo elementos realistas en sus pinturas. Desde los albores de su carrera artística pintó figurativamente y, en París, expuso en el Salon d'Automne y en el Salon des Indépendants. Su obra no fue bien

Cronología

1906
De Chirico se traslada a Múnich y descubre las obras de Böcklin, Klinger, Nietzsche...

1910
De Chirico regresa a Milán y de allí a Florencia, donde pinta lienzos con plazas italianas de aire espectral.

1913
Dos años después de emigrar a París, De Chirico participa en el Salon des Indépendants y en el Salon d'Automne.

recibida por todos, pero, entre otros, Picasso, Apollinaire y el marchante Paul Guillaume (1891-1934) se mostraron entusiasmados con ella.

A su regreso a Italia en mayo de 1915, De Chirico fue declarado incapacitado para el ejército italiano y se pasó el resto de la primera guerra mundial pintando en Ferrara, hasta que en 1918 viajó a Roma. Sus lienzos plasmaban escenas irracionales pero harto convincentes, que se antojaban inquietantes y de pesadilla. Con una perspectiva muy marcada, sombras teatrales, figuras misteriosas y una iluminación extraña, todas las ubicaciones parecían quedas, calmadas y a menudo siniestras. Todas incluyen arquitectura fantasmagórica con rasgos clásicos, perspectivas hiperbólicas y elementos incongruentes. Muchas pinturas metafísicas incoporan objetos ilógicos e insólitos, todo lo cual genera un mayor efecto desconcertante.

Arte visionario Al pintar sus imágenes inquietantes y perturbadoras, los pintores metafísicos creían poder desvelar dimensiones más profundas y escarbar bajo las superficies visibles de la vida cotidiana. Con ello pretendían espolear a los espectadores a buscar bajo las apariencias superficiales y cuestionar los enigmas y misterios que nos rodean. Muchas imágenes muestran plazas urba-

Dos formas de existencia

La filosofía metafísica de De Chirico se fundamentaba en su creencia (basada en las teorías de Nietzsche) de que todo en el mundo visible encierra dos tipos de realidad: la existencia normal y cotidiana que todos conocemos y otra forma de ser que De Chirico describía como una «manifestación espectral o metafísica... que sólo aprecian contados individuos aislados en momentos de clarividencia». En su pintura, De Chirico buscaba traspasar la primera forma de existencia para alcanzar la segunda y, a través de sus obras, ayudar a los demás a experimentar esa segunda forma esquiva de realidad. En 1918 publicó su manifiesto «Noi Metafisica» exponiendo sus objetivos.

1917
EE. UU. se une a la primera guerra mundial; en Italia, De Chirico conoce a Carrà, Morandi y De Pisis.

1918
Fin de la primera guerra mundial; *Naturaleza muerta metafísica,* Giorgio Morandi.

1920
Una discusión entre De Chirico y Carrà provoca la disolución del grupo.

«Encierra mucho más misterio la sombra de un hombre caminando en un día soleado que ninguna religión en el mundo.»

Giorgio de Chirico

nas desiertas y desoladas o espacios cerrados opresivos. Edificios y estatuas se alzan rígidos y silentes, proyectando sombras alargadas y extrañas; trenes pasan en la distancia, los relojes marcan las horas en las calles vacías. Estas pinturas jamás incluyen indicaciones reales de horas o ubicaciones exactas, sino que intentan atacar al inconsciente del espectador con sensaciones de aprensión y suspense. Los artistas metafísicos pretendían llamar la atención sobre los misterios de todo lo que nos rodea. Carrà afirmó que su conciencia de los objetos cotidianos apuntaba a un «estado del ser superior y más oculto», y él y De Chirico creían estar siguiendo las tradiciones distinguidas del arte italiano anterior, en particular las pinturas de Giotto y Uccello.

Valori Plastici

Entre 1918 y 1921 se publicó en Roma el periódico de arte *Valori Plastici* en italiano y francés. Su editor era el crítico y pintor Mario Broglio (1891-1948). Los primeros números incluían artículos de De Chirico, Carrà y Savinio, quienes explicaron los principios de la pintura metafísica. Si bien la publicación también contenía artículos sobre el arte vanguardista, como el cubismo y el neoplasticismo, principalmente criticaba el arte moderno y abogaba por un retorno a las tradiciones pictóricas de la Italia clásica y al uso de técnicas expertas y representaciones naturalistas.

La Scuola Metafisica La expresión «Pittura metafisica» la utilizó por vez primera Apollinaire en torno a 1913 para describir el estilo pictórico de De Chirico. Entre tanto, en Italia, Carrà se había desilusionado con el futurismo y, en 1917, había conocido a De Chirico estando ambos convalecientes en un hospital en Ferrara durante la primera guerra mundial. Ambos hombres empezaron a colaborar, produciendo unas obras inquietantes a la par que extrañamente realistas. Se les unieron el hermano menor de De Chirico, Alberto Savinio (1891-1952), escritor y compositor, el pintor Giorgio Morandi (1890-1964) y Filippo

«Para ser verdaderamente inmortal, una obra de arte debe sobrepasar todos los límites humanos: la lógica y el sentido común sólo pueden interferir.»

Giorgio de Chirico

de Pisis (1896-1956), un poeta y posterior pintor. Entre todos formaron la Scuola Metafisica («Escuela Metafísica»). Debatieron y exploraron las ideas de los filósofos alemanes que De Chirico había estudiado mientras vivía en Múnich: teorías como el conocimiento intuitivo de Schopenhauer, el concepto del enigma de Nietzsche o la metafísica geométrica de Weininger. También analizaron la obra de los simbolistas y el orfismo que Apollinaire había revelado a De Chirico en París. Todos éstos devinieron factores esenciales subyacentes a sus ideas. A diferencia de los futuristas, los pintores metafísicos no experimentaron con nuevas técnicas pictóricas, sino que se limitaron a plasmar sus inusitadas visiones en un estilo fluido y a una manera bastante clásica.

Surrealismo En otoño de 1919, De Chirico publicó un artículo en *Valori Plastici* titulado «El retorno del artesano». En él recomendaba retomar los métodos tradicionales de la pintura y la representación. Un año más tarde se discutió amargamente con Carrà y el grupo se disolvió, si bien en 1921 ambos expusieron junto a Morandi en una muestra colectiva titulada «Joven Italia». Pese a tratarse de un movimiento efímero, sus ideas e ideales tuvieron un gran ascendiente: Italia vivió un renacer del clasicismo, en Alemania estimularon considerablemente a varios artistas y, quizá lo más importante, en Francia ayudaron a inspirar el surrealismo.

La idea en síntesis: desvelar verdades enigmáticas ocultas tras las apariencias

35 Renacimiento del Harlem

(décadas de 1920 y 1930)

Durante las décadas de 1920 y 1930 se produjo un *boom* de actividad creativa entre los norteamericanos negros que habitaban en el barrio neoyorquino del Harlem. Entre las artes que exploraron figuraron la música, la danza, el cine, la pintura, el teatro y el cabaré, todas ellas inpiradas por su legado africano. Esta tendencia se conoció como el New Negro Movement, en honor al libro de 1925 del historiador de arte Alain Locke *The New Negro*.

Entre 1910 y 1930, dos millones de norteamericanos de ascendencia africana emigraron desde los estados sureños de Estados Unidos hacia ciudades del norte como Chicago, Filadelfia, Cleveland y Nueva York. Muchos afroamericanos ricos y cultivados se afincaron en el Harlem, un barrio periférico neoyorquino de reciente construcción. En torno a esas fechas, el libro de Locke *The New Negro* espoleó a los artistas negros a revigorizar su creatividad aprovechando su legado cultural.

La gran migración La guerra de secesión había finalizado en 1865. Hasta entonces, el 95 por 100 de los afroamericanos habían vivido como esclavos en el sur. Tras la guerra, los estados sureños privaron a los esclavos liberados de su derecho al voto y la mayoría de los entretenimientos y servicios se segregó por razas. Cuando a principios del siglo XX empezaron a surgir en los estados norteños puestos de empleo gracias a la industrialización, miles de negros se trasladaron allí desde el sur. En 1917, cuando Estados Unidos se unió a la primera guerra mundial, pese a negárseles la ciudadanía completa y padecer prejuicios generalizados, cientos de

Cronología

1919
En EE. UU., los afroamericanos protestan por los linchamientos.

1923
Se presenta en Broadway la primera obra de un dramaturgo negro; abre el Cotton Club; Douglas desarrolla el estilo que lo convierte en el artista oficial del Renacimiento del Harlem.

1925
The New Negro, editado por Locke, difunde las ideas del Renacimiento del Harlem.

The Crisis

En 1909, W. E. B. DuBois (1868-1963) ayudó a fundar la organización interracial National Association for the Advancement of Coloured People (NAACP). DuBois fue un sociólogo de la cultura negra pionero que además fundó y editó mensualmente la revista de la NAACP, *The Crisis*, en 1910. El título procedía del poema «The Present Crisis» de James Russell Lowell (1819-1891), que analizaba cómo la crisis por la esclavitud había conducido a la guerra de Secesión. En lugar de utilizar medios políticos directos para propiciar la reforma social y defender los derechos civiles y la igualdad, la revista usaba la cultura para educar y atraer a la comunidad blanca y contenía poesía, artículos, relatos e ilustraciones de escritores y artistas afroamericanos vinculados con el Renacimiento del Harlem. Hacia 1920 contaba con una circulación de cien mil ejemplares.

miles de afroamericanos apoyaron a su país y se alistaron al ejército. Pese a que hubo quienes fueron recibidos como héroes al regresar a sus hogares, como el Regimiento 369 de la infantería, íntegramente afroamericano, muchos seguían siendo despreciados. En 1919 las revueltas por problemas raciales reflejaron las crecientes rivalidades por el acceso a empleos y viviendas, mientras que un número creciente de negros seguía emigrando al norte. A partir de 1920, muchos norteamericanos negros establecidos en los estados norteños empezaron a celebrar sus raíces a través del arte, la literatura, la música y la danza. Esta exaltación de sus orígenes se apodó New Negro Movement. Muchos de sus participantes pertenecían a la Gran Migración, si bien también había artistas e intelectuales afrocaribeños procedentes de las Indias Occidentales Británicas o

«Somos jóvenes artistas negros que queremos expresar nuestros yoes de piel oscura sin miedo ni vergüenza.»

Langston Hughes

1929	1931	1934
El espectáculo de Broadway *Ain't Misbehavin'* incluye música del pianista Fats Waller; la Bolsa neoyorquina quiebra.	Savage inaugura la Savage School of Arts and Crafts en el Harlem.	Se encarga a Douglas una serie de murales titulada «Aspectos de la vida de los negros» para la sede en el Harlem de la Biblioteca Pública.

de París, quienes habían emigrado a Estados Unidos en busca de una vida mejor tras la primera guerra mundial. Muchos se afincaron en el Harlem y el movimiento cultural pronto fue rebautizado como el Renacimiento del Harlem.

Integración racial y social A medida que los norteamericanos negros se establecían en los estados norteños de Estados Unidos, muchos desearon expresar sus identidades, su resurgir tras la esclavitud y sus vínculos culturales con África. Muchos de los que se criaron en el vecindario del Harlem eran ciudadanos de clase media y cultos capaces de expresarse con fluidez y sentido que no sólo se enorgullecían de su legado cultural sino que, con frecuencia, desmontaron algunos estereotipos racistas. Sus interpretaciones artísticas redundaron en una mayor estima hacia ellos y, por ende, propiciaron la integración racial y social. Por primera vez, las pinturas, los textos, la música y los bailes afroamericanos fueron asimilados por la cultura estadounidense general. Tras haber estado severamente oprimidos, los afroamericanos empezaron a creer que podían esperar más de la vida y, motivados por este optimismo, se expresaron de modos que muchos apreciaron y disfrutaron.

Culturas y características diversas El Renacimiento del Harlem, que se prolongó aproximadamente desde el fin de la primera guerra mundial hasta justo antes de la segunda, no giró en torno a una característica o un estilo nuclear. En su lugar, en respuesta a la diversidad de culturas de las que procedían los artistas, sus obras abarcaban un gran espectro de elementos y planteamientos culturales. Pese a contar con mecenazgo negro, los artistas del Renacimiento del Harlem también dependían del apoyo de mece-

Jazz

La música jazz fue un poderoso elemento del Renacimiento del Harlem. Con el tiempo se popularizaría entre norteamericanos blancos y negros, desdibujando las diferencias y, tras superar muchísimos prejuicios, ayudaría a los artistas del Renacimiento del Harlem a comunicarse con todo el mundo. Blancos y negros se congregaban para bailar y escuchar jazz, lo cual contribuyó a difuminar las líneas de la segregación y allanó el terreno para erradicar la discriminación. Las pinturas del Renacimiento del Harlem solían plasmar escenas de la vida nocturna, con grupos de jazz, baile y cabarés.

nas blancos, quienes, al estar mejor conectados, podían ofrecerles mejores oportunidades. Muchos mecenas blancos se interesaron particularmente en lo que consideraban la cultura «primitiva» de los americanos negros.

Varios artistas participaron en el Renacimiento del Harlem. Aaron Douglas (1898-1979), el llamado «padre del arte afroamericano», alcanzó la fama por sus murales para edificios públicos y sus ilustraciones y diseños de portadas para muchas publicaciones, incluidas las dos revistas principales del Renacimeinto del Harlem *The Crisis* y *Opportunity*. William H. Johnson (1901-1970) llegó al Harlem desde Carolina del Sur en 1918 y fue el primer artista de linaje africano que alcanzó un reconocimiento general en el mundo del arte estadounidense. Su obra mezclaba un estilo primitivo con elementos de la modernidad y temas de la vida cotidiana afroamericana. Lois Mailou Jones (1905-1998) nació en Boston, empezó a pintar de niña y continuó haciéndolo aún siendo nonagenaria; sus lienzos y diseños de tejidos rebosantes de vida lucían colores intensos, formas y estampados geométricos lisos y apostaban por los estilos primitivos tan admirados a la sazón. Sargent Claude Johnson (1888-1967) se trasladó a California en 1915 y trabajó como pintor, ceramista, alfarero, impresor y diseñador gráfico, pero sobre todo como escultor; recibió mulitud de galardones por sus esculturas, donde explotaba su identidad racial. Charles Alston (1907-1977) emigró a Nueva York desde Carolina del Norte en 1913; además de pintar murales por todo el Harlem, dirigó el taller de arte Alston-Bannarn Harlem Art Workshop junto con el pintor y escultor Henry Bannarn (1910-1965).

«Si tienes que preguntar qué es el jazz, jamás lo entenderás.»

Louis Armstrong

La idea en síntesis: expresiones creativas afroamericanas de cultura y raza

36 Muralismo mexicano

(décadas de 1920 y 1930)

La revolución mexicana tuvo lugar en 1910 y no tardó en convertirse en una guerra civil que se prolongó hasta 1920, con posteriores rachas intermitentes de malestar durante toda la década. En aquel lapso, un reducido grupo de artistas mexicanos produjo pinturas a gran escala en espacios públicos concebidas para educar, inspirar e inculcar la idea de una identidad nacional y socialista.
Se los conoció como los muralistas mexicanos.

Si bien el muralismo mexicano respondía a la coyuntura política, los pintores involucrados también se inspiraron en una serie de movimientos artísticos europeos, como el del Renacimiento, el posimpresionismo, el cubismo, el expresionismo, el simbolismo y el surrealismo. Además, bebieron del arte y la cultura de su legado cultural, como el arte tradicional mexicano. Los artistas más destacados del movimiento muralista mexicano fueron José Clemente Orozco (1883-1949), Diego Rivera (1886-1957) y David Alfaro Siqueiros (1896-1974), conocidos colectivamente como Los Tres Grandes.

Arte público De las muchas revoluciones de la historia de México, la más importante acaeció entre 1910 y 1920. En 1922, el nuevo Gobierno revolucionario nacional, en especial el ministro de Educación, José Vasconcelos (1882-1959), decidió usar el arte con fines propagandísticos y recurrió a los artistas para crear una nueva conciencia nacional; para ello les encomendó que se concentraran en las vidas de los oprimidos, que potenciaran la confianza en el país y que realzaran el optimismo del nuevo México frente a

Cronología

1910	1917	1920	1921
Empieza la revolución mexicana.	José Clemente Orozco viaja a EE. UU. por vez primera.	Se establece en México el nuevo Gobierno revolucionario nacional; Rivera y Siqueiros se inspiran en los frescos renacentistas de Italia.	Rivera regresa a México desde París y participa en una comuna de artistas.

El mayor mural

Esta obra de Siqueiros, pese a ejecutarse años después de que el movimiento del muralismo mexicano concluyera, demuestra su influencia perdurable, sobre todo en México. El Polyforum es parte del complejo arquitectónico del World Trade Centre de México, y acoge un sinfín de actividades culturales, políticas y sociales de la ciudad. Lo financió Manuel Suárez (1896-1987), un empresario y mecenas de las artes, y consta de doce paneles exteriores cubiertos con murales que ilustran *La marcha de la humanidad.* Siqueiros pintó en la mayoría de las superficies de este edificio de formas inusitadas y creó el mayor mural del mundo. Las imágenes reflejan la evolución de la civilización desde el pasado hasta el presente e incluyen una visión del futuro.

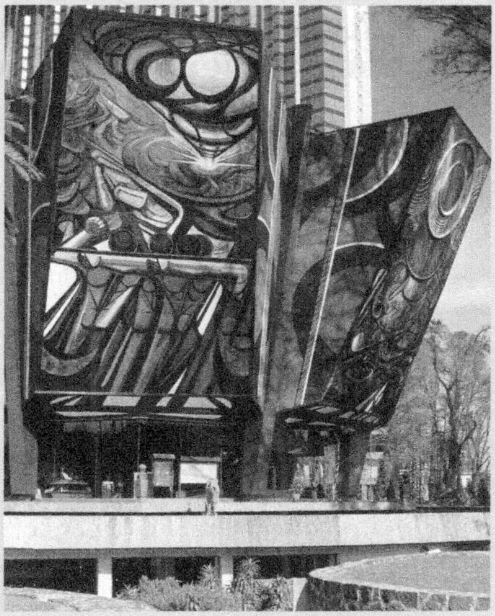

Polyforum Cultural Siqueiros, David Alfaro Siqueiros, 1971, paneles de asbesto, cemento, metal, acrílico y piroxilina

la opresión y la injusticia que existían antes de la revolución. El nuevo Gobierno encargó a determinados pintores que produjeran un gran número de murales que resultaran accesibles a todos los públicos y enfatizaran los puntos fuertes de México y ayudaran a conformar un país más democrático, sin barreras de clase ni prejuicios. El muralismo mexicano fue el programa más potente y amplio de pintura mural esponsorizado por un Estado desde el Renacimiento italiano, y los murales demostraron el compromiso de los artistas con la política de ala izquierdista posrevolucionaria. Siqueiros fue el artista más políticamente activo de los tres: estuvo

1923	1928	1932-1933	1935-1939
Rivera, Orozco y Siqueiros pintan murales para la Escuela Preparatoria Nacional Mexicana.	*La noche de los ricos,* Diego Rivera.	Rivera pinta 27 murales en Detroit para la Ford Motor Company; *Retrato de México hoy,* Siqueiros.	Orozco pinta la serie «El pueblo y sus dirigentes» en el palacio gubernamental de Guadalajara.

«Condenamos la llamada pintura al caballete y el arte producido por círculos ultraintelectuales por considerarlo aristocrático y enaltecemos la expresión del arte monumental por ser propiedad pública.»

David Siqueiros

encarcelado un tiempo y luchó en la guerra civil española, si bien los tres eran patriotas y socialistas de pro. Los murales que pintaron debían transmitir mensajes sociopolíticos a todo el mundo, incluso a los analfabetos. La mayoría de los murales se pintó en espacios públicos de la capital, México D. F., y en Guadalajara, la segunda ciudad más grande de México. Expresaban el orgullo por México y, cada uno a su manera, plasmaban el pasado indígena. El muralismo se patrocinó a conciencia, pues era una forma de arte tradicional establecida en México que jamás había desaparecido por completo. Por ejemplo, las pinturas murales formaban parte de la cultura maya y también estuvieron presentes más tarde en las iglesias barrocas españolas de México.

Estilo realista Pese a que la mayoría de los murales mexicanos es de estilo realista, con narraciones claras y sencillas para poder ser entendidos fácilmente por cualquier espectador, todos los artistas mezclaron influencias tradicionales y modernas y cada uno se las ingenió para hallar modos individuales de responder a las demandas del programa político y crear una obra mexicana pero también universal, decorativa, educativa e inspiradora. Rivera, por ejemplo, el líder del movimiento, se inspiraba en el arte moderno y prehispánico (es decir, anterior a la colonización europea del siglo XVI). Había vivido en Europa entre 1907 y 1921, principalmente en París, donde había colaborado con Picasso y Gris y donde desarrolló su propia forma colorida y descarada de cubismo sintético. En sus murales (y frescos) incluyó elementos de culturas precolombinas, al tiempo que incorporó varias técnicas cubistas, como basar sus composiciones en retículas diagonales y no usar la perspectiva tradicional o incorporar elementos del simbolismo de Gauguin. La obra de Orozco estuvo influida por el expresionismo, con sus colores sombríos e impactantes que realzaban el sufrimiento del pueblo mexicano, mientras que el trabajo de Siqueiros fue más dinámico y espectacular, con colores muy contrastados, influencias del surrealismo, el folclor y Miguel Ángel, cuya obra había estudiado durante una visita a Europa entre 1919 y 1922.

Muralismo mexicano en Estados Unidos La influencia de estos artistas se extendió rápidamente y gozaron de gran popularidad en Estados Unidos, dondo todos participaron en proyectos de arte público e influyeron en varios movimientos artísticos ulteriores. A comienzos de la década de 1930, Rivera vivió en San Francisco, Detroit y Nueva York, donde pintó murales para edificios municipales. En 1931, el Museo de Arte Moderno le dedicó una retrospectiva, para la que pintó varios frescos portátiles a escala reducida. Entre 1927 y 1934, Orozco vivió en Nueva York y pintó una serie de murales para la New School for Social Research de la ciudad. Siqueiros residió en Nueva York a principios de la década de 1930 y allí participó en una exposición de «Arte Gráfico Mexicano», además de pintar un mural en Los Ángeles con un equipo de estudiantes.

Arte indígena mexicano

Las tradiciones artísticas indígenas de Centroamérica y Suramérica quedaron arrasadas por la colonización europea en el siglo XVI. Los principales colonos españoles y portugueses optaron por recrear sus poblaciones, ciudades y sociedades en las nuevas colonias, cosa que más o menos erradicó el arte indígena. Sin embargo, a partir del estallido de la revolución mexicana, el arte tradicional mexicano, sobre todo de las culturas precolombinas, volvió a alentarse una vez más.

Al ser el mecenazgo irregular en México, el muralismo mexicano vivió intermitencias cuando Los Tres Grandes se hallaban en EE. UU. Los artistas adaptaron sus estilos para producir lienzos más pequeños, esenciales para dar a conocer su obra mejor fuera de México y en Estados Unidos, además de para engrosar sus estipendios, cosa que necesitaban. Todos recibían encargos privados para estas pinturas más pequeñas, a menudo de mecenas estadounidenses.

La idea en síntesis: arte público a gran escala para difundir esperanza y el legado cultural mexicano

37 Nueva objetividad (1923-1933)

Muchos de los artistas involucrados en la Neue Sachlichkeit, o «nueva objetividad», procedían del expresionismo, el cubismo, el futurismo o el dadaísmo. Surgida en Alemania durante la década de 1920, la nueva objetividad supuso una reacción contra el arte vanguardista en general y el expresionismo y la abstracción en particular, pero sobre todo contra los horrores de la primera guerra mundial y la sociedad que fraguó en su estela.

Los artistas alemanes que se clasificaron dentro del movimiento de la nueva objetividad buscaban denunciar la corrupción y las contradicciones que testimoniaron a su alrededor. La conmoción y la desilusión provocadas por la primera guerra mundial y los acontecimientos que la siguieron les imbuyeron de una actitud utópica y, a diferencia de muchos otros movimientos artísticos contemporáneos, en lugar de mirar hacia un mundo más perfecto, consideraban que para protestar mejor y asimilar los acontecimientos debían plasmar la realidad tal como la veían y señalar cuán errónea era.

Expresiones imparciales La nueva objetividad fue por ende tan, emocional como el resto de movimientos vanguardistas, si bien los artistas procuraron permanecer objetivos y reflejar la sociedad en sus representaciones para realzar los fracasos de la guerra, del Gobierno de Weimar subsiguiente y de la sociedad en general. Aun así, en lugar de tratarse de un movimiento plenamente desarrollado y coherente, la nueva objetividad fue más una tendencia o corriente; los artistas trabajaron de manera individual y no se vincularon en grupos. A causa de ello, muchos historiadores siguen debatiendo si puede considerarse un movimiento. Ahora

Cronología

1918
Acaba la primera guerra mundial. Alemania es declarada república.

1919
Tratado de Versalles; se instaura la República de Weimar en Alemania.

1920
Imagen de familia, Max Beckmann.

1921
Adolf Hitler asume las riendas del Partido Nazi; el marco alemán se desploma.

bien, todos los artistas compartían un desencanto soterrado con el arte abstracto que se había generalizado. Los adscritos a la Neue Sachlichkeit estaban operativos en las ciudades alemanas de Berlín, Dresde, Karlsruhe, Colonia, Düsseldorf, Hanover y Múnich. Y si bien había similitudes entre ellos, cada uno expresó sus sentimientos a su manera. Gustav Friedrich Hartlaub (1884-1963), director del museo Stadlische Kunsthalle de Mannheim, utilizó por primera vez el término «nueva objetividad» en 1923 para describir a estos artistas que habían dado la espalda a las ideas de la modernidad y volvían la mirada hacia valores pictóricos tradicionales.

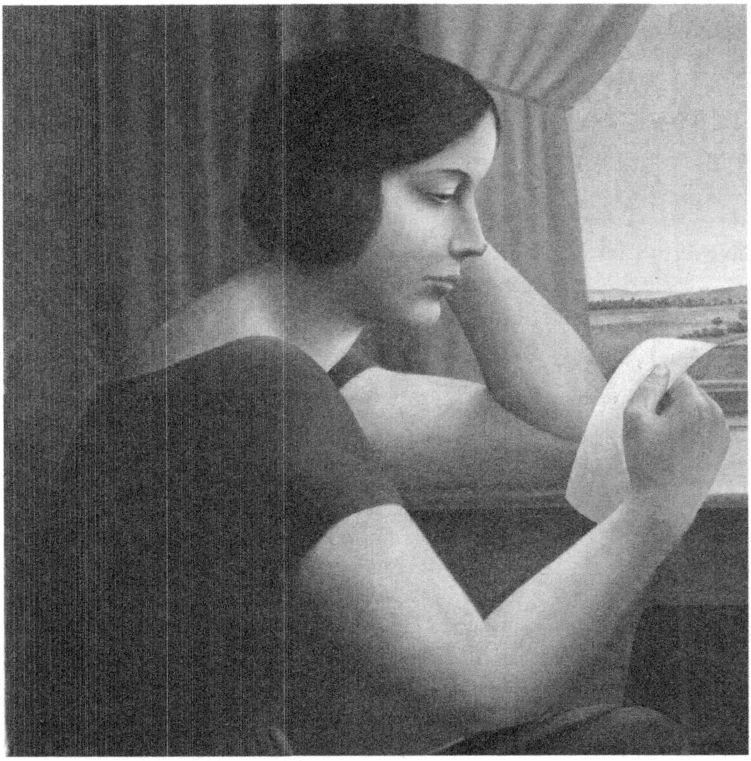

Martha, Georg Schrimpf, 1925, óleo sobre lienzo

1925	1926	1927	1933
Se celebra «Die Neue Sachlichkeit», Hitler publica *Mein Kampf* («Mi lucha»).	*Los pilares de la sociedad*, George Grosz.	*Autorretrato con modelo*, Christian Schad.	Hitler jura su cargo como canciller del Reich alemán. Define el Neue Sachlichkeit como «arte degenerado».

Escenas cotidianas en situaciones irreales Inclinándose por los estilos pictóricos más detallados y realistas del Renacimiento nórdico, los artistas de la nueva objetividad realizaron composiciones esmeradas poniendo suma atención en la perspectiva, la precisión de los contornos, una paleta natural o atenuada, y el uso de pintura aclarada y pinceladas no obstrusivas. Las figuras se situaban en el centro de cada tema, por lo general interiores domésticos u otras escenas cotidianas en situaciones que se antojaban irreales.

«Mi objetivo es que todo el mundo me entienda. Rechazo la "profundidad" que el público exige en la actualidad.»

George Grosz

Los principales exponentes de la nueva objetividad fueron Beckmann, Dix, Grosz, Herbert Böttger (1898-1954), Georg Scholz (1890-1945), Conrad Felixmüller (1897-1977), Georg Schrimpf (1889-1938), Christian Schad (1894-1982) y Rudolf Schlichter (1890-1955). Otto Dix y George Grosz habían combatido en la primera guerra mundial y experimentado en primera persona las atrocidades de las trincheras. Eran firmes opositores de la coyuntura política y económica de Alemania desde finales de la guerra y buscaban transmitir su desacuerdo con los acontecimientos desde 1918. Dix pintó las atrocidades de la guerra y la corrupción del Berlín de la posguerra, y Grosz plasmó su disgusto con la sociedad alemana de posguerra en general.

Realismo mágico

El periodista y crítico de arte Franz Roh (1890-1965) escribió un artículo acerca de algunas obras que contempló en la exposición celebrada en Hartlaub en 1925, titulada «Nach Expressionismus: Magischer Realismus» («Después del expresionismo: realismo mágico»). El realismo mágico equivalía básicamente a lo que Hartlaub denominó la vertiente clasicista de la Neue Sachlichkeit. Roh recalcó que prefirió el adjetivo «mágico» a «místico» en alusión a los elementos mágicos de muchas de las pinturas. El uso del término se difundió, si bien no se aplicó de manera coherente y durante la segunda mitad del siglo XX describió otro estilo de escritura y pintura en América y Europa.

En 1925, el Museo de Hartlaub acogió una gran exposición titulada «Die Neue Sachlichkeit: Deutsche Malerei seit dem Expressionismus» («La nueva objetividad: pintura alemana desde el expresionismo») en la que se exhibieron más de 120 pinturas de 32 artistas. En la introducción al catálogo de la exposición escribió que había dos tipos de artistas de la Neue Sachlichkeit: los veristas, o narradores de la verdad, de izquierdas, agresivos y dispuestos a reflejar las inseguridades y ansiedades subyacentes con respecto al presente y el fan-

«Llegará un día en que el artista dejará de ser ese bohemio anarquista y engreído y se convertirá en un hombre rico que trabaja claramente en una sociedad colectivista.»

George Grosz

tasmal recuerdo de la guerra, y los clasicistas, quienes eran menos hostiles y pintaban imágenes menos inquietantes y más objetivas en aras de captar la atemporalidad y el orden presente. Los veristas distorsionaban las apariencias para realzar la fealdad y provocar potentes reacciones en los espectadores. Dix y Grosz eran ejemplos de veristas, mientras que Schrimpf y Carl Grossberg (1894-1940) eran clasicistas (pronto se los clasificaría como realistas mágicos).

Crítica social De manera que, mientras por un lado se desarrollaban el surrealismo, el expresionismo y los estilos de abstracción geométrica, los nuevos objetivistas generaban una crítica social más franca. Su cinismo estaba alimentado, como en el caso del dadaísmo, por la primera guerra mundial, si bien la nueva objetividad recurría al detalle realista para destacar los horrores y la corrupción de las personas y la sociedad. La nueva objetividad puede compararse con el realismo social surgido predominantemente en Estados Unidos, pese a que la interpretación artística fue más agresiva en Alemania.

En sus críticas a la corrupción y la extravagancia en su país tras la derrota en la primera guerra mundial y a la ineficaz República de Weimar que gobernó hasta 1933, los pintores de la nueva objetividad probaron distintos enfoques. Beckmann retrató escenas amenazantes en un estilo que recordaba a los vitrales medievales; Schad pintó imágenes precisas, con frecuencia eróticas, y Dix y Grosz apostaron por observaciones agresivas y satíricas de las divisiones sociales en la sociedad alemana: la crudeza de las condiciones del tratado de Versalles y la duplicidad, depravación y corrupción que experimentaban a su alrededor se plasmaron en contradicciones y yuxtaposiciones inquietantes e incómodas en sus pinturas.

La idea en síntesis: plasmar las realidades de la sociedad alemana tras la primera guerra mundial

38 Surrealismo (1924-década de 1950)

Tras la primera guerra mundial surgió en París el surrealismo, una evolución del dadaísmo. Se inició como movimiento literario cuando André Breton, Louis Aragon (1897-1982) y Philippe Soupault (1897-1990) lo definieron en su publicación de 1924 «El manifiesto surrealista». Explicaron que su objetivo primordial era liberar los procesos de pensamiento consciente de la razón y la lógica, al margen de las consecuencias.

La palabra surrealista, hoy de uso extendido, no existió hasta 1917, fecha en que la inventó Guillaume Apollinaire, el poeta, dramaturgo y crítico de arte que había acuñado los términos orfismo y pintura metafísica. El término «sur-réalisme» puede interpretarse como suprarrealidad y fue adoptado por Breton, Aragon y Soupault para su manifiesto de 1924.

Interpretación de los sueños Fuertemente influido por las teorías de Sigmund Freud (1856-1939), fundador del psicoanálisis, el exdadaísta, poeta y escritor Breton declaró que la pintura y la escritura surrealistas debían expresar nuestros pensamientos más profundos, según los estudios de Freud. En octubre de 1899, Freud había publicado su libro *La interpretación de los sueños*, en el que identificaba una parte de la mente humana donde se almacenan nuestros recuerdos, intuición e instintos básicos. La denominó inconsciente o subconsciente y explicó que estas profundidades ocultas de nuestras mentes pueden entenderse analizando nuestros sueños. También creía posible acceder al subconsciente mediante unos métodos determinados, lo cual podría ayudar a explicar el complejo funcionamiento interno de nuestra mente. Uno de los métodos que aplicó para desbloquear al subconsciente

Cronología

1924
Se publica el primer «Manifiesto surrealista», redactado en gran medida por Breton.

1925
Primera exposición surrealista en la Galerie Pierre de París, «La pintura surrealista».

1926
Se inaugura la Galerie Surrealiste con una exposición de Man Ray.

1928
Bretón publica *El surrealismo y la pintura*.

fue la «asociación libre de ideas», por la que una persona piensa racionalmente, pero no de manera intuitiva. Al poco, otros escritores y artistas se unieron al grupo surrealista y muchos usaron la teoría de la asociación libre de Freud, que Breton denominó «automatismo psíquico puro». Consistía en dejar de pensar conscientemente y permitir que el lápiz, la pluma o el pincel trazara su rastro: líneas, palabras o formas. Consideraban que de este modo conectaban con el subconsciente, y las palabras, los colores y las formas resultantes expresarían sus sentimientos y sensaciones más recónditos. Se creía que el subconsciente era la fuente de la imaginación y debía accederse a él para alcanzar la máxima creatividad. Los surrealistas pretendían fusionar consciente y subconsciente en sus creaciones, vinculando el mundo de los sueños y la fantasía con el mundo cotidiano de la razón y la lógica.

«Intento aplicar colores como palabras que dan forma a poemas, como notas que componen música.»

René Magritte

La revolución surrealista Pese a ser una evolución del dadaísmo, el surrealismo se distinguía por adoptar un planteamiento positivo, en lugar de negativo, y mientras que el dadá carecía deliberadamente de sentido, el surrealismo buscaba ser funcional. En 1924, Breton fue designado editor de la revista *La Révolution Surréaliste*, que publicó doce números en cinco años. La primera exposición surrealista se celebró en París en 1925; entre los artistas que participaron figuraron: Max Ernst (1891-1976), Jean (Hans) Arp, Man Ray, Joan Miró (1893-1983), Pierre Roy

Oficina de Investigaciones Surrealistas

En la época de la publicación del «Manifiesto surrealista», Antonin Artaud (1896-1948) inauguró en París la Oficina de Investigaciones Surrealistas, también llamada la Centrale Surréaliste. Allí se reunían los escritores y artistas para discutir sus creencias e investigar varias teorías sobre el subconsciente. El grupo se tomaba con suma seriedad sus indagaciones, que consideraban equiparables a la investigación científica.

1929
Breton publica el segundo «Manifiesto surrealista»; Salvador Dalí proyecta su película *Un Chien Andalou*.

1934
Breton imparte conferencias sobre el surrealismo en Bruselas y declara su alianza con la revolución proletaria.

1937
Dalí es expulsado del grupo surrealista por usar un estilo pictórico clásico y apoyar el fascismo.

Un perro andaluz

Estrenado en 1929, este extravagante cortometraje se hizo famoso por su irracionalidad y capacidad de conmocionar. Sin argumento ni cronología, la película en blanco y negro aplica las teorías de Freud de la asociación libre de ideas. Esta escena de un hombre rasgando el ojo de una mujer con una navaja de afeitar es de las más recordadas. El filme al completo explora la absurdidad de nuestros sueños y nuestro subconsciente. El surrealismo cautivó la imaginación del mundo y ha continuado inspirando y siendo plagiado ampliamente, tanto en literatura como en publicidad, moda, prensa, cine y otros movimientos artísticos, como Fluxus, el expresionismo abstracto, el arte de los nuevos medios y los YBA (Young British Artists).

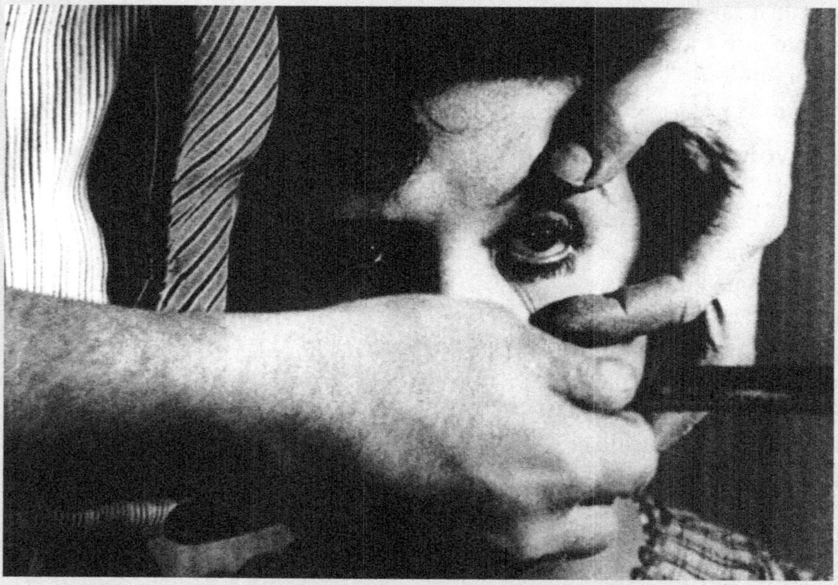

Fotograma de la película *Un Chien Andalou*, de Luis Buñuel y Salvador Dalí, 1929

(1880-1950), Picasso y De Chirico. En 1928, Breton publicó el libro *El surrealismo y la pintura*, ilustrado por Picasso, y en 1929 editó un segundo manifiesto surrealista. Ese mismo año, Salvador Dalí (1904-1989) entró a formar parte del grupo a bombo y platillo con un cortometraje extravagante, *Un perro andaluz*, codirigido por Luis Buñuel (1900-1983). Sin argumento, el filme de 16 minutos de duración usaba la asociación libre de ideas y causó sensación al ser proyectado en París.

> **«Ser surrealista significa expulsar del pensamiento todo recuerdo de lo vivido y estar siempre a la zaga de lo nunca visto.»**
>
> **René Magritte**

Tres enfoques principales El surrealismo no estipuló un estilo pictórico único, sino que hubo tres enfoques principales. El primero consistía en la creación de imágenes mediante técnicas mecánicas para estimular la imaginación. Las técnicas básicas eran el *collage* y el *frottage* («frotamiento» del lápiz sobre superficies de texturas diversas para transferir al papel estampados e imágenes de aspecto misterioso). Ernst no tardó en adaptar dicha técnica a la pintura al óleo; la bautizó *grattage* («raspado»). Los otros dos enfoques fueron más duraderos. Eran realistas y oníricos, como en la obra de artistas como Dalí y René Magritte (1898-1967), o bien se creaban mediante automatismos y con frecuencia eran de una abstracción absoluta, como en la obra de los artistas Miró y André Masson (1896-1987). Miró explicó que se obligaba a pasar hambre para experimentar alucinaciones mientras trabajaba. Con sus coincidencias, disposiciones y composiciones excéntricas, desconcertantes, incongruentes o inquietantes, las pinturas surrealistas desafiaban al espectador a cuestionar lo que veía y a buscar en su subconsciente en aras de entenderse mejor a sí mismo. Los principales pintores surrealistas fueron Arp, Ernst, Masson, Magritte, Yves Tanguy (1900-1955), Dalí, Roy, Paul Delvaux (1897-1994) y Miró. Sus ideas eran excepcionalmente radicales y Breton esperaba de sus coetáneos que vivieran, trabajaran y se comportaran con acuerdo a sus creencias. Ello explica que el surrealismo se haya comparado en ocasiones con una religión. Breton tenía una personalidad tiránica y expulsaba a quienes no acataban sus consignas o se mostraban inmanejables. Masson, Artaud y Dalí no tardaron en figurar entre los repudiados.

Hacia finales de la década de 1920, el surrealismo, con sus influencias del simbolismo, la pintura metafísica y las pinturas acongojantes de Jerónimo el Bosco (1453-1516), Goya y Henry Fuseli (1741-1825), atraía ya a muchos seguidores internacionales. Fue uno de los movimientos vanguardistas más influyentes del siglo XX y su ascendiente continúa vigente.

La idea en síntesis: liberar el poder creativo del subconsciente

39 Realismo social (décadas de 1930 a 1960)

El realismo social, que no debe confundirse con el realismo socialista, la forma de arte oficial de la Unión Soviética establecida por Iósif Stalin en 1934 y adoptada posteriormente por otros partidos comunistas, fue un movimiento artístico surgido en la década de 1930, con especial trascendencia en Estados Unidos. Solía transmitir mensajes de protesta que reflejaban injusticias sociales, políticas o raciales, o bien penurias económicas.

A raíz de la revolución industrial, muchos artistas se interesaron por las condiciones vitales y laborales de las clases bajas. En el siglo XIX, realistas como Courbet y Millet y los pintores británicos Luke Fildes (1843-1918), Frank Holl (1845-1888) y Hubert von Herkomer (1849-1914) retrataron a los pobres en sus oficios. Varios de aquellos cuadros se reprodujeron en el diario británico ilustrado *The Graphic*, que a su vez influyó en muchos artistas jóvenes.

Crítica social En los años subsiguientes a la primera guerra mundial, el realismo, con sus críticas sociales, propició la emergencia del realismo social, como parte del cual pintores, impresores, fotógrafos y cineastas reaccionaron contra el modo como muchos artistas idealizaban las penurias y desigualdades de la vida. Los realistas sociales llamaron la atención sobre la situación diaria de las clases obreras y los pobres, y criticaron las estructuras sociales que permitían y mantenían tales condiciones. Con su actitud socialista, normalmente representaban a los pobres como nobles y dignos, merecedores de una vida mejor y afrontando las penurias con entereza. Las ideas transmitidas por estos artistas comparten algunos rasgos con el arte comunista oficial del realismo socialista, si bien mientras que éste estaba patrocinado por el Gobierno, el realismo

Cronología

1913 Se celebra en Nueva York «The Armory Show», la primera Exposición Internacional de Arte Moderno en Estados Unidos.

1918 Fin de la primera guerra mundial.

1926 Raphael Soyer pinta *La lección de baile.*

1929 La Bolsa estadounidense se derrumba; Edward Hopper pinta *Chop Suey.*

social no era oficial y, por ende, era más subjetivo y personal.

Realismo socialista

El realismo socialista se concibió como «la representación de la revolución proletaria» y se produjo a modo de propaganda comunista. Hacia 1934, todos los grupos artísticos independientes fueron abolidos en la URSS y sólo se permitió el arte oficial. El realismo socialista buscaba comunicar con las masas de rusos analfabetos y plasmar su lucha contra las adversidades y su valor, incitando con ello la esperanza, el patriotismo, la acción revolucionaria y la productividad. El realismo socialista concluyó con el desmoronamiento de la Unión Soviética en 1991.

La Gran Depresión A comienzos del siglo xx, con la expansión de las clases medias, en Europa y Estados Unidos prosperaron las barriadas. Tras la primera guerra mundial, una nueva conciencia social imbuyó a muchos artistas, fotógrafos y escritores, quienes se centraron en la cruda vida de las clases más pobres, fueron bautizados como realistas sociales y, hacia la década de 1930, con la austeridad de la Gran Depresión en Estados Unidos, plasmaban ya las privaciones de los pobres de un modo desapasionado y desapegado. Muchos de ellos buscaron inspiración en la obra de los muralistas mexicanos y de los artistas de la escuela de Ashcan (un colectivo de artistas norteamericanos de principios del siglo xx que ilustraron los aspectos menos atractivos de la vida y el paisaje en la ciudad de Nueva York). Con sus escenas urbanas y rurales, los lienzos de Edward Hopper (1882-1967) reflejaban sus visiones perceptivas de la vida en Estados Unidos; aunque suele englobárselo dentro de la escuela de Ashcan, estrictamente hablando no formaría parte de ésta, puesto que Hopper no se limitó a plasmar la decadencia de la vida urbana. Entre los realistas sociales estadounidenses figuran Ben Shahn (1898-1969), quien incorporó técni-

«De poco sirve hablar de la lucha contra la pobreza; pero mostrarla en la medida de lo posible puede ayudar a reflejar las condiciones de vida de la población.»

Ben Shahn

1930

Grant Wood expone su pintura *Gótico americano;* Reginald Marsh pinta *Tuesday Night at the Savoy Ballroom.*

1936

Dorothea Lange fotografía a la *Madre inmigrante,* imagen simbólica del sufrimiento de muchas familias en Estados Unidos durante la Gran Depresión.

La cola del pan

Pese a estar asociado con el arte pop, Segal descubrió una técnica para crear esculturas a tamaño real usando yeso y vendajes médicos para inmovilizar huesos rotos y fracturas. Segal envolvía sus temas en vendajes médicos cortados empapados en yeso y, una vez se secaba éste, cortaba y quitaba la escayola endurecida. Esta cola de hombres a tamaño real con aspecto abatido la creó para el Franklin D. Roosevelt Memorial de Washington DC en las postrimerías del siglo xx. El monumento definía doce años del mandato de Roosevelt (1933-1945) y, como tal, incluía el período de la Gran Depresión, cuando la población estaba hambrienta y desalentada. La escultura refleja las obras realistas sociales de la época.

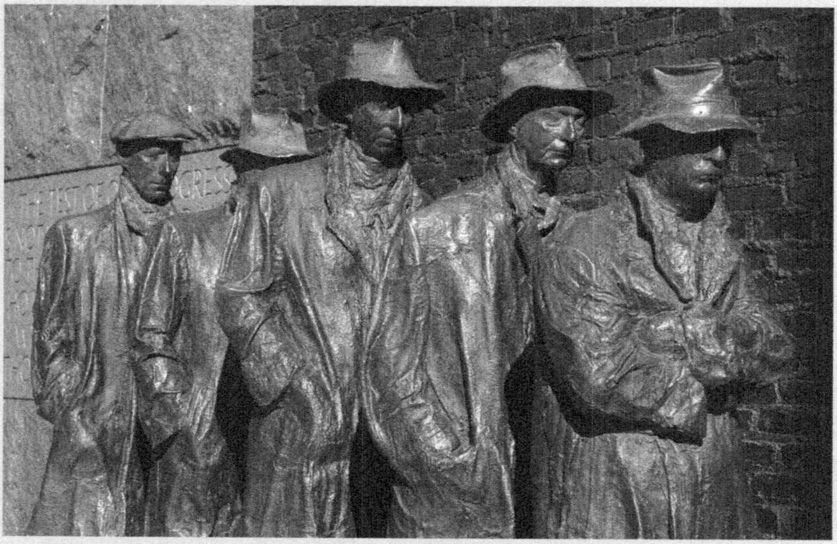

La cola del pan, George Segal (1924-2000), 1997, bronce

cas de la litografía y el diseño gráfico en su obra de estilo documental social. Fue también ayudante de Diego Rivera durante la estancia de éste en Estados Unidos. Reginald Marsh (1898-1954) pintó muchedumbres, sobre todo mujeres, en los metros, los clubes nocturnos y las calles de Nueva York. Dorothea Lange (1895-1965) fue una fotógrafa documentalista y fotoperiodista que captó la desolación humana de la Gran Depresión e influyó en la evolución de la fotografía documental. Los tres hermanos Soyer también sobresalieron, sobre todo Raphael Soyer (1899-1987), quien pintó a ciudadanos de a pie de Nueva York. Jack Levine (1915-2010) se dio a conocer por sus pinturas y grabados satíricos. Y Arnold Blanch (1896-1968) fue pintor, grabador, ilustrador, impresor, muralista y profesor de arte, y se hizo con una reputación por sus pinturas amables sobre aspectos de la vida americana.

Arte regionalista Como muchos movimientos artísticos, el realismo social no se planeó y organizó conscientemente, sino que aconteció cuando varios artistas y escritores glosaron concepciones similares simultáneamente y buscaron expresarlas de manera creativa. Fue un movimiento provocado por las circunstancias, y las interpretaciones variaban entre artistas. En Estados Unidos, por ejemplo, la pintura paisajista norteamericana, también conocida como regionalismo, se solapó con el realismo social. Los realistas estadounidenses pintaron escenas de la vida americana, pero, a diferencia de los realistas sociales, se concentraron en realizar representaciones nostálgicas de la vida rural. Mientras que el realismo social realzaba las situaciones trágicas de los pobres urbanos durante la Gran Depresión, las imágenes de los regionalistas de un paisaje rural inalterado y unos habitantes diligentes se antojaban más positivas, reafirmantes y esperanzadoras. Los estilos pictóricos del realismo social acostumbraban a ser realistas y objetivos, mientras que el regionalismo exhibía una fusión de técnicas y mezclaba imágenes reales con la abstracción. Los tres exponentes principales del regionalismo fueron Thomas Hart Benton (1889-1975), con sus imágenes figurativas de tonos intensos, sorprendentes y vívidas; Grant Wood (1891-1942), célebre por sus retratos de la región central rural de Estados Unidos, y en especial por su lienzo de 1930 *Gótico americano*; y John Steuart Curry (1897-1946), opuesto a los pintores que ejercían crítica social o propaganda política, como los realistas sociales.

Desarrollos europeos En Europa artistas como Käthe Kollwitz (1867-1945) y George Grosz en Alemania expresaron sentimientos similares, y también lo hizo en Gran Bretaña la escuela Kitchen Sink en la década de 1950, compuesta por artistas como John Bratby (1928-1992), pintor de interiores obreros y bodegones con los que manifestaba su inconformidad con la sociedad y la moral tras la segunda guerra mundial.

La idea en síntesis: arte, literatura y cine realista con denuncia social o política

40 Expresionismo abstracto

(1943-1970)

Concluida la segunda guerra mundial, Estados Unidos reforzó su posición de poder político y económico. Muchos artistas europeos, como André Breton, Piet Mondrian y Max Ernst, habían emigrado allí huyendo de la persecución. Una vez instalados, crearon, enseñaron y difundieron sus influencias artísticas, y propiciaron la aparición de un movimiento artístico radicalmente nuevo.

A finales de la década de 1940, el optimismo y el patriotismo corrieron como la mecha por Estados Unidos. Pero no todo eran alegrías. Los diarios y noticieros se hacían eco de los padecimientos y la destrucción de la guerra; se había lanzado la primera bomba nuclear sobre Hiroshima; la Gran Depresión aún daba coletazos en algunas regiones, y se impuso la guerra fría. A la luz de todo esto, numerosos artistas expresaron sus sentimientos enfrentados de esperanza, recelo, ira y temor acerca del tiempo que les había tocado vivir. Eran sentimientos compartidos por la sociedad.

Espontaneidad e individualidad Los expresionistas abstractos fueron un reducido grupo de artistas vagamente relacionados que habían trabajado en varios estilos antes de la segunda guerra mundial, pero hacia la década de 1940 se adentraron por sendas radicalmente nuevas, reflejo de la sensación del momento. A partir de 1941, la población norteamericana tuvo acceso a imágenes y descripciones de las atrocidades que acontecían en Europa. Mediada la década de 1940, varios artistas residentes en Nueva York y sus alrededores debatieron cómo podían expresar sus emociones y el sentimiento de la nación con respecto al estado del mundo.

Cronología

1946

Robert Coates usa el término «expresionista abstracto» en un artículo en la revista *The New Yorker*.

1948

Jackson Pollock crea sus primeras pinturas automáticas y celebra su primera exposición individual en la Betty Parsons Gallery, Nueva York; Franz Kline empieza su pintura *Ballantine*.

Maraña

Pollock expuso por primera vez sus pinturas en estilo Action Painting en enero de 1948. Su innovación radical de colocar lienzos inmensos tumbados en el suelo y dejar chorrear sobre ellos pintura de paredes directamente desde la cubeta o aplicarla con un palo o una llana le valió el apodo de «Jack, el Chorreador». Pollock describía sus pinturas como «energía y movimiento hechos visibles». Con todo, sus obras no son tan caprichosas como parecen. El acto de pintar era para Pollock subjetivo e instintivo, una expresión de sus sentimientos más íntimos, y como resultado daba complejas marañas de colores y líneas de densas texturas.

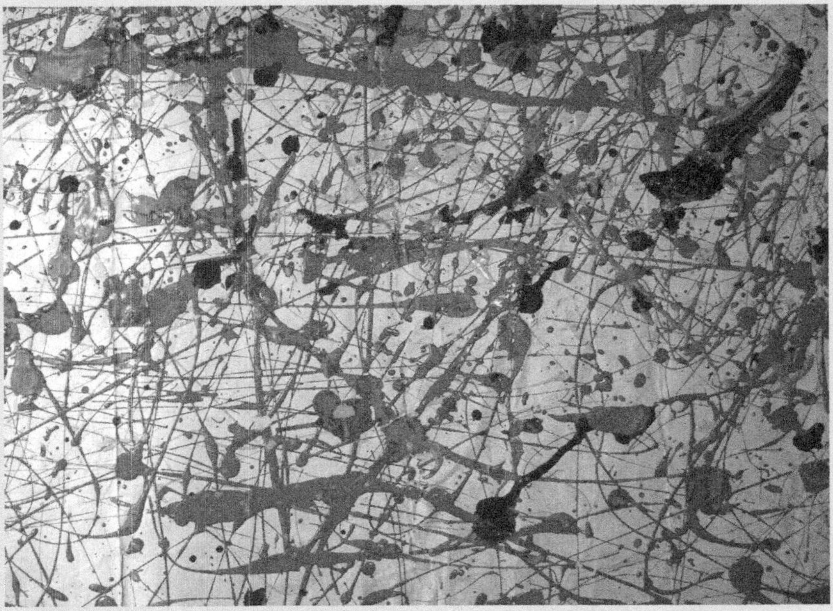

Homenaje a Pollock, Lauren Jade Goudie, pintura acrílica. Imita la técnica del chorreo de Jackson Pollock y sus mezclas caóticas de colores

1950	1951	1952	1956	1957
De Kooning comienza *Mujer*; *Niebla lavanda*, J. Pollock.	*El banquete*, instalación del escultor expresionista abstracto David Smith.	*Palos azules: número 2*, Jackson Pollock.	Jackson Pollock muere en un accidente automovilístico.	*Elegía a la República española, n.° 57*, Robert Motherwell.

> **«El expresionismo abstracto fue el primer arte estadounidense rebosante de ira y de belleza a partes iguales.»**
>
> **Robert Motherwell**

Decidieron usar la pintura de manera expresiva, pero, en lugar de mediante historias o temas, a través del color y la aplicación de la pintura.

El expresionismo abstracto tuvo más de actitud general que de estilo particular. Los artistas se conocían entre sí, pero no trabajaban de modo colectivo ni planearon formar un movimiento artístico. Al contrario que el realismo social y el regionalismo anteriores, estos artistas estadounidenses buscaban expresar sus sentimientos de manera individual y espontánea.

La escuela de Nueva York El arte vanguardista europeo fue una fuente de inspiración para los expresionistas abstractos. Los muchos artistas llegados a Estados Unidos como refugiados los pusieron en contacto con nuevas ideas, si bien también había algunas salas de arte en Nueva York. En 1929 se había inaugurado el Museo de Arte Moderno (MoMA), que no tardaría en acoger exposiciones del cubismo, arte abstracto, dadaísmo y surrealismo, además de retrospectivas de Matisse, Léger y Picasso, por citar algunas. Otras instituciones exhibían obras de Mondrian, Gabo y El Lissitzky, y el Museum of Non-Objective Painting, inaugurado en 1939, acogió una colección de pinturas de Kandinsky.

El término «expresionismo abstracto» lo usó por vez primera en marzo de 1946 en la revista *The New Yorker* el escritor y crítico Robert Coates (1897-1973) para describir la obra de Arshile Gorky (c. 1904-1948), Willem de Kooning (1904-1997) y Jackson Pollock (1912-1956). Pronto otros artistas con estilos similares se calificaron también como expresionistas abstractos y, al estar en su mayoría, afincados en Nueva York, también se los conoció como la escuela de Nueva York. Entre ellos figuraban Lee Krasner (1908-1984), Robert Motherwell (1915-1991), William Baziotes (1912-1963), Mark Rothko (1903-1970), Barnett Newman (1905-1970), Adolph Gottlieb (1903-1974), Richard Pousette-Dart (1916-1992) y Clyfford Still (1904-1980). El expresionismo abstracto describe el objetivo de los artistas de pintar de un modo abstracto y emocionalmente expresivo, con influencias del arte primitivo y el surrealismo, en particular el automatismo de Miró. Cada artista expresaba sus ideas individualmente, si bien todos compartían elementos, como el uso de inmensos lienzos y superficies pictóricas, sus escasas referencias a objetos reales y el descarte del marco para sus cuadros.

Sus primeras exposiciones públicas tuvieron lugar mediada la década de 1940, pero, puesto que, en su mayoría, los espectadores no los comprendían, no contaron con buena acogida.

Un movimiento, dos corrientes El expresionismo abstracto englobaba dos estilos pictóricos principales. Apenas estaban detenidos, pero se dieron a conocer como Action Painting y Color-field Painting. Los primeros pintaban sin planificar la obra en aras de expresar sus emociones íntimas y trabajaban de manera intuitiva, aplicando trazos generosos, expresivos y enérgicos sobre grandes lienzos con pinceles u otros medios. Dejaban salpicar la pintura o embadurnaban con ella toda la superficie pictórica. Esta técnica dio en llamarse «abstracción gestual», ya que la acción o el gesto de aplicar la pintura se consideraba más importante que el resultado final. Entre los artistas de esta tendencia figuraban Pollock, De Kooning y Franz Kline (1910-1962). Pese a su trazo enérgico y vigoroso, el otro tipo de expresionistas abstractos, los pintores de Color-field (véase pp. 168-171) eran más pasivos y pintaban grandes superficies de color en sus inmensos lienzos. Sin embargo, al margen de su estilo, todos los expresionistas abstractos compartían el interés por las ideas de Carl Jung (1875-1961) acerca del análisis, la religión, los sueños y la memoria, y pretendían expresar la confusión del mundo de la posguerra.

El auge del arte abstracto

También llamado arte no figurativo o no representativo, el arte abstracto surgió en los albores del siglo XX, si bien se popularizó después de la segunda guerra mundial, y hasta la década de 1980. Con la invención de la fotografía en el siglo XIX, muchos artistas habían indagado en nuevos medios para expresar los cambios drásticos y los acontecimientos que tenían lugar en el mundo. Diversas formas de arte no representativo se pusieron particularmente en boga, pues se antojaba fresco, inteligente y progresista.

La idea en síntesis: expresar emociones estimuladas por tragedias mundiales

41 Color-field Painting

(1947-década de 1960)

La Color-field Painting es una de las corrientes del expresionismo abstracto. El término se utilizó originalmente en 1950 para describir la obra de unos cuantos pintores, principalmente Mark Rothko, Barnett Newman y Clyfford Still. En esencia, la Color-field Painting consistía en cubrir grandes lienzos con un solo color o una paleta limitada para provocar reacciones emocionales o contemplativas en los espectadores.

Tras dos guerras mundiales, Europa se hallaba devastada. Por primera vez, Estados Unidos se convirtió en el centro del arte y el diseño, gracias a los artistas europeos que se trasladaron allí y se unieron a los artistas y escuelas de arte norteamericanos. En esa atmósfera de renovación y regeneración surgió la Color-field Painting, una idea creativa que corrió paralela al movimiento del expresionismo abstracto en la década de 1950.

«Me interesa la expresión simple de pensamientos complejos.»

Mark Rothko

Expresar el infinito Enraizada en el fovismo, el expresionismo y el surrealismo, la Color-field Painting se caracterizaba por el uso de grandes superficies de un color liso o la fusión de dos o tres colores extendidos sobre lienzos enormes. Interesados en la religión y la mitología, los artistas implicados explotaron el potencial expresivo del color y pintaron grandes zonas o campos de color para estimular la contemplación. Las inmensas pinturas solían pintarse en series y estaban concebidas para admirarse juntas, induciendo experiencias espirituales y semirreligiosas en los espectadores. Los artistas, cada uno por su lado, querían expresar la idea de que el arte podía ofre-

Cronología

1947
Mark Rothko y Clyfford Still exponen sus lienzos de pintura densa.

1948
Rothko, Newman y Motherwell ayudan a cofinanciar The Subjects of the Artist School en Nueva York para alentar el significado en el arte abstracto.

1949
Sin título (morado, negro, naranja y amarillo sobre blanco y rojo), Rothko.

cer a los espectadores algo más que estética y tener implicaciones y efectos infinitos. Para lograrlo, utilizaban colores potentes en vastas superficies destinados a liberar o inspirar emociones en el público. Sin interés alguno en crear imágenes figurativas ni diseños abstractos, no les preocupaban las pinceladas ni el contraste tonal, por poner un ejemplo, sino que se concentraban en cubrir cada lienzo con grandes extensiones de superficies densamente pintadas.

> **«Prefiero dejar que mis pinturas hablen por sí mismas.»**
>
> **Barnett Newman**

Sin fronteras Surgidos justo tras la segunda guerra mundial en Nueva York, en paralelo al resto de expresionistas abstractos, los pintores color-field empezaron a trabajar por separado en ideas similares. Sus obras recalcan la lisura del lienzo y transmiten tensión entre los colores y las formas indefinidas. Líneas solapadas y desdibujadas confunden la comprensión de la profundidad y la distancia en el espectador e impiden que se pueda «leer» nada en las obras. Los artistas pretendían evocar sentimientos universales y contemplación. La Color-field Painting fue el primer estilo que evitó *ex profeso* plasmar una forma, aunque fuera sugerida, sobre un fondo. En vez de ello, se dotó a todo el lienzo de idéntica importancia, despojándolo de tema central o elemento principal. Los

Rituales pictóricos

En una ocasión, Rothko afirmó: «No soy un artista abstracto; sólo me interesa expresar emociones humanas». No demasiado alejada de las ideas de Malévich sobre el suprematismo, la Color-field Painting original consistía en pintar campos lisos de color para suscitar emociones o despertares espirituales en los espectadores. Estas pinturas se crearon para evocar tales sentimientos, si bien Rothko aplicaba un método casi religioso y mantenía sus rituales pictóricos en secreto. Se sabe que pintaba con luminosos focos de escenario, pero insistía en que sus obras se vieran bajo luz tenue, de tal modo que el color pareciera flotar. También era sumamente específico acerca de dónde, cuándo y cómo debían verse sus pinturas.

1950	1955	1958	1959	1964
Vir Heroicus Sublimis, B. Newman; *1950-B*, C. Still.	C. Greenberg escribe «Pintura de tipo americano».	*Negro sobre granate*, Rothko.	*Pompeya*, Hans Hofmann.	Se celebra la exposición de Greenberg «Abstracción pospictórica» en Los Ángeles.

«Espero que mi pintura tenga el impacto de evocar en alguien, como hizo en mí, la sensación de su propia totalidad, de su propia separación, de su propia individualidad.»

Barnett Newman

cuadros no llevan marco, con lo cual se sugiere la inexistencia de fronteras entre las obras y el resto del mundo.

Hard-edge Painting Otra idea surgida durante la década de 1960 y englobada en la Color-field Painting es la llamada Hard-edge Painting. Sus practicantes también aplicaban colores intensos con delicadeza, realzando la lisura de las superficies, si bien, en lugar de desdibujar los bordes, pintaban líneas claras y contornos perfectamente definidos. Los pintores *hard-edge* acusaban una gran influencia del cubismo sintético, el neoplasticismo, el suprematismo y la Bauhaus y rechazaban el planteamiento gestual y desestructurado del expresionismo abstracto.

Eliminación de los detalles superfluos Uno de los catalizadores tras la Color-field Painting fue el artista y profesor Hans Hofmann (1880-1966), quien había trabajado en París con Robert Delaunay, hacia la década de 1940, pintaba rectángulos de colores

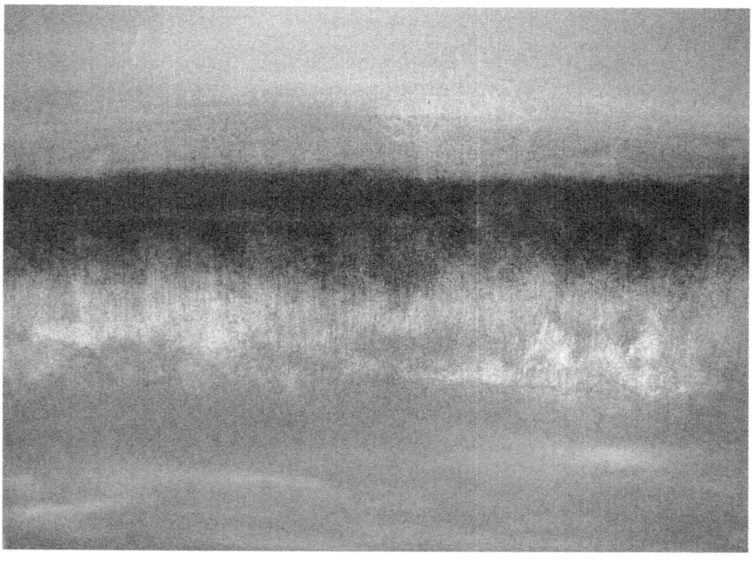

Abstract, de Steve Wood, es una obra acrílica contemporánea pintada en honor a Rothko

en sus lienzos con la intención de transmitir tranquilidad. En 1947, Rothko produjo inmensos lienzos de colores amorfos y neblinosos, sin referencia al mundo natural, buscando provocar sensaciones concretas. El año en que Rothko expuso por primera vez sus obras color-field, Clyfford Still también exhibió varios lienzos en varios colores saturados y con distintas formaciones. Pero a diferencia de Hofmann o Rothko, las composiciones de Still eran irregulares y desgreñadas, como jirones de tela o de papel arrancados. Las pinturas maduras de Barnett Newman eran incluso más simples que las de Rothko o Still. Newman cubría sus lienzos con color y luego los dividía con una o dos sencillas líneas verticales. Pese a sus disparidades, todas las pinturas color-field comparten la eliminación de los detalles superfluos, el énfasis en la superficie bidimensional, el intento de elucidar el estado emocional y mental del artista, y la voluntad de estimular la contemplación.

Abstracción pospictórica

La denominación «abstracción pospictórica» la acuñó el influyente crítico Clement Greenberg (1909-1994) en 1964 para describir la obra que pasaría a ser conocida como minimalismo, Color-field Painting y Hard-edge Painting. La intención era diferenciar este arte del resto del expresionismo abstracto (que él denominaba abstracción pictórica). Greenberg describió la abstracción pospictórica como un planteamiento desapegado y cerebral de la pintura que rechazaba las texturas y las líneas y, en su lugar, empapaba los lienzos de color y realzaba su lisura.

En la década de 1950, Helen Frankenthaler (1928-2011) llevó un paso más allá las ideas de la Color-field Painting. Tras un inicio cubista, empezó a teñir o embadurnar con óleo diluido y pintura acrílica lienzos sin imprimación, de tal modo que el pigmento devenía parte integral de la obra y los grandes colores lisos de sus cuadros se antojan etéreos y espirituales. Frankenthaler fue una de las artistas incluida en la exposición de Los Ángeles de 1964 que Greenberg tituló «Abstracción pospictórica».

La idea en síntesis: extensiones de color sobre lienzos inmensos invitan a la contemplación

42 Arte pop (1956-década de 1960)

Tras el racionamiento y la austeridad de la segunda guerra mundial, en Europa y Estados Unidos proliferaron la producción en serie y los medios de comunicación de masas. El consumismo había llegado y algunos artistas residentes en Londres y Nueva York decidieron utilizarlo como tema. Basadas en la cultura popular y comercial, sus creaciones se conocieron como arte pop, la antítesis del expresionismo abstracto.

Las décadas de 1950 y 1960 fueron testigo en Gran Bretaña del fin del racionamiento de la guerra y el inicio del *boom* consumista. Entre tanto, en la orilla opuesta del Atlántico, Estados Unidos vivía una oleada de confianza y consumismo. La producción en serie y los medios de comunicación de masas florecieron. Pese a no tener voluntad de permanecer, ni siquiera de ser tomado en serio, el arte pop ha devenido parte de la historia establecida del arte occidental y cambió irreversiblemente la concepción del arte.

Símbolos de consumismo masivo El arte pop surgió mediada la década de 1950 y alcanzó su cénit a mitad de la de 1960. Se convirtió en una de las expresiones creativas de la posmodernidad. Los artistas pop buscaban iluminar el deslustrado mundo de posguerra y celebrar el futuro, así como asimilar la cultura comercial popular, desafiar el arte abstracto y mofarse de la sociedad que había dado pie a dos guerras mundiales. En cierto sentido, eran descendientes del dadaísmo, por su condena del mundo del arte tradicional y «acartonado» y de la sociedad que lo alentaba. Al utilizar imágenes y objetos comerciales, como tiras cómicas, dinero, revistas, diarios, personajes famosos, anuncios, comida rápida, embalajes, música popular, la televisión y el cine de Hollywood, los artis-

Cronología

1956
Inauguración de «This is Tomorrow» en la Whitechapel Art Gallery de Londres.

1958
L. Alloway usa el término «arte pop» para describir las obras de arte que utilizan los medios de comunicación.

1961
La exposición «The Young Contemporaries» en la galería RBA de Londres incluye obras de D. Hockney y P. Blake.

tas también compartían su fascinación por la cultura de masas contemporánea.

«Popular, efímero, prescindible, barato, producido en serie, joven, ingenioso, sexy, efectista, glamuroso y un gran negocio.»

Richard Hamilton

«This is Tomorrow» En 1956, el Independent Group participó en una exposición en la Whitechapel Gallery de Londres titulada «This is Tomorrow». Artistas, arquitectos, músicos y diseñadores gráficos trabajaron en grupo mientras una gramola sonaba sin cesar. El tema de la exposición era la vida cotidiana, y los artistas y diseñadores se sirvieron de las imágenes y técnicas de la cultura popular. Richard Hamilton creó un collage para el catálogo de la exposición a partir de imágenes de revistas estadounidenses y lo tituló *Just What is it that Makes Today's Homes so Different, so Appealing?* La imagen, que incluía la palabra «POP» en un gran pirulí rojo, se convirtió en un icono casi de inmediato, pues era un retrato inmenso de la sociedad y la cultura contemporáneas. «This is Tomorrow» se considera hoy un punto de inflexión en el arte de posguerra, y el nacimiento del arte pop británico. Transcurrieron dos años antes de que Lawrence Alloway usara la expresión «arte pop» en una edición de 1958 de *Architectural Digest* para describir el uso que algunos artistas hacían de imágenes de la cultura popular y el consumismo.

Al poco otros artistas producían arte basado en las imágenes y los comportamientos de la sociedad moderna. En 1961, la muestra «Young Contemporaries» en Londres presentó públicamente a artistas como Peter Blake (n. 1932), Patrick Caul-

El Independent Group

El Independent Group (IG) fue un colectivo de artistas, arquitectos e intelectuales que se reunió regularmente en el Institute of Contemporary Arts (ICA) de Londres a partir de 1952. Sus debates sobre la modernidad y la cultura popular sirvieron de fundamento para muchas ideas del arte pop. Entre los integrantes del grupo se contaban Richard Hamilton (n. 1922), John McHale (1922-1978), Eduardo Paolozzi (1924-2005) y William Turnbull (n. 1922), el crítico Lawrence Alloway (1926-1990) y los arquitectos Alison Smithson (1928-1993) y Peter Smithson (1923-2003).

1962
«International Exhibition of the New Realists» en la Sidney Janis Gallery de Nueva York; *Veinte Marilyns*, Andy Warhol.

1963
Whaam!, Roy Lichtenstein.

1967
El gran chapuzón, David Hockney; carátula de Peter Blake para el disco *Sergeant Pepper's Lonely Hearts Club Band*.

Dibujos animados

Lichtenstein acusaba una fuerte influencia tanto de la publicidad comercial como de los cómics y explotó algunas de las técnicas utilizadas por los dibujantes de novelas gráficas, como las composiciones teatrales, los encuadres marcados y los escorzos. En 1961 empezó a pintar sus imágenes gigantescas al estilo de dibujos animados, aplicando técnicas derivadas de la impresión comercial, sobre todo grandes círculos de colores, para construir los colores y los tonos, a semejanza de los puntos Benday de las imprentas. Los puntos Benday forman parte del proceso de impresión de cómics y se asemejan al puntillismo o los píxeles. En las imágenes de los cómics y los diarios se colocan puntos diminutos más o menos juntos para transmitir la apariencia de colores y tonalidades.

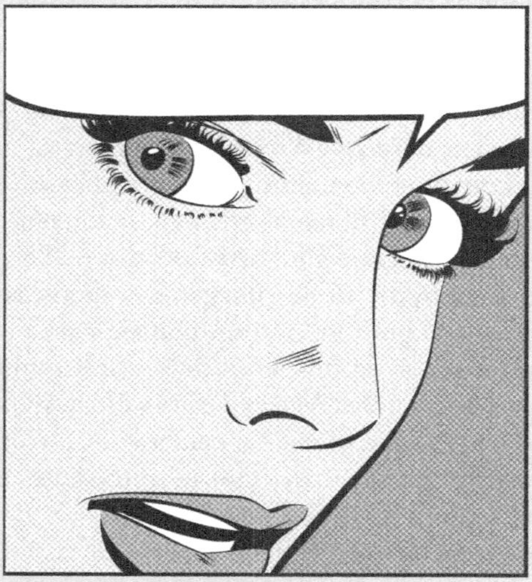

Una interpretación contemporánea del arte pop al estilo cómic de Roy Lichtenstein, que inspiró a muchos imitadores

field (1936-2005), David Hockney (n. 1937), Derek Boshier (n. 1937) y Allen Jones (n. 1937). Su obra era liviana y optimista, y coincidía con el fenómeno de la música pop y la juventud que tenía lugar en el «acelerado» Londres. Mientras, en Estados Unidos varios artistas se rebelaron contra el dominio del expresionismo abstracto y empezaron a usar también imágenes del materialismo, a menudo con procesos de impresión comercial, con el fin de llevar el arte a un público más amplio. En 1962 se celebró una exposición de arte pop en la Sidney Janis Gallery de Nueva York: la «International Exhibition of the New Realists». Artistas como Claes Oldenburg (n. 1929) produjeron maquetas gigantes y realistas de objetos cotidianos. Roy Lichtenstein (1923-1997) pintó enormes imágenes a modo de tira de dibujos animados, Andy Warhol (1928-1987) presentó imágenes serigrafiadas de celebridades, artículos de consumo y recortes de prensa, y Robert Rauschenberg (1925-2008) y Jasper Johns (n. 1930) crearon pinturas y esculturas de símbolos del consumismo de masas.

«La mayoría de los intelectuales no sentíamos desaprecio por la cultura comercial estándar, sino que la aceptamos como un hecho, la debatimos en detalle y la consumimos con entusiasmo.»

Lawrence Alloway

¿Aprobación o desaprobación? Hubo arte pop crítico con la sociedad de consumo y lo hubo favorable a ésta. No obstante, todos los artistas pop denunciaron sus personalidades y crearon estilos objetivos con vistas a inspirar a los espectadores a replantearse aspectos de las actitudes y los gustos populares que previamente se habían considerado foráneos a los confines del arte. Así, James Rosenquist (n. 1933) y Warhol explotaron su bagaje comercial, eliminando la línea divisoria entre el arte comercial y el Arte, e inspirando nuevos métodos laborales anteriormente considerados ajenos a las bellas artes. No existió un proceso, método o estilo uniforme, pero algunos artistas pop incluyeron duplicados, impresiones, pinturas, fotografías, collages y creaciones tridimensionales, con frecuencia elaborados con materiales nuevos para el arte. Muchos críticos quedaron horripilados al ver temas «bajos» presentados como arte. Pese a compartir ambiciones y actitudes en su génesis, el arte pop jamás fue un movimiento coherente y cada artista poseía su propio programa y planteamiento. La mayoría de ellos respetaba las imágenes que tomaba prestadas. Aun así, hacia finales de los años sesenta, el arte pop había perdido sus capacidad de sorprender y comenzaron a perfilarse nuevas tendencias artísticas en el horizonte. Pero sus ideas contribuyeron a sacar el arte de sus círculos oficiales, tradicionalmente reducidos y elitistas, y adentrarlo en el mundo moderno, consumista y materialista.

La idea en síntesis: creaciones coloridas basadas en el consumismo

43 Op art (década de 1960)

En el otoño de 1964, la revista *Time* empleó el término «op art» o «arte óptico» para describir un nuevo estilo artístico que creaba efectos ópticos. Debido a las ilusiones que provocaba, también se lo conoce como arte retiniano. Los artistas participantes crearon diseños y patrones geométricos con los que buscaban generar sensación de movimiento o vibración en los ojos de los espectadores.

El artículo de la revista *Time* afirmaba: «Depredando y jugando con los errores de la visión nace el nuevo movimiento del "arte óptico" que ha brotado en el mundo occidental. Con una voluntad de ruptura con el expresionismo abstracto similar a la del arte pop, el op art recrea efectos hipnóticos que juegan a confundir la visión o a generar ilusiones ópticas».

Procesos perceptivos El op art se inspiró en los suprematistas y constructivistas, además de en el neoimpresionismo, el neoplasticismo y la Color-field Painting. Los artistas ópticos utilizaron líneas y formas geométricas para crear efectos ilusorios, en ocasiones usando sólo blanco y negro o bloques de color y, con frecuencia, elementos repetitivos en grandes lienzos o aplicando ideas sobre las perspectiva y, en términos generales, jugando con los procesos perceptivos de los espectadores, ya fueran sutiles y camuflados o poderosos y desconcertantes. Siempre abstracto, parte de las obras parece moverse, distorsionarse o vibrar. La mayoría de los artistas ópticos se servía de las teorías del color y los aspectos físicos y emocionales de la percepción. Los máximos exponentes del movimiento fueron Bridget Riley (n. 1931), quien

«Toda forma sirve de base para un color y todo color es un atributo de una forma.»

Victor Vasarely

Cronología

1938 Victor Vasarely pinta *Zebra* usando sólo curvas y franjas blancas y negras.

1955 Se inaugura la exposición «The Movement» en París.

1956 *Móvil rojo,* Alexander Calder.

1961 *Movimiento en cuadrados,* Bridget Riley.

Bridget Riley

Tanto si representan una ilusión de ondas o curvas rítmicas abstractas, las pinturas de Bridget Riley resultan inquietantes. Durante años, Riley trabajó sólo con blanco y negro, variando sutilmente sus líneas y formas para explorar los efectos dinámicos de los fenómenos ópticos y crear efectos visuales desconcertantes en los espectadores. Su objetivo ha sido siempre seducir a los espectadores no sólo con sus pinturas, sino también con el modo como éstas se perciben físicamente. Tras una visita a Egipto a principios de la década de 1980 empezó a utilizar color. Muchos de sus cuadros se inspiran en sus experiencias y observaciones, como la luz y el color en el paisaje.

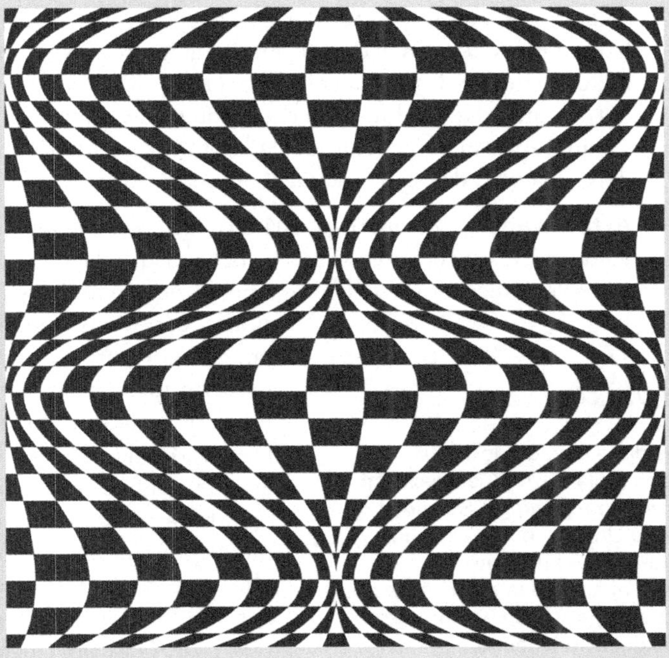

Una obra de arte contemporánea que emula e ilustra los principios del op art con líneas, curvas y formas en blanco y negro que generan efectos ópticos

1962
Primera exposición individual de Bridget Riley.

1965
La armonía intrínseca, de Richard Anuszkiewicz; *Doce negros y cuatro plateados,* Jesús Rafael Soto; *Atenuación amarilla,* Peter Sedgley (n. 1930); muestra «The Responsive Eye» en el MoMA.

1969
Vega-Nor, Victor Vasarely.

«Para mí la naturaleza no es un paisaje, sino el dinamismo de las fuerzas visuales... un acontecimiento más que una estética. Estas fuerzas sólo pueden abordarse tratando el color y la forma como las identidades por excelencia, liberándolas de todo papel descriptivo o funcional.»

Bridget Riley

durante años utilizó sólo líneas y patrones geométricos en blanco y negro en grandes lienzos para transmitir movimiento o inestabilidad; Victor Vasarely (1906-1997), quien construyó patrones teselados a modo de mosaico para generar la impresión de formas tridimensionales, y Jesús Rafael Soto (1923-2005), que creó obras ópticas en 3D que o bien parecían vibrar o realmente se movían, y así alteraban la percepción de cada obra por parte de los espectadores. La obra de Soto vincula el arte cinético con el op art.

Arte cinético El cinetismo guarda relación con el movimiento, de modo que el arte cinético se mueve de verdad, a diferencia del op art, que sólo parece moverse. El arte cinético acostumbra a ser tridimensional, con obras a menudo compuestas por partes diseñadas para moverse mediante un mecanismo interno o un estímulo externo. En las décadas de 1950 y 1960, época en que también se desarrollaba el op art, varios artistas empezaron a producir esculturas cinéticas. Entre ellos se contaban Alexander Calder (1898-1976), George Rickey (1907-2002) y Jean Tinguely (1925-1991), quienes trabajaban de manera independiente, creando ejemplos diversos de arte cinético, como esculturas que se movían por efecto del viento o se encendían y apagaban aleatoriamente, o incluso algunas que se autodestruían. Duchamp, Gabo y algunos constructivistas fueron pioneros en la creación de obras cinéticas, si bien éstas co-

Happenings

A finales de la década de 1950 y comienzos de la de 1960 empezaron a celebrarse *happenings*. Surgidas en Estados Unidos, estas acciones de artistas posteriormente integraron el arte de la *performance*. Los *happenings* suelen considerarse vástagos del arte cinético y descendientes del dadaísmo y el surrealismo. El nombre lo acuñó el artista Allan Kaprow (1927-2006), quien tituló su acción de 1959 en Nueva York: *18* happenings *en 6 partes*. Los *happenings* exigían la participación del espectador y, aunque se planificaban de antemano, también podían improvisarse y acontecer en cualquier sitio.

braron popularidad en la década de 1960. La expresión «arte cinético» se utilizó a partir de mediados de la década de 1950. Algunos artistas cinéticos, como Soto, también produjeron op art. Muchas obras cinéticas se basaban en formas geométricas.

La respuesta del ojo En 1965, el movimiento del op art captó la atención del público norteamericano con una exposición en el Museo de Arte Moderno de Nueva York titulada «The Responsive Eye». La muestra incluía obras de Riley, Vasarely, Albers, Richard Anuszkiewicz (1930-2020), Julian Stanczak (1928-2017) y Tadasky (n. 1935), entre otros. Las imágenes del op art no tardaron en gozar de popularidad y se utilizaron en numerosos contextos comerciales, apareciendo impresas, en televisión, publicidad, gráficos, moda y diseño de interiores.

El objetivo primordial del op art era engañar al ojo y los artistas pretendían transmitir sensación de movimiento con obra de arte estáticas. Los colores, las líneas, la forma y la perspectiva se utilizaban para lograr los efectos ópticos deseados y confundir la mirada del espectador. Las obras exigían a los espectadores contemplarlas. Aun así, los artistas ópticos no siempre aceptaban la aprobación del público. Bridget Riley, por ejemplo, amenazó con denunciar a un fabricante que plagió sus obras para diseños de tejidos, y declaró que el «comercialismo, el seguir las modas y el sensacionalismo histérico» estaban deteriorando el mundo del arte.

«Cuanto más ejercito mi mente consciente, más abierta estoy a nuevas experimentaciones.»

Bridget Riley

Evocaciones asombrosas Las ideas del op art manaban de distintas fuentes. Vasarely, por ejemplo, había sido artista gráfico previamente, como puede apreciarse en su obra. Sus pinturas no pretenden confundir ni perturbar a los espectadores, sino fascinarlos e inducir formas y colores. Por su parte, las pinturas de Riley pueden antojarse científicas o matemáticas, pero la artista afirma haber trabajado siempre por intuición, aunque con esmero. Pese a ser casi totalmente abstractas, a veces las pinturas op art, junto con otros efectos, evocan elementos reconocibles, como agua, viento o fuego.

La idea en síntesis: estimular efectos ópticos

44 Minimalismo (década de 1960)

En 1965, el filósofo británico Richard Wollheim (1923-2003) escribió un artículo titulado «Arte minimalista» y, pese a que escribía sobre pinturas color-field y obras dadaístas, la expresión «minimalismo» cuajó para describir una forma de arte abstracto surgida a la sazón en Nueva York. Era una forma de arte extrema, evolución de varios movimientos del siglo XX.

El minimalismo fue una reacción contra el expresionismo abstracto. Los minimalistas pretendían sustituir la subjetividad emocional por la razón y la imparcialidad. En lugar de salpicaduras de pintura, aplicaban una precisión fría, matemática. El minimalismo amplió la idea de que el arte no debería ser una imitación de nada, sino tener una identidad propia. También fue una reacción contra lo que los artistas entendían como el extremismo y la presunción del expresionismo abstracto. Los minimalistas acataron la idea constructivista de que el arte debía crearse con materiales industriales modernos, motivo por el cual sus obras solían estar fabricadas con ladrillos, luces fluorescentes y planchas metálicas.

Desnudar el arte En un intento por liberar completamente el arte de las ataduras de la tradición, los minimalistas se concentraron en las ideas subyacentes al arte y redujeron los materiales industriales que empleaban a su estado más fundamental. Basando sus obras en formas geométricas simples, redujeron sus colores, formas, líneas y texturas en pos de abandonar todo signo de expresión personal. Querían que los espectadores experimentaran sus obras sin distraerse en el tema, la composición o la narración, por ejemplo. La mayoría de los minimalistas creó obras tridimensionales, si bien algunos de ellos también pintaron, y todos rechazaron de plano cualquier conato de representación o ilusión. Los principales minimalistas fue-

Cronología

1959

La exposición «Sixteen Americans» del MoMA incluye la serie «Pinturas negras» de Frank Stella.

1962

Sol LeWitt empieza a producir sus *Estructuras*, que dependen de los espectadores para completar la imagen.

1963

Diagonal del 25 de mayo de 1963 (a Constantin Brancusi), Dan Flavin; Flavin empieza a usar luces fluorescentes.

ron Frank Stella (n. 1936), Carl Andre (1935-2024), Ellsworth Kelly (1923-2015), Ad Reinhardt (1913-1967), Dan Flavin (1933-1996), Donald Judd (1928-1994), Sol LeWitt (1928-2007), Robert Morris (1931-2018) y Richard Serra (1938-2024).

Ideas teóricas El movimiento evolucionó a partir de las «Pinturas negras» de Frank Stella, una serie de telas compuestas de franjas negras separadas por delgadas tiras de lienzo sin pintar que no revelaba ningún significado, símbolo ni referencia ocultos. Según sus propias declaraciones, una pintura es: «una superficie lisa pintada... nada más». Los cuadros es expusieron por primera vez en el MoMA en 1959 como parte de la muestra «Sixteen Americans» e inspiraron a otros varios artistas a producir obras centrándose en ideas similares, si bien a menudo interpretadas en las tres dimensiones.

El minimalismo tiene una base más teórica que práctica y, si bien jamás fue un movimiento organizado, sí se popularizó entre los artistas

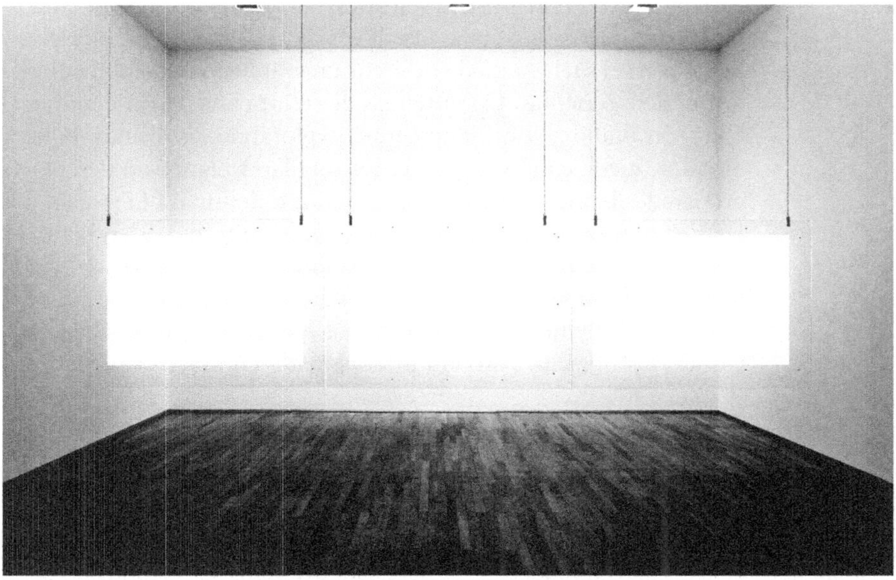

Esta sala de exposiciones en blanco y negro ilustra el espacio vacío, las líneas límpidas y los elementos reducidos característicos del arte minimalista

1964
Donald Judd empieza a trabajar con plexiglás, entre otros materiales industriales.

1965
El escritor y filósofo Richard Wollheim usa por primera vez el término «minimalismo».

1966
Robert Morris publica en la revista *Artforum* «Notes on Sculpture 1-3», donde intenta explicar el minimalismo.

«Hay quien no concibe la luz como algo práctico, pero yo sí lo hago y, tal como he explicado, la considero el arte más franco, abierto y directo que puede encontrarse.»

Dan Flavin

de las décadas de 1960 y 1970. Cada artista tradujo las teorías a su modo. Por ejemplo, Donald Judd (firme opositor a ser catalogado como minimalista) usó materiales industriales para crear obras abstractas que realzaban la pureza del color, la forma y el espacio y evitaban toda ilusión. A comienzos de la década de 1960 empezó a crear estructuras tridimensionales que denominó «objetos específicos», centrándose en las relaciones entre su obra, los espectadores y el entorno circundante. Carl Andre estuvo influido por Brancusi y Stella y, como muchos otros minimalistas, también refutó la tradición de la expresión artística y la artesanía, y articuló unidades industriales estandarizadas, como ladrillos, planchas metálicas, plexiglás y madera en el suelo, a modo de esculturas, aplicando combinaciones aritméticas sencillas. Durante más de treinta años, Dan Flavin trabajó con iluminación fluorescente, explorando las formas, la luz y el color, y colocando fluorescentes tubulares blancos o de colores en paredes blancas para diseminar la luz e iluminar el espacio. Sol LeWitt empezó a experimentar con relieves abstractos en blanco y negro en 1962, seguidos de construcciones geométricas simples con formas básicas: cubos, esferas y triángulos, y colores simples: rojo, amarillo, azul y negro. Algunas de sus esculturas se antojaban lógicas y otras ilógicas, pero era intencionado en ambos casos: los es-

Reductivismo

También llamado reductivismo, el minimalismo consistía en reducir el arte a su expresión mínima para revelar la idea subyacente, de tal modo que no quedaran ambigüedades ni alusiones emocionales, la antítesis del expresionismo abstracto. Para los minimalistas, el arte ya no radicaba en pintar o esculpir, sino en usar materiales nuevos para transmitir ideas innovadoras, a menudo sobre la lógica y el orden. Artistas como Dan Flavin y mucho después Iván Navarro (n. 1972) utilizaron luces eléctricas para alterar la percepción del espacio circundante. El minimalismo era contrario al sinsentido: lo que se ve es lo que hay.

pectadores podían interpretarlas a su antojo. Como en el caso de los constructivistas, el espacio negativo era tan importante como los propios objetos. Las pinturas monocromas de Ad Reinhardt, sus escritos y conferencias lo convirtieron en una gran influencia del minimalismo.

Lo que ves... Siguiendo las ideas del arte pop y los *readymades* dadaístas, los minimalistas utilizaron materiales usados en las obras de construcción, como aluminio, acero galvanizado, ladrillos, contrachapado e iluminación. Estos materiales producidos en serie se emplearon para despersonalizar la obra y, si se aplicaba color, no se escogía para transmitir sensaciones o ambientes ni para simbolizar nada, sino sencillamente para equilibrar la obra o diferenciar entre formas, espacio o materiales. Muchos artistas sentían interés por la geometría y a menudo basaron sus obras en retículas u otras ideas con base matemática, a la par que se distanciaron voluntariamente de cualquier insinuación de gesto personal. Primaba el «lo que ves es lo que obtienes». No cabía analizar las piezas minimalistas en busca de significados ocultos o profundos ni conexiones emocionales. Al cuestionar la naturaleza del arte y su lugar en la sociedad, a los artistas les interesaban más las reacciones de los espectadores que los objetos en sí. Se trataba de un concepto absolutamente revolucionario y, aunque fue objeto de mofas y ridiculizaciones, el movimiento tuvo un fuerte impacto en el arte, el diseño y en la arquitectura subsiguientes.

Ladrillos

En 1966, Andre produjo ocho esculturas con 120 ladrillos refractarios industriales que tituló *Equivalentes*. Si bien las formas finales diferían, todas estaban realizadas con un número «equivalente» de ladrillos. La idea procede de ciertos principios matemáticos y físicos. *Equivalente VIII* es la última pieza de la serie, también llamada *Ladrillos*. Suscitó multitud de críticas cuando la Tate Gallery la adquirió en 1972, pues se acusaba a la institución de malgastar el dinero de los contribuyentes en extravagancias.

«Lo que se ve es lo que se ve.»

Frank Stella

La idea en síntesis: rechazo de la denuncia social, la pretenciosidad y los excesos

45 Arte conceptual (décadas de 1970 y 1980)

A finales de la década de 1960 se acuñó la denominación «arte conceptual» para describir las corrientes artísticas que estaban apareciendo y no adoptaban la forma de objetos artísticos convencionales. Llamado también «arte de las ideas» o «arte de la información», en el arte conceptual las ideas priman sobre los materiales, métodos y habilidades tradicionales utilizados normalmente en la producción de arte.

Mediante su cuestionamiento (y desobediencia) de las reglas del arte, Duchamp fue una de las principales influencias del arte conceptual, si bien el movimiento también puede concebirse como una progresión paulatina del arte que venía produciéndose durante el siglo xx, como algunas ideas expresionistas de Kandinsky, el neoplasticismo, el expresionismo abstracto, la Color-field Painting y el minimalismo.

Comunicar ideas La denominación «arte conceptual» fue un término paraguas bajo el cual se ampararon distintos tipos de arte, incluidos el arte de la performance, las instalaciones, el videoarte y el arte ambiental (earth art y land art). Como el minimalismo, el arte conceptual consistía más en preguntar que en responder, y ambos movimientos se solaparon en gran medida; de hecho, muchos artistas se clasificaban como pertenecientes a uno y a otro. Sol LeWitt, por ejemplo, produce obras que se catalogan como minimalistas, si bien él se considera un artista conceptual. Robert Morris crea esculturas minimalistas, pero gran parte de su obra puede definirse como conceptual. Su nombre tal vez trasluce que el arte conceptual puede ser casi cualquier cosa; en realidad, es un canal para comunicar ideas. Los artistas conceptuales piensan más

Cronología

1960
Yves Klein intenta volar saltando de una ventana en su obra *Salto al vacío.*

1962
S41 (Venus azul), Yves Klein.

1963
Artículo de Henry Flynt «Concept Art» en *An Anthology of Chance Operations.*

1967
Se publica el artículo de Sol LeWitt «Párrafos sobre arte conceptual», que acuña el término «arte conceptual».

«Las ideas por sí solas pueden ser obras de arte; forman parte de una cadena de desarrollo que puede o no hallar una forma final. No todas las ideas deben materializarse.»

Sol LeWitt

allá de los límites de los medios tradicionales y luego presentan su obra en la obra más conveniente para su idea. La idea siempre prima por encima del resultado final.

El arte conceptual, como se dio a conocer, afloró a finales de la década de 1960, cuando varios artistas comenzaron a producir obra basada en movimientos artísticos previos, como el dadaísmo y el minimalismo. Emergió en varios países simultáneamente y, pese a las airadas críticas desde todos los flancos, ha sido inmensamente influyente desde entonces. En su mayoría, los artistas categorizados como conceptuales no eligieron serlo, ni formaron grupos o emitieron un manifiesto, sino que empezaron a trabajar de modos diversos para expresar sus sentimientos y unas actitudes con frecuencia contrarias a la práctica artística convencional.

IKB

En 1957, Klein inventó su propia pintura azul, creada con pigmento ultramarino y otras sustancias químicas para generar un azul brillante y puro que denominó «International Klein Blue» o «IKB». Aquel azul en concreto tenía referencias espirituales en el arte ancestral, empezando por el pigmento prerrenacentista elaborado con lapislázuli y usado para los ropajes de la Virgen María y acabando por la pintura azul que Kandinsky y Marc realizaron con Der Blaue Reiter. A partir de entonces, Klein usó aquella pintura azul intenso para saturarlo todo, desde inmensos lienzos hasta esculturas de aspecto clásico, desdibujando la división entre la pintura y la escultura.

1970
El New York Cultural Centre acoge la primera exposición de arte conceptual.

1971
Gilbert y George generan sus primeras «piezas fotográficas».

1973
La crítica de arte estadounidense Lucy Lippard (n. 1937) publica su libro *Seis años,* donde detalla las ideas conceptuales.

Entre los artistas conceptuales figuran Joseph Beuys (1921-1986), autor de multitud de *performances* espectaculares; Marcel Broodthaers (1924-1976), que expuso objetos cotidianos, palabras, dibujos sencillos, cortometrajes y estructuras tridimensionales; Victor Burgin (n. 1941), escritor y creador de instalaciones con vídeo; Michael Craig-Martin (n. 1941), quien se sirve de materiales y objetos *readymade* y fue maestro de varios artistas que luego se consagraron como conceptualistas; Gilbert y George, o Gilbert Proesch (n. 1943) y George Passmore (n. 1942), que colaboran y han cobrado fama por su característica actitud formal y los coloridos conceptos que denominan «arte vivo»; Yves Klein, quien experimentó con varios métodos de aplicar pintura, y Joseph Kosuth (n. 1945), que explora la naturaleza del arte, en lugar del arte en sí.

Desafío de los conceptos establecidos Una de las primeras cosas que cuestionaron los artistas conceptuales fue la presunción de que los artistas siempre crean determinados tipos de objetos materiales. Defendieron que el producto final en sí no es tan importante como el proceso, de manera que las dotes artísticas son irrelevantes para sus metas. Puesto que el arte conceptual se ha manifestado de tantas maneras, muchas producciones se han calificado de conceptuales y ha habido multitud de influencias, lo cual impide establecer a ciencia cierta cuándo se inició realmente el movimiento, quién lo preconizó y en qué consiste. Los debates en este sentido continúan, si bien existe consenso en que el arte conceptual es una forma artística que confronta y cuestiona la idea de producir obras de arte tradicionales. Como el minimalismo, siempre ha desafiado las ideas establecidas de producción, exposición y contemplación del arte. Los artistas de ambos movimientos mantienen que la relevancia dada a la obra real previamente con-

Art + Language

El grupo Art & Language lo fundaron a finales de 1968 en el Reino Unido los artistas Terry Atkinson (n. 1939), David Bainbridge (1941-2013), Michael Baldwin (n. 1945) y Harold Hurrell (n. 1940), quienes se habían conocido impartiendo clases en Coventry. Posteriormente se sumaron otros artistas y el grupo se convirtió en una asociación cambiante de artistas conceptuales. Mediante el diario que publicaron, *Art-Language*, influyeron en la evolución del arte conceptual en Gran Bretaña y Estados Unidos.

«Todo el arte significativo de hoy en día surge del arte conceptual, inclusive el arte de la instalación, el arte político, el feminista y el de denuncia social.»

Sol LeWitt

dujo a un mundo del arte inflexible y elitista que privaba al gran público del acceso al arte, una de las ideas nucleares del arte pop. Los artistas conceptuales se concentran en sus ideas y producen un arte ajeno a la pintura y la escultura tradicionales que no necesita ser visto en una galería. Generan deliberadamente obras difíciles de clasificar con acuerdo a las tradiciones artísticas. Algunas de las ideas son sumamente simples, otras profundas y complejas, y aun otras estúpidas (intencionadamente). Pese a que, en su mayoría, los artistas conceptuales no se han manifestado en contra de la guerra o la pobreza, por ejemplo, como hicieron muchos artistas del siglo XX, con frecuencia reflejan su frustración e irritación para con la sociedad y temas políticos.

En 1967, el artículo de LeWitt «Párrafos sobre arte conceptual» aparecido en la publicación estadounidense *Artforum* definía el arte conceptual como un arte «creado para seducir la mente del espectador, en lugar de su mirada o emociones». LeWitt proseguía explicando que incluso el arte que no se ejecuta es arte, siempre que nazca de una idea. En esta línea, los artistas conceptuales con frecuencia han presentado sus ideas en formatos visualmente anodinos para forzar a los espectadores a centrarse en el mensaje nuclear. El arte conceptual, que alcanzó su cénit en la década de 1970, continúa siendo un movimiento internacional extendido.

La idea en síntesis: expresar y desafiar la idea de «¿qué es arte?»

46 Arte de la «performance» (décadas de 1970 y 1980)

De la semilla de los eventos teatrales escenificados por los futuristas, los surrealistas y los dadaístas, en particular por las actividades del Cabaret Voltaire, la Action Painting y los *happenings* de la década de 1960, brotó el arte de la *performance*, a menudo englobado dentro del arte conceptual. Puso en práctica la idea defendida por varios movimientos del siglo XX según la cual los artistas y espectadores eran interdependientes.

En la década de 1960, la expresión «arte de la *performance*» se empleó para describir el modo como los artistas usaban sus cuerpos para comunicar ideas. Se expresaban bailando, cantando, haciendo mímica, actuando o realizando otras *performances* ya fuera una sola vez o varias, en ubicaciones predeterminadas o espontáneas, con planificación previa o de improviso. En Alemania y Austria, el arte de la *performance* recibió el nombre de «accionismo» y se convirtió en todo un fenómeno en las décadas de 1960 y1970. Como otras formas de arte de la *performance*, generalmente se considera una rama del arte conceptual.

Acciones fotografiadas Una influencia destacada en los albores del arte de la *performance* fueron las fotografías que Hans Namuth (1915-1990) tomó en 1950 de Jackson Pollock creando sus *action paintings*. Las imágenes se popularizaron y difundieron la idea de la Action Painting entre los espectadores, críticos y otros artistas, a la par que inspiraron nuevos métodos en los que los artistas usaban sus propios cuerpos para la creación de arte. Además, más o menos en la misma época, ocurrieron los primeros *happe-*

Cronología

1950
Namuth fotografía a Pollock creando *action paintings.*

1952
John Cage instiga el primer *happening* en el Black Mountain College de Carolina del Norte.

1963
Beuys realiza sus primeras *performances* públicas.

1965
Nauman abandona la pintura para sumarse a la *performance.*

nings, inicialmente en Nueva York y luego en otras partes del mundo. Estas interpretaciones o eventos exigían la implicación de los espectadores y la actuación de los artistas, y pronto pasaron a ser conocidos como arte de la *performance*. El artista conceptual alemán Joseph Beuys, que había pilotado un cazabombardero en la segunda guerra mundial y quedó gravemente herido cuando su avión colisionó, fue un pionero del arte de la *performance* con una influencia inmensa. A partir de 1963 causó impacto con sus acciones, en las que reflejaba muchas de sus vivencias. Su objetivo era sacar a la luz temas sociales y políticos y revelar el sufrimiento humano mediante metáforas e insinuaciones. En Gran Bretaña, Gilbert y George venían presentando obras de *performance* originales desde 1969, si bien prefirieron la denominación de «arte vivo».

«Todo el mundo tendrá 15 minutos de fama.»

Andy Warhol

El arte de la *performance* adopta múltiples formas y uno de los problemas para los primeros artistas que lo practicaron fue la naturaleza efímera de la obra: una vez concluida la *performance*, no existía registro de ésta. Ello explica que las *performances* se documenten con fotografías y vídeos para difundir la idea entre un público más amplio. La mayoría de las *performances* no parte de un guión, pues no son actuaciones en el sentido tradicional de la palabra. Se basan más en el contenido que en el espectáculo, si bien sí pueden incluir narración. Las acciones no se interpretan por puro entretenimiento, sino que el objetivo de los artistas de *performance* es alentar al público a replantearse sus preconcepciones sobre la vida, la sociedad,

Fluxus

Originado en Alemania en 1960, Fluxus se convirtió en un movimiento internacional. Su nombre significa «flujo» en latín y los artistas, compositores y diseñadores implicados esgrimían una concepción similar a la de los dadaístas en su promoción del «arte vivo o antiarte». Muchos artistas se apuntaron al movimiento Fluxus y, en París, Copenhague, Ámsterdam, Londres y Nueva York, realizaron actividades varias, incluidos conciertos de música vanguardista y *performances*. Desoyendo las teorías del arte, desplazaron la importancia de lo que crea un artista a las actividades y emociones del artista.

1968
Brisley escenifica su primera *performance Ritual Murder.*

1969
John Lennon y Yoko Ono escenifican «bed-in», a modo de protesta contra la guerra.

1970
Gilbert y George interpretan *Singing Sculpture*, bailando con movimientos lentos y robóticos al son de «Underneath the Arches».

> **«La gente busca en el arte algo que no entienda, que no forme parte de su vida cotidiana.»**
>
> **Gilbert y George**

la política, la psicología u otros temas relacionados con el arte. Algunas *performances* satirizan la vida; otras son protestas y las hay que exigen a los espectadores poner en tela de juicio actitudes, opiniones y comportamientos aceptados. La idea principal es que el arte de la *performance* es una forma de comunicación directa con un público que espolea el pensamiento o la concienciación y siempre busca cambiar los puntos de vista o las percepciones de algún modo.

Interpretaciones de los artistas Yves Klein produjo *performances* relacionadas con la pintura. En 1961, por ejemplo, bañó a tres modelos desnudas con su propia pintura azul, IKB, y les dio instrucciones para que rodaran sobre un papel blanco cual «pinceles humanos», generando una obra que denominó *Antropometría*.

Performance en silencio

El arte de la *performance* es distinto a las artes escénicas. Si bien el público puede esperar entretenimiento, éste no es el objetivo de los artistas de *performance*. A menos que la *performance* sea en una exposición, el público normalmente no compra entrada y la interpretación suele ser única. El compositor John Cage (1912-1992) creó su primer *happening* en 1952, el cual influenció en todo el arte de la *performance* subsiguiente. Se tituló *4'33"* y consistió en hacer que los músicos de una orquesta permanecieran sentados ante el público, en silencio, exactamente durante cuatro minutos y 33 segundos. Los ruidos del público, que tosía y se revolvía en sus asientos, devinieron parte de la *performance* y plantearon interrogantes acerca de las expectativas.

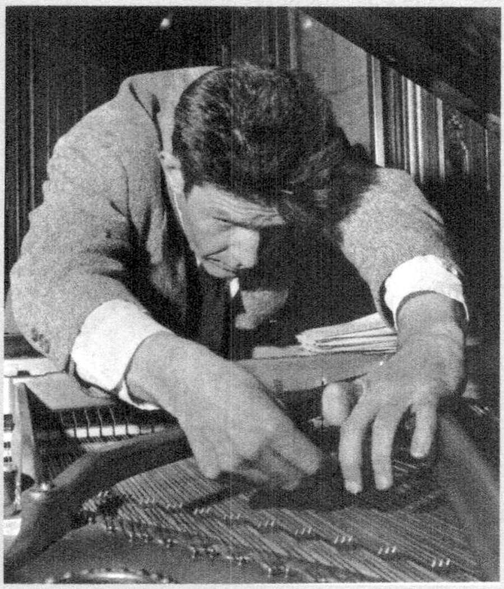

John Cage «prepara» un piano en 1957 colocando objetos entre y sobre las cuerdas y los macillos para modificar su sonido

«Ansiaba salir completamente fuera e interpretar un inicio simbólico para mi empresa de regenerar la vida de la humanidad en el seno de la sociedad y preparar un futuro positivo en este contexto.»

Joseph Beuys

Andy Warhol se hizo famoso por escenificar nuevas clases de eventos y *performances* con sus amistades en fiestas y salas públicas de Nueva York, como música, cine y pases de diapositivas. En 1970, Gilbert y George escenificaron su primera *performance* de «escultura viva», al pintarse la cabeza y las manos de dorado y cantar y bailar al son de una grabación de la canción «Underneath the Arches» durante largos ratos. Desde entonces rara vez han aparecido en público sin llevar trajes similares a los que lucieron en aquella *performance* e insisten en que todo lo que hacen es arte. Ana Mendieta (1948-1985) se centró en el género y la identidad cultural en sus *performances* de la década de 1970, que incluían referencias a su Cuba natal y a su vida como exiliada en Estados Unidos. El extraño aspecto y comportamiento de Beuys eran una fachada para las ideas racionales acerca de las armas nucleares y el futuro del medio ambiente que expresó a través de sus *performances*.

El principio de priorizar el concepto del arte por encima del objeto entroncaba con varios movimientos vanguardistas del siglo XX. Los artistas de *performance* querían sacar su arte de las galerías y despojarlo de la tradición de poder ser entendido por una élite privilegiada. En este sentido, también buscaron erradicar los elementos del capitalismo que rodeaban el arte: no habría agentes, exposiciones costosas ni adquisiciones caras. El arte de la *performance* sería verdaderamente transversal. Por supuesto, esta idea utópica no siempre se materializó, pero muchos de los artistas barajaban programas políticos y su objetivo último era plantear a los espectadores nuevos modos de pensar.

La idea en síntesis: plantear y alentar puntos de vista frescos mediante «performances»

47 Land art (década de 1960 - principios del siglo XXI)

A finales de la década de 1960 surgió el land art, con artistas que deseaban alejarse del comercialismo flagrante del mundo del arte. En su búsqueda de nuevos materiales, disciplinas y ubicaciones para la creación y exposición de arte, muchos generaron esculturas gigantescas con materiales naturales, a menudo en entornos paisajísticos.

También conocido como arte terrestre o arte ambiental, el land art se caracteriza por la producción de obras directamente en el medio ambiente. Surgido como parte del movimiento del arte conceptual en las décadas de 1960 y 1970, los artistas de land art crean obras diversas y expresivas con materiales naturales. Algunos esculpen en la tierra, otros documentan su paso por un paisaje con señales efímeras, los hay que trasladan piedras, tierra, ramitas o rocas, a galerías para componer instalaciones, y también quienes crean obras con materiales naturales al aire libre. Cuando no se ejecuta a modo de instalación en una galería, el land art suele documentarse con fotografías, mapas o vídeo que se exponen en galerías, a menudo como parte de una secuencia o historia.

> **«Mi función es trabajar con la naturaleza en su conjunto.»**
>
> **Andy Goldsworthy**

Efímero y único Entre los máximos exponentes del land art figuran Robert Smithson (1938-1973), Richard Long (n. 1945), Andy Goldsworthy (n. 1956), Michael Heizer (n. 1944), Walter De Maria (1935-2013), Nancy Holt (1938-2014) y Dennis Oppenheim (1938-2011). Esta corriente surgió en Estados Unidos y se popularizó en otros países, sobre todo europeos. Las obras suelen ser colo-

Cronología

1967	1968	1969	1970
Richard Long crea su primera obra paseando; *A Line Made by Walking* es una pista fotográfica en un campo de la campiña inglesa.	Exposición «Earthworks» en la Dwan Gallery de Nueva York.	Exposición «Earth Art» en la Cornell University, Nueva York.	Smithson transforma una zona del Great Salt Lake de Utah en *Spiral Jetty*.

Spiral Jetty

En 1970, Robert Smithson transformó un vasto páramo natural en una inmensa obra de land art. *Spiral Jetty* fue un sendero espiral elaborado con barro, cristales de sal, piedras de basalto negro y tierra en el Great Salt Lake de Utah, EE. UU. La espiral, de 460 m de longitud por 4,6 metros de anchura sólo resulta visible cuando el nivel del lago desciende por debajo de los 1.279,5 metros. En un principio, la espiral negra destacó sobre el fondo rojizo de algas y bacterias del Great Salt Lake durante las mareas bajas. Durante treinta años desapareció bajo las aguas, pero aflora de nuevo cuando el agua merma y ahora es más blanca que negra debido a la incrustación de las sales. Esta fotografía se tomó en 2005.

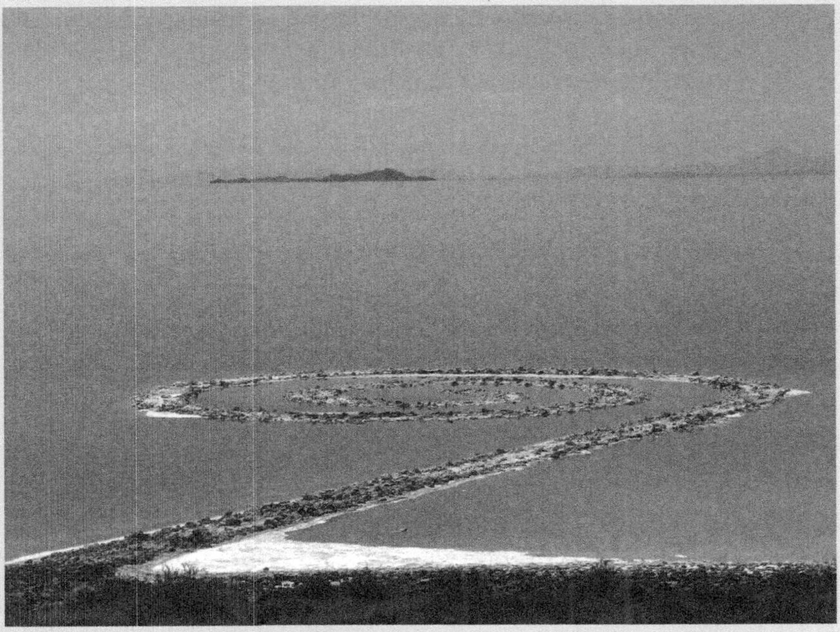

Robert Smithson, *Spiral Jetty*, 2005

1973-1976
Nancy Holt crea *Sun Tunnels* en Utah, cuatro túneles colosales de hormigón que componen una «X».

1977
Walter De Maria crea *The Lightning Field* en Nuevo México.

1997-1998
Storm King Wall, Andy Goldsworthy.

«Cuando una obra de arte se coloca en una galería pierde su carga y se convierte en un objeto portátil o una superficie desvinculada del mundo exterior.»

Robert Smithson

sales y se crean usando materiales naturales autóctonos. Estas piezas monumentales insertadas en la naturaleza se erigen lejos de los entornos urbanos y se dejan modificar o erosionar de manera natural. La mayoría de las obras más tempranas, creadas en los desiertos de Nevada, Nuevo México, Utah o Arizona, hoy sólo existe a modo de grabaciones en vídeo o fotografías. Al ser *site-specific*, o específico para un emplazamiento, este tipo de arte no suele ser accesible al público y, al estar expuesto a los elementos, con frecuencia se deteriora rápidamente. Se trata pues de piezas únicas, además de efímeras, si bien éste es uno de los objetivos principales de estos artistas, y el hecho de que sus obras no puedan ser adquiridas ni replicadas con exactitud, les permite expresarse con total libertad. El land art surgió de la preocupación por el medio ambiente, y la indagación en las relaciones entre los humanos y su entorno natural suele ser una de sus metas.

Como *Spiral Jetty*, gran parte del land art se inspira en procesos naturales. Smithson, por ejemplo, sentía fascinación por los procesos físicos de la naturaleza y el modo como ésta funciona, erosiona, reacciona y cambia. Entre otras cosas, Nancy Holt construye estructuras enormes similares a estructuras megalíticas ancestrales al estilo de Stonehenge y las dispone de acuerdo con secuencias astronómicas. El artista conceptual, minimalista y ambiental Walter De Maria ha creado obras inmensas, a menudo usando materiales industriales en desiertos americanos y asegurándose de que el clima y los efectos lumínicos naturales modifican el aspecto de sus estructuras, con el fin de evocar pensamientos sobre la Tierra y su relación con el universo. Como puede imaginarse, gran parte de esta obra sólo puede contemplarse debidamente desde el aire, por lo que la crítica ha lamen-

Percepciones frescas

Christo y Jeanne-Claude (1935-2020 y 1935-2009) pueden clasificarse como artistas ambientales, artistas de *performance* o artistas conceptuales. Las ideas subyacentes a su arte y los procesos de creación son tan relevantes como el resultado final. Con una longitud hiperbólica de tela colgada o colocada en entornos urbanos o rurales, sus obras alientan a los espectadores a replantearse lo que ven.

tado que este tipo de land art se oponga al objetivo original de llegar a todo el mundo.

Anticomercialismo, antiindustrialización La mayoría de los artistas de land art reaccionaba contra la supuesta artificialidad, falta de sinceridad y comercialización del arte a finales de la década de 1960 y la destrucción de la naturaleza a manos de la industrialización. El movimiento surgió en octubre de 1968 con una exposición titulada «Earthworks» en la Dwan Gallery de Nueva York. Un año después, se celebró otra muestra en Nueva York, «Earth Art». Ambas recibieron una amplia atención por parte de la prensa y el público y, durante unos cuantos años, todas las esculturas de inspiración ambiental se denominaron «earthworks» u «obras terrestres». La crítica recibió gratamente esta nueva corriente como una rama del minimalismo y el arte conceptual, y también la acogieron con complacencia los defensores del medio ambiente y los detractores de la urbanización y el materialismo. Andy Goldsworthy (n. 1956) produce tanto estructuras temporales como permanentes a partir de materiales naturales autóctonos que encuentra en paisajes naturales y urbanizados, como ramitas, piedras, nieve u hojas, con vistas a realzar los atributos del entorno. Sus obras pueden ser inmensas o diminutas, coloridas o monocromas, evidentes o abstrusas, complejas o sencillas. Su meta es recalcar los peligros de la desvinculación de la sociedad con la naturaleza.

«Abogo por un arte que tome en consideración el efecto directo de los elementos en su existencia diaria, ajena a la representación.»

Robert Smithson

La obra de los artistas ambientales en ocasiones engloba fotografía, poesía, texto y otros materiales, además de los naturales tomados del entorno. Richard Long, por ejemplo, documenta sus viajes con mapas, poesía y fotografías. En ocasiones deja una huella en el paisaje, como una colección de piedras o grabados sobre hierba, y la fotografía, y suele recopilar objetos que encuentra a su paso, como maderas que flotan a la deriva o pequeñas rocas, para incorporarlos a instalaciones en galerías a su regreso.

La idea en síntesis: trabajar con entornos naturales para alterar percepciones

48 Neoexpresionismo (décadas de 1970 a 1990)

Surgido en la década de 1970 como reacción frente al minimalismo y el arte conceptual, el neoexpresionismo creció hasta convertirse en el estilo de arte vanguardista predominante de la década de 1980, sobre todo en Estados Unidos, Alemania e Italia. En esencia entrañó un renacer de la pintura al estilo expresionista con múltiples influencias, como la obra postrera de Picasso. Los neoexpresionistas transmitían violentas emociones desde planteamientos crudos y toscos.

Insatisfechos con el intelectualismo introspectivo preconizado por varios movimientos de arte y diseño recientes, una serie de artistas empezó a trabajar de un modo harto enojado y expresivo y de manera simultánea en Alemania, Estados Unidos, Italia y algunos otros países a finales de la década de 1970. Rechazando la a su parecer pretenciosidad del minimalismo y el arte conceptual, optaron por justo lo opuesto, a saber: expresar emociones en lugar de esgrimir una consideración y deliberación frías. Retomaron así la pintura de caballete figurativa, en la que incluyeron elementos autobiográficos, simbolistas y narrativos. No se trató de un movimiento en torno a un concepto unificado, motivo que explica sus diversas designaciones. En Estados Unidos se lo ha llamado Nuevo fovismo, arte *punk* y Bad Painting (o «pintura mala», por la falta de habilidades artísticas convencionales); en Alemania se lo conoció como Neue Wilden («Nuevos fauves»), y en Italia se denominó Transavanguardia («más allá de las vanguardias»).

Escándalo público Pese al declive del expresionismo a principios del siglo XX, muchos artistas han continuado trabajando

Cronología

1963	1971	1973	1977
Exposición individual de Georg Baselitz en la Galerie Werner & Katz de Berlín Oeste.	A. R. Penck pinta *Standart-Bild.*	Julian Schnabel pinta *Parsifal I.*	Un grupo de artistas alemanes funda la Galerie am Moritzplatz de Berlín.

«Parto de una idea, pero, a medida que trabajo, el cuadro se apodera de ella. Entonces se libra una batalla entre la idea preconcebida y la que lucha por su propia vida.»

Georg Baselitz

con un planteamiento expresionista. En 1963, Georg Baselitz (n. 1938), inauguró una exposición individual en el Berlín Oeste donde exhibió su estilo expresionista en grado sumo y con un contenido a menudo perturbador. La muestra fue un escándalo público: algunas obras se confiscaron por considerarse indecentes y la policía clausuró la exposición. Si bien su obra ulterior no fue tan polémica, Baselitz continuó generando controversia, por ejemplo al pintar todas sus figuras cabeza abajo durante un tiempo y seguir trabajando con un estilo crudo y sin refinar tanto en pintura como esporádicamente en escultura. En la década de 1970 fue nombrado líder de un grupo de artistas alemanes que producían obras emocionales de factura tosca. Fue el llamado Neue Wilden y acogía en sus filas a Anselm Kiefer (n. 1945), que suele utilizar materiales no artísticos en sus pinturas, como porcelana o paja, al escultor y pintor

Francesco Clemente

El pintor autodidacto italiano Clemente, como la mayoría de los neoexpresionistas, se inspiró en multitud de influencias, entre ellas la teosofía, el hinduismo, artesanías y culturas no europeas y elementos del expresionismo y el surrealismo. Sus temas solían girar en torno a la forma humana, a su propia imagen, la sexualidad, la mitología y la espiritualidad, símbolos no occidentales y visiones oníricas.

Tras emigrar a Nueva York en 1981, empezó a realizar grandes pinturas al óleo y colaboró con Andy Warhol y Jean-Michel Basquiat (1960-1988) en varias pinturas. Fascinado por los márgenes entre el mundo exterior y el mundo interior de la persona, exploró las contradicciones y los conflictos que ocurren en nuestro interior, en nuestra mente racional e irracional, en nuestro pensamiento consciente y en nuestra imaginación.

1978

Se utiliza el término «Transvanguardia» para describir la obra de algunos neoexpresionistas italianos, incluidos Sandro Chia y Francesco Clemente.

1980

Baselitz y Kiefer suscitan polémica al exponer obras con logotipos nazis en la Bienal de Venecia.

1981

Se forma el grupo neoexpresionista francés Figuration Libre.

Markus Lüpertz (n. 1941), al pintor Eugen Schönebeck (n. 1936) y al pintor, grabador y escultor A. R. Penck (1939-2017).

«La realidad es la propia pintura, no lo que la pintura representa.»

Georg Baselitz

Entre los neoexpresionistas estadounidenses figuran Philip Guston (1913-1980), quien, en los últimos años sesenta, abandonó el expresionismo abstracto por el neoexpresionismo y empezó a crear imágenes al estilo de dibujos animados con símbolos y objetos personales; Julian Schnabel (n. 1951), pintor y cineasta, y David Salle (n. 1952), pintor, delineante, grabador y artista de *performance*, autor de instalaciones y pinturas en las que superpone imágenes de estilos diversos generadas con materiales encontrados. Los neoexpresionistas italianos más célebres son Sandro Chia (n. 1946), Francesco Clemente, Enzo Cucchi (n. 1950), Nicola de Maria (n. 1954) y Mimmo Paladino (n. 1948). Y, en Gran Bretaña, Christopher Le Brun (n. 1951) y Paula Rego (1935-2022) suelen clasificarse como neoexpresionistas. En Francia, en 1981, el grupo neoexpresionista llamado Figuration Libre, cuyo arte se basaba en la cultura urbana popular, estuvo integrado por Robert Combas (n. 1957), Rémi Blanchard (1958-1993), François Boisrond (n. 1959) y Hervé Di Rosa (n. 1963). Entre 1982 y 1985, estos artistas expusieron junto a sus homólogos estadounidenses Keith Haring (n. 1958), Jean-Michel Basquiat y Kenny Scharf (n. 1958) en Nueva York, Londres, Pittsburgh y París.

Rasgos comunes Pese a tratarse de un movimiento dispar, hubo varias características comunes al neoexpresionismo, como la creencia generalizada en que el arte conceptual, el minimalismo y

Polémica comercial

El neoexpresionismo se prolongó durante la década de 1980, una época de cambio social, económico y cultural, cuando la prosperidad, el consumismo y el materialismo alcanzaron nuevas cotas en muchos países. El neoexpresionismo fue adoptado por muchos artistas que consideraban el mundo del arte contemporáneo pretencioso y corrupto, capaz de pagar precios ridículamente desorbitados por arte nuevo. Uno de los aspectos más polémicos de los neoexpresionistas fue que, en lugar de rechazar tal realidad, alentaron el comercialismo y se vendieron a lo grande en un mundo del arte dispuesto a comprar.

«No me importa la anatomía. Lo único que me revela un dibujo perfecto es que alguien demuestra lo bien que sabe dibujar.»

Julian Schnabel

el arte pop no estimulaban la imaginación. Los artistas buscaron inspiración en un amplio espectro de elementos, incluidas las últimas obras de Picasso, el arte de George Grosz, Ernst Ludwig-Kirchner, Edvard Munch, Willem de Kooning y Fluxus, el arte primitivo, el arte de los grafitis, el arte producido por trastornados mentales, las teorías de Carl Jung y sus propios sentimientos violentos. Tomaron temas de la publicidad, la ilustración de portadas de libros, la música rock, los cómics, la historia y la mitología. Si bien sus fuentes e ideas eran variadas, la mayoría de las pinturas neoexpresionistas compartía los mismos rasgos. No se requerían habilidades para el dibujo o la pintura tradicionales ni se aplicaban los criterios convencionales de la composición y el diseño, pues lo vital era expresar un sentimiento espontáneo. En su mayoría, las pinturas eran burdas y desorganizadas, en colores vivos rayanos en la estridencia y a veces incongruentes. Se pintaba con pinceles, con los dedos o con otros métodos y materiales no ortodoxos y de manera caprichosa. Los artistas comunicaron un amplio abanico de temas, sentimientos e intereses, como tensiones internas, enfado, hostilidad y nostalgia. En su mayor parte, los artistas implicados no estaban tan desesperadamente enojados como sus predecesores expresionistas y se limitaron a retratar las penurias del mundo tal como lo percibían, haciendo caso omiso de la estética, cosa que suscitó debates acerca de las intenciones y el valor de la pintura, en los que el neoexpresionismo solía citarse como ejemplo de lo erróneo del medio. Mediada la década de 1990, el neoexpresionismo había perdido su vigencia.

La idea en síntesis: reinstaurar la pintura con temáticas intensas y expresivas

49 Hiperrealismo (década de 1990-principios del siglo XXI)

A finales de la década de 1960 surgió en Estados Unidos el fotorrealismo, junto con otros varios movimientos artísticos que desafiaban el arte conceptual y abstracto que se estaba produciendo. El fotorrealismo era una pintura de una precisión excepcional, tanto que las obras finales se antojaban tan realistas como fotografías. Era casi una «no idea»: el objetivo del artista era simplemente desplegar sus habilidosas dotes pictóricas para producir arte de aspecto realista.

Pese a que puede considerarse entroncado con el fotorrealismo, el hiperrealismo no era tan sencillo. A finales del siglo XX ciertos artistas empezaron a producir un arte tan exacto y detallado como el fotorrealismo, si bien creado con unos cambios concretos, a menudo muy sutiles, para expresar mensajes con voluntad filantrópica. Los hiperrealistas trabajan de modos diversos e ilustran un amplio abanico de temas, como retratos, paisajes naturales y urbanos, figuras y escenas narrativas o de género. Si bien la obra se crea para antojarse objetiva y anónima, suele ser deliberadamente emotiva y con frecuencia transmite una individualidad tan potente como el expresionismo.

Conciencia social El fotorrealismo apareció en la década de 1960, como una evolución del arte pop, lo cual explica que enfatizase temas mundanos y cotidianos. Se trataba de una pintura meticulosa. A menudo los artistas evadían conscientemente la emoción humana, el valor político y los elementos narrativos. En cambio, los hiperrealistas abordan temas culturales, políticos y sociales de actualidad, y expresan ideas variadas en sus obras, como son la vulgaridad del consumismo, el sufrimiento extremo, las penurias de las clases obreras o la fragilidad de la forma humana. Como en el fotorrealismo, los primeros artistas que crearon obras hiperrealistas fue-

Cronología

1973
Se usa la denominación «hiperrealismo» como traducción francesa de fotorrealismo.

1987
Hotel Empire, Richard Estes.

1988
Duane Hanson crea *Queenie II,* una escultura de bronce policromado de una limpiadora con sobrepeso.

ron estadounidenses, entre ellos Denis Peterson (n. 1945), Richard Estes (n. 1936), Audrey Flack (1931-2024) y Chuck Close (1940-2021). Puesto que las obras son de una exactitud máxima, se tardan meses en crear cada una de ellas. Las pinturas se realizan con pinceladas pequeñas y se construyen a partir de trazos imperceptibles; las esculturas se elaboran con materiales diversos que se moldean con formas realistas. Muchos hiperrealistas trabajan directamente a partir de fotografías para crear obras que parecen fotografías: parte de la diversión radica en invitar a los espectadores a decidir si una imagen es o no una fotografía o si se ha producido con pinceles y pinturas, o si una escultura es algo real o un objeto artificial.

Grados de realidad El hiperrealismo casi siempre es subjetivo, con detalles meticulosos que generan ilusiones de realidad y que son incluso más nítidos y exactos que las fotografías o que la propia realidad. La idea no es tanto realizar una copia literal de una fotografía o de la realidad, sino exagerarla y llamar la atención sobre un aspecto que inquieta al artista. Texturas, superficies, iluminación, efectos, sombras y colores se antojan más definidos y más nítidos que las fotografías de referencia e incluso que el tema real. El estilo evolucionó a partir del fotorrealismo y las imágenes de alta resolución generadas por las cámaras digitales y los ordenadores. También deriva de las filosofías de varios teóricos, en particular del sociólogo, filósofo, fotógrafo y politólogo Jean Baudrillard (1929-2007), quien teorizó acerca de la incapacidad de la sociedad contemporánea para distinguir entre fantasía y realidad. Baudrillard y otros cuestionaron qué es verdaderamente «real» en un mundo donde diversos medios pueden dar forma por completo a un acontecimiento o experiencia. Las obras va-

Métodos mecánicos

El hiperrealismo requiere un dominio técnico y una precisión excelsos, si bien la mayoría de los artistas también emplea métodos mecánicos para crear su trabajo, incluidas proyecciones fotográficas o multimedia sobre los lienzos que van resiguiendo. Algunos usan el método tradicional y meticuloso de la cuadrícula para transferir sus imágenes. Muchos utilizan aerógrafos para que las mezclas de color resulten indiscernibles. Los escultores suelen utilizar poliéster aplicado directamente sobre moldes o los cuerpos de los modelos para obtener la forma deseada.

1997
Chuck Close pinta un *Autorretrato* de 2,5 m usando un pincel enganchado con cinta adhesiva a su muñeca.

2000
Ron Mueck crea *Niño*, una escultura de 5 m de un niño agachado.

2006
Denis Peterson crea la serie de pinturas «Don't Shed No Tears», sobre el genocidio, el dolor y la supervivencia.

«Creo que la mayoría de las pinturas son un registro de las decisiones adoptadas por el artista. Lo único que ocurre es que las mías son un poco más evidentes que las de otros.»

Chuck Close

rían, en función de los intereses de cada artista. Las representaciones de ciudades de Estes se antojan lugares fantasmagóricos caracterizados por superficies reflectantes y estructuras impersonales (no demasiado alejadas de las pinturas metafísicas de De Chirico). Los enormes retratos de Close enfrentan al espectador con unas proporciones y prominencias poco naturales e inesperadas. Gottfried Helnwein (n. 1948) trata el Holocausto y el nazismo. Y las series de Peterson retratan objetivamente el sufrimiento humano. Todos ellos despiertan sentimientos de empatía en los espectadores.

Ron Mueck

La obra del escultor australiano Ron Mueck (n. 1958) es un epítome del hiperrealismo. Asombrosamente fieles a la realidad y a menudo a escalas inesperadas, ora hiperbólicas ora diminutas, desconcierta al espectador por su magnífico realismo. Con silicona, resina de poliéster, poliuretano y otros materiales que le permiten replicar aspectos intricados, Mueck crea detalles precisos y meticulosos, como arrugas, barbas de tres días, manchas en la piel y cabello, suscita sentimientos de irrealidad en los espectadores y los sacude para que se replanteen las certidumbres de la vida, aspectos sobre los que no habían reflexionado. Entre 1997 y 2000, Mueck participó en la exposición itinerante «Sensation», que viajó al Reino Unido, Berlín, Estados Unidos y Australia y lo ayudó a forjarse un nombre y a impulsar el hiperrealismo a la cabecera del mundo del arte contemporáneo.

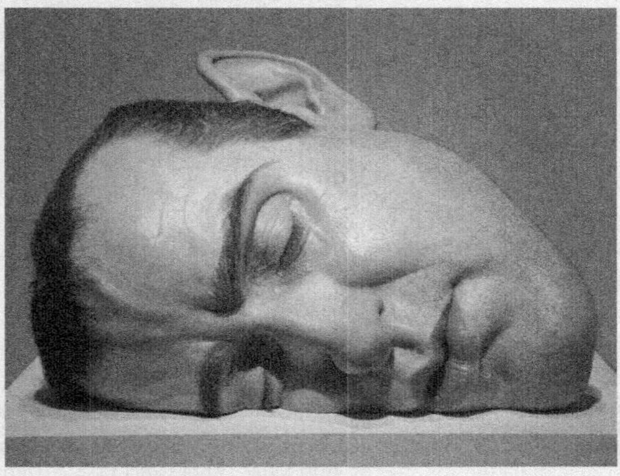

Máscara II, Ron Mueck, 2002

«El tema es un medio aparte a través del cual los espectadores conectan con la realidad mediante la falsedad y la simulación de la imagen, que, irónicamente, es convincente.»

Chuck Denis Peterson

Lo inesperado Muchos hiperrealistas han creado imágenes y objetos que expresan sus sentimientos acerca de asuntos políticos o sociales, como regímenes totalitarios, la intolerancia racial o religiosa, la persecución y la discriminación, la desatención de los vulnerables y desfavorecidos por parte de la sociedad o la condición humana. Las imágenes hiperrealistas suelen desafiar a los espectadores por el hecho de transmitir algo inesperado, ya sea por una yuxtaposición incongruente, una dimensión sorprendente o la expresión de una realidad incómoda que normalmente pasaríamos por alto. Las esculturas de Ron Mueck, por ejemplo, como su *Máscara* de 1997, su diminuto *Padre muerto* de silicona de 1996-1997, o su *En la cama* de 2005, una escultura inmensa con técnica mixta de una mujer tumbada en la cama, resultan desconcertantemente realistas, pero su dimensión hiperbólica obliga a los espectadores a replantearse lo que ven. En contraste, Duane Hanson (1925-1996) también creó esculturas hiperrealistas, normalmente de ciudadanos estadounidenses corrientes y a tamaño real, cosa que las hacía asombrosamente reales, incluso de cerca, e invitaba a los espectadores a replantearse su propio comportamiento. Muchas pinturas hiperrealistas están compuestas con aerógrafo, ya sea con pinturas acrílicas, óleos o una combinación de ambos. Las pinturas visualmente convincentes e inquietantes de Denis Peterson suelen enmarcarse en una serie y acometen temas incómodos como el genocidio, la supervivencia, el dolor y el sufrimiento causados por los conflictos. Estos temas se plasman con un detalle meticuloso y a menudo encuadrados, en aras de transformar a los espectadores en *voyeurs* de situaciones que pueden resultarles incómodas. Peterson deja deliberadamente sus emociones al margen para permitir que el espectador se forme una idea propia.

La idea en síntesis: superrealismo que cuestiona las opiniones del espectador

50 Arte de los nuevos medios (década de 1970-principios del siglo XXI)

Los artistas siempre han explotado los medios nuevos, de manera que era inevitable que los vídeos, los ordenadores e Internet, por ejemplo, les sedujeran para crear un arte original. Desde las primeras obras generadas con ordenadores en Nueva York y Alemania a mediados de la década de 1960 hasta el arte interactivo en Internet del siglo XXI, el arte de los nuevos medios ha evolucionado de modos imprevistos.

Podría argumentarse que el arte de los nuevos medios se inició con el uso de las pinturas al óleo en el siglo XV o, por ejemplo, con la incorporación de la fotografía en el siglo XXI. No obstante, la denominación «arte de los nuevos medios» no se acuñó entonces, sino que se aplicó por primera vez para describir un arte que explotaba los medios nuevos, principalmente tecnológicos, de las postrimerías del siglo XX e inicios del XXI. En un principio, esta tendencia artística incluyó el uso de vídeo en los experimentos de artistas como Nam June Paik (1932-2006).

La World Wide Web El término «arte digital» se acuñó en la década de 1980, tras el lanzamiento de la World Wide Web. Timothy Berners-Lee (n. 1955) creó la World Wide Web en 1989 para dotar a los físicos que trabajaban en el Laboratorio Europeo de Física de Partículas de un método para compartir y tener acceso a información mundial fundamental mediante ordenadores conectados a Internet. Entre los primeros usuarios de la World Wide Web, después de aquellos científicos, se hallaban artistas que iden-

Cronología

1972	1974	1985-1986	1993
Gilbert y George producen videoarte.	El MoMA de Nueva York crea la primera galería del mundo consagrada al videoarte.	Warhol usa un sistema informático Amiga para crear un autorretrato y un retrato de D. Harry.	Se celebra en Nueva York el primer «Digital Salon», que deviene una exposición anual de arte digital.

Heath Bunting

Conocido por su involucración en el desarrollo del movimiento net.art en la década de 1990, Heath Bunting utiliza multitud de medios y trabaja mediante acciones, documentación e imágenes. Puede clasificársele como artista conceptual o artista de los nuevos medios, pues en la mayoría de sus obras la idea reviste una importancia capital. Su trabajo, que desmorona las divisiones entre el arte y la vida cotidiana, suele tener pretensiones divertidas y en ocasiones polémicas, y busca llegar al espectador por medios no ortodoxos. Gran parte de su obra, como *Irational.org*, gira en torno al comercialismo, la visibilidad, las relaciones en Internet y el cuestionamiento de las fronteras entre la vida y el arte, la vida e Internet y las percepciones y la comunicación.

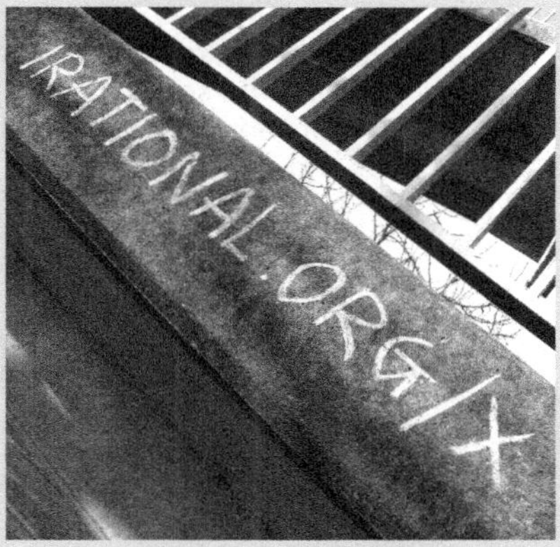

Irational.org, Heath Bunting, 2010

tificaron inmediatamente el potencial de ser capaces de expresarse de un modo hasta entonces desconocido.

Debido a la naturaleza de la nueva evolución tecnológica, el progreso en el arte de los nuevos medios desde el inicio del siglo XXI ha sido veloz, internacional y a menudo efímero. Arte de los nuevos medios es un término paraguas para una amplia variedad de arte creado, valga la redundancia, con medios nuevos, entre los cuales figuran tecnologías digitales como Internet, vídeo y animaciones infográficas, fotografía, *smartphones* y otros materiales, en su mayoría relacionados con la informática. Desde sus albores, la tecnología digital empezó a transformar las actividades artísticas tradicionales, como la pintura, el dibujo y la escultura, y se convirtió en una práctica artística reconocida. Cuando la tecnología digital se abarató y se tornó más

«Sin electricidad no hay arte.»

Nam June Paik

1994	1997	2002	2010-2011
Jake Tilson inicia la obra en Internet *The Cooker*, Heath Bunting empieza *Irational.org*.	Gillian Wearing gana el premio Turner con *60 Minutes Silence*, «una fotografía viva» de 26 actores vestidos de policías e inmóviles.	Bill Viola crea *Emergence*, vídeo de alta definición.	*Travel Jog*, Heath Bunting.

Conservación de arte

A medida que los artistas utilizan nuevas tecnologías y medios, los «nuevos» medios viejos, como vídeos, cine, casetes y determinados programas informáticos son reemplazados por otros materiales, de manera que cada vez deviene más difícil conservar, proteger o exhibir obras de arte que resultaban innovadoras hace sólo unos años, pero que a menudo son frágiles y quedan rápidamente desfasadas. La conservación siempre ha sido prioritaria para el mundo del arte, y así sigue siendo, si bien los nuevos métodos de producción artística plantean nuevos desafíos.

accesible y fácil de usar, algunos artistas establecidos comenzaron a emplearla, como Richard Hamilton, que utilizó el programa de infografía Quantel Paintbox en 1986 para recrear su collage de arte pop *Just What is it that Makes Today's Homes so Different, so Appealing?* La obra resultante, generada a partir de escaneados y fotografías digitales, se tituló *Just What is it that Makes Today's Homes so Different?* En 2009, David Hockney empezó a usar su nuevo iPhone para crear miniobras de arte, difundiendo la idea de que los iPhone y otros nuevos medios son materiales artísticos aceptables.

Participación potencial Con la aparición de los primeros ordenadores personales en la década de 1980, nuevos artistas empezaron a probar maneras de crear arte con ellos. Jeff Wall (n. 1946) manipuló fotografías digitalmente para componer imágenes fantásticas con apariencia realista (inspirado por el arte surrealista). Heath Bunting inició *Irational.org* en 1994 y continúa explorando modos potenciales para que todo el mundo pueda interconectarse a través de la World Wide Web y las posibilidades de implicación y participación de los espectadores. Bill Viola (n. 1951) trabaja con videoarte, utilizando imágenes, luz y sonido para enfatizar las ideas acerca de la vida y la existencia. Mediada la década de 1990, Dirk Paesmans (n. 1965) y Joan Heemskerk (n. 1968) formaron el colectivo artístico Jodi o Jodi.org. Sus obras irreverentes y bromistas suelen partir de juegos informáticos, que modifican y alteran para incorporar animaciones, gráficos, ventanas emergentes inesperadas y cambios de URL. Peter Stanick (n. 1953) produce pinturas digitales al estilo del arte pop de escenas callejeras neoyorquinas. Christo-

«La tecnología se ha convertido en la nueva membrana de existencia del cuerpo.»

Nam June Paik

«La incertidumbre debe tener cabida en el arte. Ese atisbo de caos es lo que agarra, y hay que estar listo para lidiar con él.»

Jake Tilson

phe Bruno (n. 1964) explora cuestiones lingüísticas. Y Jake Tilson (n. 1958) creó su primera web, *The Cooker*, en 1994. *The Cooker* incluye multitud de imágenes, textos y experiencias internacionales, que pueden visualizarse en cualquier pantalla de ordenador, cosa que hace el arte accesible a todo el mundo y permite al espectador usarlo a su libre albedrío. Cada elemento de The Cooker guarda relación con un aspecto gastronómico y cada página conduce al espectador o participante a un nuevo ámbito. Algunos de los elementos incluidos son sonidos de preparación de recetas, imágenes de restaurantes de todo el mundo o viajes en tren para llegar a un lugar donde se cocinará.

El arte de los nuevos medios continúa emergiendo y desarrollándose y aún no se sabe cómo acabará produciéndose o percibiéndose. Indudablemente se registrarán multitud de cambios y progresos a medida que la tecnología avance y los nuevos artistas prueben ideas frescas. Hasta la fecha no existe un concepto coherente ni una práctica estandarizada, sino metodologías de trabajo múltiples de distintos artistas. Entre las ideas principales figuran la explotación y experimentación de nuevos medios, que pueden ser tan amplias como la imaginación y capacidades de los artistas. Los artistas de los nuevos medios presentan bagajes muy dispares. Algunos tienen formación en bellas artes, pero también los hay diseñadores gráficos o fotógrafos, expertos en informática, artistas sonoros o simplemente expertos en tecnología.

La idea en síntesis: usar las nuevas tecnologías para crear nuevas formas de arte

Glosario

Abstracción Arte que no imita el aspecto de los objetos del mundo, sino que distorsiona las cosas y recalca lo que el artista percibe como esencial.

Abstracto Arte que intencionadamente no incluye nada representativo del mundo real.

Alegoría Representación de una historia en la que las personas y los acontecimientos tienen significados simbólicos.

Amorfo Sin una forma definida.

Antropometría Nombre dado por Yves Klein a un determinado tipo de pintura en la que se usan cuerpos humanos a modo de pinceles.

Arte académico Estilo de arte clásico promovido por las academias patrocinadas por el Gobierno, en particular en Francia durante los siglos XVIII y XIX.

Cinética Escultura móvil.

Claroscuro Término que alude al uso de tonos más fuertes para transmitir sensación de profundidad.

Clasicismo Alta estima y emulación del arte de la Antigüedad clásica.

Collage Técnica artística consistente en pegar materiales diversos, como tela, recortes de diario o papel de seda, en una superficie lisa.

Colores complementarios Colores opuestos en la rueda de color que, al yuxtaponerse, se realzan mutuamente.

Composición Disposición de los elementos en una obra de arte.

Contraposto Castellanización del término italiano para «opuesto», que alude a la colocación de una figura en una obra de arte con todo el peso reposando sobre una pierna y con la otra rodilla doblada, cosa que hace que las caderas, los hombros y la cabeza se inclinen, y transmite sensación de relajación; esta postura se originó en el arte griego y fue retomada por los artistas renacentistas.

Divisionismo Pinceladas o puntos de pintura de color sueltos y separados que se aplican en yuxtaposiciones según las teorías del color para parecer más intensos cuando se contemplan desde la distancia.

En plein air Obras de arte pictóricas que el artista finaliza al aire libre, en lugar de tomar esbozos y ejecutarlas en el taller.

Ensamblaje Obra de arte confeccionada con objetos o fragmentos de objetos cuyo uso original era distinto.

Escorzo Alineado con la perspectiva lineal, se trata de un método de representación de formas tridimensionales en superficies bidimensionales que distorsiona las formas de manera que los objetos parezcan acercarse al espectador.

Esfumado Del verbo italiano *sfumare*, significa desvanecerse; «esfumado» describe la neblina que algunos artistas renacentistas, sobre todo Leonardo da Vinci, lograban difuminando la pintura para crear tenues contrastes tonales.

Figurativo Arte que representa de manera realista aspectos reconocibles del mundo.

Fotogramas Imágenes fotográficas tomadas sin cámara, colocando objetos sobre la superficie de papel fotográfico u otros materiales similares y exponiéndolos a la luz.

Fotorrealismo Movimiento artístico surgido en la década de 1960 como reacción al minimalismo y el arte abstracto, sobre todo en Estados Unidos, y caracterizado por pinturas que replican fotografías con suma precisión.

Fresco Técnica pictórica consistente en aplicar pintura sobre yeso húmedo.

Frottage Frotamiento realizado con un lápiz sobre papel colocado sobre superficies de distintas texturas para crear patrones o imágenes inesperadas.

Género Distintas temáticas artísticas se clasifican como «de género», si bien las «pinturas de género» son aquellas que describen escenas de la vida cotidiana.

Grattage Técnica de la pintura al óleo consistente en que el artista raspa densas capas de pintura para crear tramas, texturas e imágenes.

Humanismo Planteamiento de la vida basado en la razón que se concentra en la experiencia, la esperanza y el pensamiento humanos y adopta una actitud positiva hacia el mundo.

Impasto Aplicación de una capa muy densa de pintura.

Modernidad Período iniciado con el realismo a finales del siglo XIX en el que los artistas y diseñadores rechazaron con vehemencia los estilos artísticos pasados y concibieron nuevas formas de arte más acordes con los espectadores contemporáneos. Se asocia con la idea de una sociedad ideal y la fe en el progreso.

Mosaico Imagen o dibujo creado con cascos de vidrio de colores, guijarros o teselas unidos con mortero.

Mural Gran pintura en una pared.

Naíf En arte, la pintura naíf se caracteriza por su simplicidad y el infantilismo tanto de su técnica como de su temática.

Narrativo Arte que cuenta una historia.

Naturalismo Movimiento de finales del siglo XIX y principios del XX inspirado por el nuevo pensamiento acerca de la ciencia natural, sobre todo por las teorías de Darwin, que abogó por representaciones fieles y objetivas de la realidad.

Objetos encontrados También llamados *objets trouvés*, son objetos que los artistas encuentran, incorporan a obras de arte y exponen para que otras personas puedan apreciarlos.

Onírico Perteneciente a los sueños.

Pintura acrílica Pintura de secado rápido elaborada con una mezcla de pigmentos y un medio sintético.

Posmodernidad Término general que remite a la literatura, el arte, el diseño, la filosofía, la arquitectura y la cultura que se centra en interpretaciones individuales. La posmodernidad surgió en la década de 1960 como reacción a la modernidad. Dos de sus características principales son la supresión de las barreras entre la cultura elevada y popular y el rechazo de cualquier estilo único o definición sobre qué es el arte.

Puntillismo Técnica de aplicar puntitos de pintura de colores vivos sobre superficies blancas de tal manera que, desde la distancia, los colores parezcan mezclarse.

Puntos Benday Proceso de impresión que combina puntos de colores o monocromos para crear tonalidades o colores más intensos.

Quattrocento Término paraguas para la cultura y el arte de la Italia del siglo XV, la fase principal del Renacimiento temprano.

Readymade Objetos encontrados que se exhiben en un contexto nuevo como arte.

Sin serifa o de palo seco Tipografía o forma de letra sin rebordes ni astas en las letras.

Vanguardistas Artistas no convencionales con un pensamiento avanzado.

Vanitas «Vanidad» en latín, *vanitas* es una obra de arte, a menudo un bodegón, en la que los objetos hacen referencia simbólica a la insignificancia y la fugacidad de la vida y a la vanidad, y recuerdan su propia mortalidad a los espectadores.

Verista Tomado del latín *verus*, este término se utilizó por vez primera para describir a los artistas romanos de la Antigüedad que representaban toda la verdad sobre sus temas, como las arrugas o verrugas, y posteriormente se empleó para referirse a determinados artistas de la nueva objetividad, quienes buscaban plasmar la realidad por terrible o desagradable que resultara aceptarla.

Vidriado En pintura, la creación de capas semitransparentes para crear un acabado brillante.

Índice

Los números en *cursiva* remiten a pies de foto.

R

S

T

U